U0148925

文史哲學集成

林敬文著

陸宣公生平及其思想之研究

文史哲出版社印行

國家圖書館出版品預行編目資料

陸宣公生平及其思想之研究 / 林敬文著. --
初版. --臺北市：文史哲, 民 98 印刷
頁： 公分.（文史哲學集成；517）
參考書目：頁
ISBN 978-957-549-687-6 (平裝)

1.（唐）陸贄（754-805）－學術思想－政治

782.8416 95019803

文史哲學集成 517

陸宣公生平及其思想之研究

著者：林敬文
出版者：文史哲出版社
http://www.lapen.com.tw
登記證字號：行政院新聞局版臺業字五三三七號
發行人：彭正雄
發行所：文史哲出版社
印刷者：文史哲出版社
臺北市羅斯福路一段七十二巷四號
郵政劃撥帳號：一六一八〇一七五
電話886-2-23511028・傳真886-2-23965656

實價新臺幣四〇〇元

中華民國九十八年（2009）十月修訂再版

ISBN 978-957-549-687-6

陸宣公生平及其思想之研究 目錄

序……一
第一章　緒　論……一
第一節　研究動機……一
第二節　研究方法……二
第三節　研究價值……四
第二章　陸宣公之生平事跡……七
第一節　陸宣公傳略……七
第二節　陸氏世系表……一四
第三節　陸宣公年表……一七
第三章　陸宣公所處之環境……三五
第一節　藩鎮驕橫……三七
第二節　宦官掌軍……四〇
第三節　貪污盛行……四二

第四節　上下隔閡……四五
第五節　外患頻仍……四七
第六節　財政拮据……五一
第七節　儒學勢微……五三
第八節　士風敗壞……五五
第九節　相權分奪……五七
第四章　陸宣公之思想淵源……六一
第一節　環境之省察……六一
第二節　學問之累積……六四
第三節　處事之經驗……七二
第五章　陸宣公之思想內容……七五
第一節　人生哲學……七八
一、天人關係論……七八
二、人生至道論……八四
三、人生問題論……九九
第二節　政治思想……一一〇
一、修明君德……一一二

二、鞏固中樞……一一八
三、重視輿論……一二〇
四、推誠納諫……一二二
五、取材用人之道……一二六
六、刑賞之法則……一三六
第三節　財經思想……一四四
一、勤勞生財，取用有節，富國裕民……一四七
二、論兩稅法弊端及釐革之方……一四九
三、棄絕聚斂，藏富於民……一六〇
四、設置義倉，儲糧備荒……一六三
五、議減鹽價，以裕民生……一六四
六、管制通貨，穩定物價……一六六
七、端正官箴，發展貿易……一六九
第四節　軍事思想……一七一
一、除暴安民，用兵之義……一七四
二、用兵六失，痛切檢討……一七五
三、強幹弱枝，以利節制……一七七

四、掌握敵情，出奇制勝……一七八
五、擇將得人，用兵得法……一八一
六、將專其謀，君勿遙制……一八五
七、移民屯墾，鞏固邊防……一八七
八、修養武德，積學勵行……一八九
第五節　文學思想……一九三
一、鎔鑄經史子集……一九四
二、文與質並重說……二〇四
三、駢文可經世說……二〇七
四、修辭以立誠說……二一一
五、用典增文氣說……二一三
六、說理務求曉暢……二一五
七、開四六文先河……二一七
第六章　陸宣公之評價……二二一
第七章　結　論……二四一
附　錄　陸宣公年譜……二四五
參考書目、期刊……二七五

序

翻開唐代歷史，貞觀、開元的盛世，名臣輩出，固然不待細說。而身處中唐衰亂之世，能秉持至誠之心，以一絲不苟的態度，貫徹到底的決心，面對問題並深思熟慮，然後解決難題，圓滿達成任務的，恐怕要推陸宣公了。

宣公生當中唐多事之秋，事多疑之主，馭驕兵悍將，卻能在兵荒馬亂中，擬定感人肺腑的詔書，使那些武夫悍卒揮涕感激，向德宗輸誠，其功不可沒。他平日胸懷經世濟民的策略，往往能洞燭機先，識見過人，又切合情理，觀其奏議，可見一斑。更難得的是，他論事客觀公正，本著仁義精神，從不爲了權宜之計而犧牲大原則，深具大政治家的風範。

其次，宣公曾受恩於鳳翔節度使張鎰，鎰被叛將李楚琳所殺，後楚琳歸順僞秦朱泚。等奉天之難解除，楚琳遣使上貢，德宗迫於形勢，命爲鳳翔節度使。但忿其弒逆，想以渾瑊取代他。宣公認爲應以大局爲重，善加安撫，免生枝節，德宗遂採其建議。由此可見，宣公著眼於大局，置個人恩怨於度外，這種公、私領域講究得很清楚的做法，正是後人所應效法的。其他如對政敵竇參的做法，也能就事論事，並未夾雜個人感情因素，相當理性，頗爲難得。

至於德宗在禍難中，對宣公言聽計從，信任備至。等亂事平定後，國家亟待大力整頓之際，卻任用一批邪佞之輩，以致宣公遭受排擠，失去一展所長的機會，也斷喪了大唐中興的契機，這固然是宣公個人的遺憾，更是國家、人民的損失。難怪後人對德宗用人不專、態度搖擺頗多微詞。其實，以宣公的才幹，能得其位，也逢其時，奈何不能盡其才，只能歸之於命了。

唐人權德輿曾推崇宣公爲「仁義百篇唐孟子」，這是肯定他著書立說不離儒家的仁義思想。而後人也有認爲他是以文章成相業的，暗寓著「文勝於質」的微詞。近人陳芳草先生曾加以反駁，而認爲他無意以文章取勝，奏議只是出以餘緒，卻大氣磅礴，長久已膾炙人口了。今觀其一生言行，可以肯定他有精湛的學術修養、正直不阿的性格，不僅是一位思慮縝密的政論家，更是一位劍及履及的政治家。所以徧檢《陸宣公奏議》內容，無一不是以實際政治爲依歸。

今以「陸宣公生平及其思想之研究」爲題，從論述其生平事跡、所處之環境與思想淵源開始，先瞭解客觀的、外在的種種因素。接著，再深入探討其人生哲學、政治思想、財經思想、軍事思想、文學思想各方面的見解，如此，就不難窺見其一生爲人行事的梗概了。至於所蒐集的後人評價部分，僅略作勾勒，留供參考，避免不必要的妄斷。本文從蒐集資料、擬定題目、安排章節到實際撰寫、增刪改定，歷時甚久，雖已竭盡所能，但以才學淺陋，疏漏之處，在所難免，尚請博雅君子賜教是幸。

林敬文謹識於民國九十五年九月十五日

第一章 緒論

第一節 研究動機

平日喜讀《資治通鑑》，對於中國歷史興衰治亂的軌跡有些粗淺的認識。當然，每一個朝代都有不同的外在、先天條件，以及內在種種因素，所以國力的強弱無法一言以蔽之，必須細心分析，儘量找出根本原因，才能還原歷史真相，否則人云亦云，莫衷一是。而形成歷史的因素雖然錯綜複雜，但是毫無疑問的，「人」絕對是決定歷史的關鍵。

回顧唐代歷史，從開國到貞觀年間，可謂革除積弊，開展新局，奠立基業的階段。無論文治武功，皆極一時之盛，大唐聲威遠播，誠爲曠古以來所罕見。玄宗開元年間，政治清平，物阜民豐，將大唐國勢推到另一個新高峰。無奈人一旦驕縱奢華，逸樂享受，失去奮鬥目標以後，難免衍生許多意外的災禍。而安史之亂就是這個歷史趨勢下的一個警訊，耗費無數財力物力才弭平亂事，致國家元氣大傷，遂成爲唐代盛衰的分水嶺。

肅宗、代宗以降，中央和地方的關係越來越疏遠，藩鎭勢力逐漸擴大，甚至不聽朝廷節制。德宗即位後，這個趨勢有增無減，遂有朱泚盤據長安，僭稱大秦皇帝的叛亂事件，德宗只好逃到奉天避難。當然，德宗生性猜疑躁進，想對付跋扈的藩鎭，卻不能審愼衡量形勢，謀定而後動，是釀成奉天之難的主因。而弭平這場亂事的，雖然有賴許多效命沙場的將士，但在兵荒馬亂之際，陸宣公奮其如椽之筆，以至誠之心擬就感人肺腑的詔書，使兵民感泣，叛藩皆自去僞號，歸順朝廷，其功勞可謂大矣。

以德宗之尊而釀成巨禍，以考功員外郎兼翰林學士的陸宣公，卻能從容不迫地化解危機，終於弭平亂事，其中必有値得探討的原因。於是以陸宣公之生平及其思想爲題，深入研析論述，此爲本論文撰寫的動機。

第二節　研究方法

首先，參酌相關史料，整理出陸宣公傳略及陸氏世系表，藉此瞭解宣公生平梗概。其次，蒐集有關傳記及年譜等資料，參互校訂，並加按語，完成陸宣公年表。至於詳引資料，則置於附錄，以便檢閱。陸宣公所處之環境一章，係從史料及後人論述歸納出九個要點，並逐一說明當時的客觀環境。至於陸宣公之思想淵源一章，則以制誥、奏議和史實對照，以釐清宣公思想的本源。

陸宣公之思想內容一章，爲本論文的主體，共分爲：人生哲學、政治思想、財經思想、軍事思想、文學思想等五個方面。在人生哲學方面，先審視陸宣公全集中所論及內容，確立爲天人關係、人生至道、人生問題等三項，接著徵引古代哲人的主張，說明既有成果，再以陸宣公的言論作對照，由此可以明瞭他繼承先哲及自我開創之一斑。在政治思想方面，由全集中先整理出相關資料，發現宣公雖著眼於實際，卻不侷限在現實政治層面，往往寄託著崇高的理想，所以儘量將他的言論演繹開來，讓大家明瞭他的苦心孤詣。在財經思想方面，先閱讀並分項整理出宣公的見解，再與當時所面臨的財政窘境對照，由此可以發現他非凡的見地，甚至有些見解和近世財政學原理若合符節。在軍事思想方面，宣公雖謙稱自己不習戎事，但是在談論兵法時皆由人情出發，而立論切實可行。今將其言論與歷代兵法著作相印證，可以發現他過人的見解。至於在文學思想方面，有人認爲宣公以文章成相業，所以文學造詣極深。今將其制誥、奏議與歷代經史子集作一比對，即可發現他如何融會貫通，善用古人智慧之一斑。此外細心研讀宣公文章，亦可發現他對人情的鍊達，對人性的徹悟，對世事的洞悉，難怪後人對他的文章評價這麼高。

陸宣公之評價一章，乃蒐集歷代各家言論，依時代順序排列，儘可能維持原貌，只稍作勾勒，以免影響客觀公正，而留給大家去評斷了。

第三節　研究價值

歷來對於陸宣公的研究，大致侷限在他的事功、文學、政治思想、財經思想，或籠統地論述其思想，很少全面探討他的生平與思想的。因此本文的價值，希望結合過去所有人的研究成果，透過歷史的詳細剖析，以及對宣公個人思想全面的理解，並有系統地使陸宣公的一切呈現在大家的面前。

其次，論宣公的人生哲學，目的在探討他所有思想的根基，作爲研究他思想起源的依據。這個部分，過去的研究者僅以敘述他的人格或政治人格看待，恐怕失之於片面而不夠周延。其實，如果能夠把他對人生的見解，透過較深刻的反思，且符合邏輯的思維法則，如此，宣公的人生哲學將更爲清晰透澈。

至於在政治思想、財經思想和文學思想方面，本文也以過去的研究成果爲基礎，在廣度和深度上繼續鑽研。例如：政治思想方面，在「取材用人之道」項下，先從「避免人事七患」開始，再「秉持公、誠、禮三原則」，然後「分層授權，拔擢真才」，而且「委任責成，任賢勿猜」，最後要知道「才有長短，錄長補短」。這就是宣公周詳的取材用人的主張。又如：財經思想方面，在「論兩稅法弊端及釐革之方」項下，他先一針見血地指出兩稅法的七項弊端，再提出「賦稅求均平」的呼籲，要注意「徵稅求便民」，而根本解決之道要「授田（爲民制產）」、「增戶減稅」，且「課稅以布帛爲額」，才可以徹底改革兩稅法徵收錢幣的缺失。再如：文學思想方面，「駢文可經世說」這一項，則可以發現他開啓駢文前所未見的新局面；而「說理務求曉暢」項下，則可以看出他論說事理時，委婉曲折，條理清晰，文辭曉暢的文章特色。

最後，論宣公的軍事思想，他以一介書生，談論兵法時皆由人性出發，立論切實可行。他認爲「除暴安民，用兵之義」，而對過去「用兵六失，痛切檢討」，對跋扈的藩鎭主張「強幹弱枝，以利節制」，同時要「掌握敵情，出奇制勝」，而對軍事指揮官要「擇將得人，練兵得法」、「將專其謀，君勿遙制」，對邊疆要「移民屯墾，鞏固邊防」。而最難得的是，他主張軍人不但要會打仗，平時更應「修養武德，積學勵行」。

以上所舉各方面的實例，不難發現有些是從歷代經典中消化吸收而來；有些是從現實環境裡反思創造而來；有些是從學術思想中凝結陶鑄而生；有些是從政策制度面的興革損益而成。無論從何處得來，都有一個共通點，那就是一定經過長久的醞釀，反覆思考，用最周延的思慮，去分析、歸納出一套理論，並且拿這套理論和客觀環境對照，提出具體可行的辦法，然後一步步朝向目標邁進。除了上述例子外，本文尚有許多精采的論證和見解，雖不敢敝帚自珍，但只要依序閱讀，就能發現了。當然，這並非筆者有何過人之處，而是陸宣公的智慧、學術、識見、器量、經驗所累積而成的能量十分豐碩，所以詳加探索，細心玩味，其實不難獲得意外的成果。

陸敬輿像（三才圖會）

第二章　陸宣公之生平事跡

第一節　陸宣公傳略

陸贄，字敬輿，唐蘇州嘉興[一]人，生於玄宗天寶十三年（西元七五四年）五月三十日。父諱侃，爲溧陽縣令[二]，後以子貴，贈禮部尚書；母韋氏，出自關中顯貴家族。

贄年少時，父親不幸去世，然其秉性特立不群，對儒學頗爲勤奮。代宗大曆八年（西元七七三年），他纔二十歲，就登進士第，以博學宏辭登科，授華州鄭縣縣尉之職。[三]在鄭縣約

一　按：《大明一統志》卷三十九，〈嘉興府志〉（景印康熙二十年刊本，國家圖書館藏）：「嘉興府，嘉興縣附郭，秦爲由拳縣地，屬會稽郡，東漢屬吳郡。孫吳以嘉禾生，改置嘉禾縣。後改嘉興縣，隋廢入吳縣。唐武德中復置，屬蘇州，尋省，貞觀中復置。」今屬浙江嘉興縣治。

二　溧陽，秦置，在溧水之陽而得名，舊城在今江蘇省溧陽縣西北方。

三　按：《新、舊唐書》本傳均作「年十八，登進士第。」而一般年譜也採用這個說法，則應在大曆六年。近人嚴一萍的《陸宣年譜》，有精詳的考證，筆者同意其見解。又鄭縣，秦置，舊城在今陝西華縣北，後魏移置今華

三年。大曆十一年（西元七七六年），罷秩東歸探視母親，路經壽州[四]。刺使張鎰在當時頗有名氣，贄曾前往拜謁，極受賞識，二人结爲忘年之交。辭行時，張鎰贈贄錢百萬，且說：「願備太夫人一日之膳。」贄拒不接納，只受新茶一串而已。不久，又以書判拔萃，選授渭南縣主簿[五]，遷監察御史。德宗在東宮時，早知贄名，即位後召爲翰林學士，轉祠部員外郎，當時贄只有二十七歲。

贄生性忠藎，自受知於君主，常想竭智報効，只要政策有缺失，無論大小，一定上奏指正，因此皇帝更加信任他。當德宗派遣黜陟使庾何等十一人巡行各地時，贄告訴使者，請以五術省風俗，八計聽吏治，三科登儁乂，四賦經財實，六德保罷瘵，五要簡官事。[六]朝廷雖有宰相，但進獻謀略，參與討論決議的往往是陸贄，所以當時有人稱他爲「內相」。建中四年（西元七八三年），涇原節度使朱泚謀逆，攻破京城，德宗出奔奉天[七]，後來李懷光破賊於醴泉[八]，解了奉天之圍。贄在大唐命脈存亡絕續的關頭，國家多事之秋，隨從在皇帝身側。雖然政事

四　壽州，又名壽春，今安徽壽縣治。

五　渭南縣，漢新豐縣地，苻秦始置渭南縣，後魏改置渭南郡及南新豐縣，西魏改曰渭南縣，舊城在今陝西渭南縣東南四里。

六　這篇資料僅保存在《新唐書》卷一五七〈陸贄傳〉之中，且只是摘要而已。

七　奉天，今陝西乾縣治。

八　醴泉，在陝西咸陽縣西北，位於涇水支流南岸。縣西七里，唐移置今華縣治。

千端萬緒，他卻沉著冷靜，文思泉湧，曾在一日之間草擬了許多詔書[九]，且能深入事理，切中人情，同僚莫不佩服他的捷才。贄曾啓奏德宗：「今盜徧天下，輿駕播遷，陛下宜痛自引過，以感動人心。昔成湯以罪己勃興，楚昭以善言復國；陛下誠能不吝改過，以言謝天下，使書詔無忌；臣雖愚陋，可以仰副聖情，庶令反側之徒，革心向化。」[一〇]。所以在奉天頒下的詔書，即使是武夫悍卒，無不揮涕感動，願盡忠効命。後來有人認爲德宗能平定寇亂，不僅由於用兵得當，而陸贄等人所擬對策與文件，實在功不可沒[一一]。

興元元年（西元七八四年），朔方李懷光叛變，又和朱泚互通聲氣，政局險象環生，德宗逃抵梁州[一二]。贄此時已拜諫議大夫中書舍人之職，仍充任翰林學士。他處理事務精敏小心，講究效率，且常隨侍國君，被視爲親信，由德宗暱稱他爲陸九[一三]，可見一斑。當皇帝逃往梁

九 劉昫等：《舊唐書》（台北，鼎文書局，正史全文標校讀本，一九七九年）卷一三九，〈陸贄傳〉，頁一〇三〇：「一日之內，詔書數百。」顯然是誇大之詞。從現存文集（包括七八三至七八五年間）的八十多篇文件看來，並非全是德宗和宰相們想出的策略，再由陸贄執筆寫成；但其中必有許多意見出自陸贄，否則本傳不會如此記載。

一〇 同註九。

一一 司馬光：《資治通鑑》（台北，台灣明倫書局，一九七七年）卷二二九，唐紀四十五，德宗興元元年，頁七三九二：上還長安明年，李抱真入朝爲上言：「山東宣布赦書，士卒皆感泣，臣見人情如此，知賊不足平也。」按：赦書，即陸贄所擬的興元大赦詔。

一二 梁州，三國蜀置，治漢中，在今陝西南鄭縣東；晉時歷遷襄陽、魏興、西城等處；隋廢，唐復置，興元初，升爲興元府。

一三 歐陽脩等：《新唐書》（台北，鼎文書局，正史全文標校讀本，一九七九年）卷一五七，〈陸贄傳〉，頁一三

州途中，棧道狹隘，隨從官員脫離隊伍，德宗夜宿山館，不見陸贄，急得淚流滿面，下令說：「得陸贄者賞千金。」不久，贄抵達，太子、親王都前去道賀。後來，李晟克復長安，車駕返京。這時，陸贄只有三十一歲而已。貞元三年（西元七八七年），贄母韋氏尚在江東，德宗派遣使者迎至京師，沿途設置驛站，禮遇如此，時人莫不欣羨有加。同年，韋氏病逝，贄辭職東歸洛陽，寓居嵩山豐樂寺，藩鎮所贈奠儀，及朝廷另外賞賜財物，他一芥不取。贄父原葬在蘇州，此時打算要合葬，德宗派遣中使護送其柩車到洛陽，可說備極哀榮了。貞元六年（西元七九〇年），喪期守滿，權知兵部侍郎，仍充任翰林學士。謝恩當天，贄伏地而泣，天子面容爲之改變，且特地安慰一番。恩遇如此，朝廷內外無不認定他爲宰相人選，而宰相竇參陰狠狡詐，恃權貪瀆，援引親黨，本來就妒忌陸贄，贄也不齒參的做爲，因此兩人更加不睦。次年，贄罷學士，真拜兵部侍郎，奉命主持貢舉，得韓愈等二十三人，都屬一時之選，當代人稱爲龍虎榜[一四]，網羅人才之多，爲輿論界所肯定。

翰林學士吳通玄及弟通微，和贄同列，見贄文章謀略勝過他們，且受皇帝器重，心中憤憤不平；而通玄等自認是德宗在東宮時的舊屬，所以暗中勾結權臣，屢次中傷陸贄，想讓皇

二七：「始，贄入翰林，年尚少，以材幸，天子常以輩行呼而不名。」

一四　陸贄撰、郎曄注：《評註陸宣公集》（台北，台灣中華書局，一九七七年）卷首，頁二〇，附龍虎榜姓氏，有：賈稜、陳羽、歐陽詹、李觀、馮宿、王涯、李博、張季友、劉遵古、許季同、韓愈、李絳、庾承宣、元結、胡諒、崔群、邢冊、裴光輔、萬當。

帝疏遠他。贄自恃剛正，爲了排斥通玄，曾向德宗建議：「承平時，工藝書畫之亢，皆待詔翰林而無學士；至德以來，命集賢學士入禁中草書詔，……今四方無事，制書職分宜歸中書舍人，請罷學士。」[一五]回歸制度乃正本清源之事，然而德宗卻沒答應。因此通玄更加仇視贄，想奪去他的學士頭銜。贄和竇參關係惡化，參的侄子申，從舅嗣虢王則之，暗中勾結通玄兄弟共同排擠贄，則之造謠說：「贄試進士受賄謝。」德宗厭惡這種誣構的行爲，盛怒之下，免去竇參宰相之職。貞元八年（西元七九二年）四月，貶則之爲昭州司馬[一六]、通玄爲泉州司馬、申爲道州司馬，不久又賜死通玄，貶參爲郴州別駕，而以贄爲中書侍郎同中書門下平章事，當時他只有三十九歲。贄久被邪黨排擠，困而得位，所以竭智盡忠，期能造福家邦，只要政策有所不當，一定據理力爭，絲毫不肯放過，因而流言紛至沓來，甚至皇帝也不悅。親友曾勸他別鋒芒太露，他卻說：「吾上不負天子，下不負所學，不恤其他。」[一七]由此可見他以天下事爲己任的胸懷。

贄從擔任翰林學士起，一直到當了宰相，有感於知遇之恩，故不願隨眾浮沉，消極地明哲保位。他精通吏事，對事情的分析研判極爲精闢，經常絲毫不差。但因德宗在位日久，宰

一五　同註一三，卷一五四，〈吳通玄傳〉，頁一二七〇。按：唐玄宗時的翰林院，是由精於各種文學藝術的許多專家所組成，其主要任務似乎只是陪皇上吟詩作對，提供一些娛樂而已。代宗時，翰林院變成了類似附屬於皇帝的私人秘書處。德宗時，翰林學士更經常在皇帝左右。

一六　則之原爲左金吾大將軍。

一七　同註九，頁一〇三六。

相權已逐漸萎縮，皇帝甚至躬親庶政，有失大體，而盡心負責的陸贄就難免和德宗的意見相左了。這時，有些心術不正的臣子乘機在一旁煽惑，就輕易地取得國君的信任，例如裴延齡、李齊運、韋渠等人就是如此。而戶部侍郎判度支裴延齡尤其陰險狡詐，為了迎合天子增加稅收的心意，一再地巧立名目，橫徵暴斂，導致人民嫉之如仇，他還以為有莫大的功勞。然而得幸於天子，朝廷中無人敢揭發他的野心，只有陸贄鼓起大無畏的道德勇氣，屢次面奏德宗誤用延齡，又上書詳陳其不可用的理由[一八]。當然皇帝並未採納，而延齡也奮力反擊，甚至想取代他的位子。當時，趙憬與陸贄同知政事，憬當宰相，本來是由贄所推薦，但憬懷疑贄想專權，而把自己安置在門下，所以經常稱病不參預政事，而和贄有了嫌隙。並且又暗中洩露贄所譏彈延齡的事，延齡因而掌握更有利的證據，從此德宗信任延齡而認定贄的行為不正。後來，贄約憬到德宗面前揭發延齡奸邪的事，德宗怒形於色，憬默不作聲，因此德宗更加厭惡贄。於是贄在貞元十年（西元七九四年）十一月除太子賓客，罷知政事。次年夏天，發生旱災，延齡乘機上奏，說：「贄等失勢怨望，言於眾曰：『天下旱，百姓且流亡，度支多欠諸軍芻糧，軍中人馬無所食，其事奈何？』以動搖眾心，其意非止欲中傷臣而已。」[一九]德宗大怒，將誅贄等，朝廷內外本來無人敢挺身營救，幸賴諫議大夫陽城、金吾將軍張萬福極力論

一八　詳參同註一四，卷十二，〈論裴延齡姦蠹書一首〉，頁一〇八－一一七。
一九　同註一一，卷二三五，唐紀五十一，德宗貞元十一年，頁七五六六。

奏，倖免於難，而被貶爲忠州別駕[二〇]，贄當時四十二歲，計在相位不滿三年。贄居忠州十年，韜光養晦，閉門靜處，郡人罕見其面；又恐仇家羅織，避不著書。因在瘴癘之鄉，郡人苦於癘疾，於是費心考校醫方，寫成《陸氏集驗方》五十卷，嘉惠偏遠地區的民眾。

順宗永貞元年（西元八〇五年），與陽城、鄭餘慶被同詔徵還，詔書尚未抵達而贄已死，年五十二，追贈爲兵部尚書，謚號宣。安葬在忠州屏風山玉虛觀南方[二一]。

綜觀陸宣公一生，受知於德宗甚早，而「才本王佐，學爲帝師，論深切於事情，言不離於道德。」[二二]憑著這樣的學養識見，難怪年輕時就嶄露頭角，獲得「內相」之稱。當朱泚、李懷光叛亂期間，德宗出奔奉天、梁州，人心惶惶，宣公臨難撰擬詔書，以至誠感動天下，號召忠義之士，終能安定社稷，建不世之功。可惜德宗惑於讒臣之言，不能盡用其才，致流落荒僻，客死他鄉，後之讀史者能不爲他及那個時代嘆息嗎？其實，任何時代都有君子，也有小人，君子道長，小人道消，反之亦然。而這消長之際，即爲國家治亂的關鍵。所以古代的君主，若能知善惡，辨忠邪，任賢不疑，除奸不貸，必可開啓國家的新機運。然而德宗生性，躁愎猜忌，不辨忠邪，枉直莫分，怪不得會國勢不振了。宣公忠而被斥，雖古今所同悲，但德宗任賢不終，致奸邪之輩斲傷國本，更令後人扼腕不已。《新唐書》本傳贊詞：「夫君子

二〇　忠州，在今四川忠縣。別駕，官名，漢置別駕從事史，爲州刺史之佐吏；隋及唐爲郡官。

二一　同註一四，卷首，江榕撰：〈陸宣公年譜輯略〉，頁一九。

二二　同註一四，卷首，蘇軾：〈進呈唐陸贄集劄子〉，頁一四。

小人不兩進，邪諂得君則正士危，…觀贄論諫數十百篇，譏陳時病，皆本仁義，可爲後世法，…帝所用纔十一。唐祚不競，惜哉！」這段話雖屬推贊性質，立論卻不失公平，其中有「譏陳時病，皆本仁義」之句，所以後世有人稱宣公爲唐代的孟子。請見下列這首詩：

仁義百篇唐孟子，排奸勁節凜秋霜。人生一死固不免，死落忠州骨也香。[二三]

至於宣公的著作，《舊唐書》、《新唐書》本傳均未詳細記載，舊唐書經籍志也無著錄。而《新唐書・藝文志》及《宋史・藝文志》雖有著錄，卷數卻有差別。據劉昭仁先生考證，計有《翰苑集》二十二卷、《集驗方》五十卷、《別集》十五卷。細加研讀，由其中可梳理出宣公經世的用心與謀略、仁愛的胸懷，還有文學才華等方面的成就。

第二節　陸氏世系表

據嚴一萍《陸宣公年譜》（台北，藝文印書館，一九七五年）頁二，〈陸氏世系〉引清耆英《陸宣公年譜輯略》附錄，稱：

陸氏出自嬀姓，為田完之後，齊宣王少子通，封於平原般縣陸鄉，即陸終故地，因以氏焉。通謚曰元侯，生恭侯發，為齊上大夫。發二子：萬、皐。皐生邕，邕生漢大中

二三　同註一四，卷首，林逢予：〈宣公墓詩〉，頁二〇。

大夫賈。萬生烈，為吳令豫章都尉，既卒，吳人思之，迎其喪，葬於胥屏亭，子孫遂為吳縣人。烈之孫曰閎，（世系表作：「烈二子衡、盱，盱生鴻，鴻生建，建生暐，業生恭，恭生璜，〔璜生文〕親，親生衆、賜、閎。」此處當曰「烈之後」為宜。）為潁川太守。閎之孫曰康（見萬姓統宗）曰績（見陸氏譜系）。懷橘之陸績（鬱林太守），康少子也。遜、抗、雲，康之族裔也。績為揚州別駕，生三子：曰稠、曰逢、曰褒。稠為荊州刺史，次子肅，丹徒令，號丹徒枝。其後曰敦信（稠十五世孫），相高宗。曰耽（敦信從孫），涇原節度使檢校尚書。曰威（耽之子），兵部侍郎。褒之後曰阮（褒十一代孫），晉侍中司空，贈太尉，號太尉枝。其後曰元方（阮十一代孫），相高宗。曰象先（元方子），相玄宗。曰景融（元方子），工部尚書。曰審傳（景融三世孫），工部侍郎。曰希聲（景融四世孫），相昭宗。褒之後曰瓘（褒十一代孫阮胞弟），晉中書侍郎，號侍郎枝。瓘五世孫文盛，齊散騎常侍；生宣猛，梁宣威將軍。宣猛生陳吏部侍郎潯。潯九世孫齊望，為秘書監。生八子：泌左散騎常侍，瀍主客郎中，潤左司郎中，（世系表作「左司員外郎」。）淮兵部郎中，侶（一名灞）溧陽縣令（世系表作「灞吏部郎中」。）滻戶部郎中，渭戶部侍郎，澧侍御史。侶生宣公，相德宗。瀍生師德，侍御史。滻生則，杭州刺使。渭生賞，監察御史。宣公生簡禮，屢辟使府（世系表作「兵部郎中」）。師德生墠，監察御史。墠生扆，相昭宗。

本資料考證翔實，頗可採信，今將內容表列如下，題爲「陸氏世系表」。

符號說明：
—表父子相傳。
┆表不知幾代幾年。
（）表族裔、枝系、別名。

陸氏世系表

（出自嬀姓，田完之後。）

通—發
發—萬—烈—衡
烈—盱—鴻—建—曄—恭—璜—文
璜—衆
璜—親—賜
親—閎—○
發—皐—邕—賈

（遜、抗、機、雲，康之族裔。）

○—康—續（丹徒枝）
○—續—稠—肅┆敦信┆耽—威
續—逢（太尉枝）—象先
續—褒┆阮┆元方—景融┆審傳—希聲
褒—瓘┆文盛—宣猛—潯┆齊望—泌（侍郎枝）
潯—瀍—師德—墠—扆
潯—侶（灞）—贄—簡禮
贄—潤
贄—淮
贄—潨—則
贄—渭—賞
贄—灃

第三節　陸宣公年表

我國自古以來，史籍體系繁多，其中紀傳、編年兩類尤爲重要。因欲瞭解某人物一生行誼，透過傳記可以一氣呵成，其間雖有詳略，卻不難掌握其具體而微的影像；而在敘事之中，爲了避免枝節蔓生，以致先後不分，本末混淆，所以編年式的記載也不可或缺。

陸宣公傳略既寫畢，底下將蒐集到的有關年譜資料參互校訂，並加按語，儘量求其切理、合情、符合史實，期能當作讀宣公文章、論述宣公爲人行事或欲瞭解當時史實者的參考。所收主要資料、年譜計有《順宗實錄》等十二種，尚有其他資料等四種。詳細年譜置於附錄，在本節先列年表如下：

本年表的製作，主要根據下列資料：

唐．韓愈　順宗實錄（附《韓昌黎文集校注》，河洛出版社，以下簡稱實錄）

唐．權德輿　陸宣公翰苑集序（附《評註陸宣公集》，臺灣中華書局，以下簡稱權序）

唐．陸贄　陸宣公全集（河洛出版社）

後晉．劉昫等撰　舊唐書（鼎文書局正史全文標校讀本）

宋．歐陽脩等撰　新唐書（鼎文書局正史全文標校讀本）

宋・司馬光等撰　資治通鑑（明倫書局，以下簡稱通鑑）

清・江榕　陸宣公年譜輯略（附《評註陸宣公集》，臺灣中華書局，以下簡稱江譜）

清・丁晏　陸宣公年譜（附《陸宣公全集》，河洛出版社，以下簡稱丁譜）

清・楊希閔　陸宣公年譜（臺灣商務印書館景印四朝先賢六家年譜本、十五家年譜叢書本，以下簡稱楊譜）

清・耆英參訂　民國　周養初補正　陸宣公年譜輯略（附《陸贄文》，臺灣商務印書館人人文庫，以下簡稱周譜）

民國・嚴一萍　陸宣公年譜（藝文印書館，以下簡稱嚴譜）

民國・謝武雄　陸宣公年譜（附《陸宣公之言論及其文學》，嘉新水泥獎助出版，以下簡稱謝譜）

其他參考資料：

景印清康熙二十年刊本　大明一統志　嘉興府志（國家圖書館藏）

清・齊召南編、阮亨校　歷代帝王年表（臺灣商務印書館萬有文庫薈要）

清・吳榮光　歷代名人年譜（臺灣商務印書館，以下簡稱吳譜）

民國・姜亮夫　歷代人物年里碑傳綜表（華世出版社）

公元	帝王年號	甲子	年齡	大事紀要	著作	備考
七五四年	玄宗天寶十三寶	甲午	一歲	安祿山入朝，加左僕射，歸范陽。公生於吳郡嘉興。父侃，時爲溧陽縣令。		嚴譜綜合各家說法，謂公是年五月三十日辰時生；或云十一月初八日子時誕生。
七五五年	天寶十四年	乙未	二歲	十一月，安祿山反於范陽。以郭子儀爲朔方節度使，以哥舒翰爲副元帥。平原太守顏真卿、常山太守顏杲卿俱起兵討賊。		丁譜在此年下引舊傳：「少孤，特立不群，頗勤儒學。」而侃究竟卒於何年，史無明文，故此說爲推測之詞。
七五六年	肅宗至德元年(天寶十五年)	丙申	三歲	安祿山陷長安，稱大燕皇帝。玄宗奔蜀。七月，肅宗即位於靈武，改元至德。尊玄宗爲上皇天帝。		
七五七年	至德二年	丁酉	四歲	安慶緒殺祿山。張巡、許遠戰死睢陽。郭子儀復東京。史思明等降。		
七五八年	乾元元年	戊戌	五歲	李輔國用事。史思明復反。命郭子儀等九節度使討安慶緒。以魚朝恩爲觀軍容使。		
七五九年	乾元二年	己亥	六歲	九節度使兵敗於相州。史思明殺安慶緒，還范陽，僭稱帝。李光弼大敗史思明於河		權德輿生。

				陽。召郭子儀還京。		
七六〇年	上元元年	庚子	七歲	劉晏爲戶部侍郎，充度支使。 李輔國遷玄宗於西內。 制郭子儀統諸道兵定河北， 魚朝恩沮之。		
七六一年	上元二年	辛丑	八歲	史朝義殺史思明。 以李光弼爲太尉，統八道鎮臨淮。		王維卒於七月。
七六二年	寶應元年	壬寅	九歲	賜郭子儀爵汾陽王知行營鎮河東。 太上皇崩，年七十八。帝崩，李輔國殺張皇后。太子豫即位。 詩人李白卒。 李輔國爲司空兼中書令，尋賜爵博陸王。 程元振爲驃騎大將軍。 李光弼使田神功擊史朝義，大敗之。 雍王适爲元帥，討史朝義，大破之，取東京及河陽。 盜殺李輔國。		李白卒於十一月。 李适即後來之德宗。
七六三年	代宗廣德元年	癸卯	十歲	劉晏拜相仍兼度支使。 李懷仙殺史朝義。 吐蕃入寇，郭子儀擊退之。		《舊唐書》本紀云：「（寶應元年）十一月丁酉，賊范陽尹李懷光斬史朝義

				魚朝恩總禁軍。		首來獻請降。」衡之史實，時、人恐係誤記。
七六四年	廣德二年	甲辰	十一歲	冊天下兵馬元帥尚書令雍王适爲皇太子。劉晏罷相爲轉運使。李光弼卒。僕固懷恩引回鶻、吐蕃入寇，詔郭子儀鎭奉天，懷恩退。		李光弼卒於七月，謚武穆。
七六五年	永泰元年	乙巳	十二歲	僕固懷恩又引回鶻、吐蕃入寇，懷恩死。詔郭子儀屯涇陽。十月，回鶻受盟而還，吐蕃夜遁，子儀還河中。		楊譜以爲宣公少孤，史不定年月，玩「頗勤儒學」語，最慧應在十二歲前後。丁譜列在二歲下。衡之常理，楊譜比較可信，酌錄於此，以供參考。
七六六年	永泰二年（大曆元年）	丙午	十三歲	劉晏、第五琦分理天下財賦。十一月甲子日，代宗下制大赦天下，改永泰二年爲大曆元年。		
七六七年	大曆二年	丁未	十四歲	郭子儀入朝還鎭。		
七六八年	大曆三年	戊申	十五歲	六月幽州兵馬使朱希彩殺節度使李懷仙，自稱留後。十一月，詔即以希彩爲節度使。鳳翔都將李晟破吐蕃。		韓愈生。

七六九年	大曆四年	己酉	十六歲	郭子儀徙鎮邠寧。詔以僕固懷恩女爲崇徽公主，嫁回鶻可汗。		肅、代二朝採取聯絡回鶻以抗吐蕃之政策，此即所謂和親關係。
七七〇年	大曆五年	庚戌	十七歲	魚朝恩伏誅。罷度支轉運常平鹽鐵等使，委宰相領之。		詩人杜甫卒。
七七一年	大曆六年	辛亥	十八歲	李棲筠爲御史大夫。以韓滉判度支。		舊譜皆云贄十八歲登進士第，又以博學宏辭科授鄭縣尉。只有嚴譜考定公舉大曆八年進士，此說較爲可信。
七七二年	大曆七年	壬子	十九歲	七月，盧龍將李懷瑗殺其節度使朱希彩，經略軍副使朱泚自稱留後。十月，以泚爲盧龍節度使。		白居易生於正月二十日。劉禹錫生。
七七三年	大曆八年	癸丑	二十歲	吐蕃入寇，郭子儀使渾瑊拒卻之。宣公舉進士第六名，博學宏詞登科，授華州鄭縣尉。	〈禁中春松詩〉	柳宗元生。
七七四年	大曆九年	甲寅	二十一歲	郭子儀入朝。朱泚入朝。以中書舍人楊炎爲吏部侍郎。		
七七五年	大曆十年	乙卯	二十二歲	詔以朱泚弟滔爲幽州盧龍留後。田承嗣反，詔諸道兵進討。		
七七六年	大曆十一	丙辰	二十三歲	田承嗣降。汴宋都虞侯李		丁譜載宣公謁張鎰，在大

	年			靈輝反，田承嗣兵援，靈耀旋即伏誅。宣公罷秩東歸省母，壽州刺史張鎰贈錢，不納，惟受新茶一串。		曆十一年，楊譜從之。此說較可信。嚴譜將此事列在大曆十二年，恐不確。
七七七年	大曆十二年	丁巳	二十四歲	赦田承嗣罪。元載誅。以吏部侍郎楊炎黨載，貶爲道州司馬。回鶻寇太原，張光晟破之。		
七七八年	大曆十三年	戊午	二十五歲	宣公以書判拔萃，授渭南縣主簿，遷監察御史。		盧綸有〈驛中望山戲贈渭南陸贄主簿詩〉。
七七九年	大曆十四年	己未	二十六歲	田承嗣卒，以其侄悅爲魏博留後。汴宋將李希烈逐其節度使李忠臣，自稱留後，尋爲節度使。五月，帝崩於紫宸內殿，太子适即位。以韓滉爲太常卿，以劉晏判度支，以楊炎爲門下侍郎平章事。尊郭子儀爲尚父，罷其兵，分隸李懷光、渾瑊諸將。南詔王異牟尋立，同吐蕃入寇，李晟破之。宣公仍任監察御史。		江譜認爲德宗在東宮時素聞宣公名，即位後詔對翰林，即日爲學士。楊譜從之。但據《舊唐書》本傳記載推算，宣公爲翰林學士應在建中元年。詩人元稹生。

七八〇年	德宗建中元年	庚申	二十七歲	楊炎作兩稅法。以涇原節度使段秀實爲司農卿。以朱泚爲涇原節度使。二月，貶劉晏爲忠州刺史，七月殺之。術士桑道茂以奉天有天子氣，詔築奉天城宣公轉祠部員外郎。		《新唐書》本傳載德宗立，遣黜陟使十一人行天下。宣公說使者考察地方諸要點。
七八一年	建中二年	辛酉	二十八歲	成德軍節度使李寶臣卒，子惟岳自稱留後。以楊炎、盧杞爲相。以朱泚爲太尉。魏博節度使田稅反，詔馬燧、李抱真、李晟討伐，大破之。平盧李納自稱留後，救田悅。楊炎貶崖州司馬，尋賜死。		郭子儀卒於六月，謚忠武。
七八二年	建中三年	壬戌	二十九歲	朱滔、王武俊合從而叛，並救田悅，三人皆自稱王。詔李懷光討之。以張鎰兼隴右節度使，以代朱泚。加泚實封五百戶，以安其意。李希烈自稱天下都統元帥太尉建興王。		李惟岳卒。
七八三年	建中四年	癸亥	三十歲	八月，詔發涇原等道兵討李	〈論兩河及淮西利害	盧杞之貶肇因李懷光頓

				希烈。十月，涇原兵過京師，擁朱泚反，帝如奉天。 朱泚據長安，司農卿段秀實謀誅泚，不克，死之。泚遂僭稱大秦皇帝，改元應天。 泚犯奉天，渾瑊拒之，李晟入援渾瑊，擊走朱泚，奉天圍解。 李懷光至奉天，盧杞沮之，不與入見，詔引軍還取長安，懷光頓兵不進，乃貶盧杞爲新州司馬。 鳳翔後營將李楚琳殺其節度使張鎰，自稱留後。 宣公由祠部員外郎遷考功郎中，仍兼翰林學士。	狀〉 〈論關中事宜狀〉 〈論敘遷幸之由狀〉 〈當今所切務狀〉 〈論前所答奏未施行狀〉 〈請數對群臣兼許令論事狀〉 〈赦書事條狀〉 〈奉天改元大赦制〉 〈興元大赦詔〉	兵不進，屢次上表揭露杞等罪狀，而輿論也歸咎於杞等之故。 宣公於兵荒馬亂之際，以其如椽之筆擬就感人詔書，使兵民感泣，諸叛藩皆自去僞號。而平亂固有賴諸將之力，居中調度，實惟公是賴。 《舊唐書》本傳載（上）遣贄使李懷光軍宣諭。而《順宗實錄》等則缺記。
七八四年	興元元年	甲子	三十一歲	大赦天下，四方人心大悅。 王武俊、田悅、李納皆去王號，上表謝罪。 李希烈僭稱大楚皇帝，改元武成。 加李懷光太尉，賜鐵券，懷光反，帝奔梁州。 李抱真及王武俊大破朱滔。 李晟收復長安，朱泚走死。	〈奉天請罷瓊林大盈二庫狀〉 〈撫循李楚琳狀〉 〈論中官及朝官賜名定難功臣狀〉 〈賀吐蕃尙結贊抽軍迴歸狀〉 〈興元奏請許渾瑊李晟等諸軍兵馬自取機便狀〉	《舊唐書》本傳載李楚琳殺張鎰，歸順朱泚，及奉天解圍，楚琳遣使貢奉，上迫於形勢，命爲鳳翔節度使。然德宗忿其弒逆，欲令渾瑊取代之。宣公諫其以大局爲重，乃善待楚琳使，優詔安慰其心。其實，張鎰乃宣公恩人，

西元	年號	干支	年齡	事蹟	作品	說明
				二月，宣公從幸梁州，轉諫議大夫，依前充學士。 十二月，以諫議大夫陸贄爲中書舍人，依前充學士。	〈論賜渾瑊詔書爲取散失內人等議狀〉 〈收復京師遣使宣慰將吏百姓詔〉 〈改梁州爲興元府升洋州爲望州詔〉 〈鑾駕將還宮闕論發日狀〉 〈平朱泚後車駕還京大赦制〉 〈李晟鳳翔隴西節度兼涇原副元帥制〉 〈授王武俊李抱真官封並招諭朱滔詔〉 〈招諭淮西將吏詔〉	李楚琳殺鎰，德宗又不齒其作爲。依情理而論，宣公應不會替楚琳求情才是，結果卻不然。足見宣公一切著眼於大局，置個人恩怨於度外。
七八五年	貞元元年	乙丑	三十二歲	以吉州長史盧杞爲澧州別駕，尋卒。 馬燧、渾瑊破李懷光兵，平河中，朔方大將牛名俊斬李懷光，傳首闕下。 以李泌爲都防禦轉運使。 以張延賞爲左僕射。	〈貞元改元大赦制〉 〈議減鹽價詔〉 〈賑卹諸道將吏百姓等詔〉 〈張延賞中書侍郎平章事制〉 〈馬燧渾瑊招討河中制〉 〈韓滉檢校左僕射平章事制〉 〈收河中後請罷兵狀〉 〈誅李懷光後原宥河	

					中將吏並招諭淮西詔〉〈策問賢良方正直言極諫科〉〈策問博墳典達於教化科〉〈策問識洞韜略堪任將帥科〉〈告謝昊天上帝冊文〉〈告謝玄宗廟文〉〈告謝代宗廟文〉〈冬至大禮大赦制〉	
七八六年	貞元二年	丙寅	三十三歲	淮西將陳仙奇殺李希烈以降，以仙奇爲節度使。吳少誠殺仙奇，以少誠爲留後。吐蕃入寇，李晟擊破之。韋皐鎭蜀，雲南王異牟尋請內附。以韓滉兼度支鹽鐵轉運等使。	〈優卹畿內百姓並除十縣令詔〉〈劉滋崔造齊映平章事制〉〈盧翰太子賓客制〉〈安撫淮西歸順將士百姓敕〉〈不許諸軍侵擾敕〉〈誅李希烈後原宥淮西將士並授陳仙奇節度詔〉〈平淮西後宴賞諸軍將士放歸本道詔〉〈虔王申光隨蔡等州節度使制〉	

七八七年	
貞元三年	
丁卯	
三十四歲	
以左僕射張延賞同中書門下平章事，尋卒。 以兵部侍郎柳渾同中書門下平章事。 以檢校司徒侍中馬燧爲司徒兼侍中。 以陝虢觀察使李泌爲中書侍郎平章事。 貶前門下侍郎同平章事蕭復爲太子左庶子，饒州安置。 韓滉卒。 宣公既職內署，母韋氏尚在江東，上遣中使至京師，搢紳榮之。俄丁母憂，東歸洛陽，寓居嵩山豐樂寺。	
	〈重原宥淮西將士詔〉 〈冊淑妃王氏爲皇后文〉 〈韓滉度支鹽鐵轉運使制崔造右庶子制〉
江譜在貞元元年下云：「此下六年，內二年在憂服之中，餘則俱無一言，不解何故？」遍尋史料，確實沒有答案，暫且存疑。江譜又云：「且與鄴侯（李泌）同時，彼此皆不相聞問，不相薦揚，深可怪也。」其實泌爲三朝元老，宣公爲後進，雖未必對泌推尊有加，應不至於爭材競能，貽笑後世，何可怪耶？ 江譜以爲宣公丁母憂在貞元五年，餘各譜均列在三年下。丁譜以公免後除官在貞元六年初，以此推算，丁母憂應爲三年。且《舊唐書·德宗本紀》〈陸贄傳〉所載，與此相符。	

七八八年	貞元四年	戊辰	三十五歲	吐蕃寇西川，韋臯擊破之。檢校左庶子蕭復卒於饒州。李泌薦陽城爲諫議大夫，上許之。 宣公丁母憂，仍居洛陽		陽城隱居柳谷，以學行著聞，李泌薦之。
七八九年	貞元五年	己巳	三十六歲	韋臯伐吐蕃，復巂州。吐蕃陷安西，惟西州尙爲唐守，而北庭、沙陀俱降於吐蕃。 中書侍郎同平章事李泌卒。以董晉爲門下侍郎，竇參爲中書侍郎兼度支轉運使，並同平章事。		《舊唐書．董晉傳》云：「（晉）遷門下侍郎同平章事，時政事決在竇參，晉但奉詔書，領然諾而已。」
七九〇元	貞元六年	庚午	三十七歲	宣公免喪，權知兵部侍郎，依前充學士。		江譜、周譜以爲宣公免喪，權知兵部侍郎在貞元七年。餘各譜均作六年。據嚴耕望〈唐僕尙丞郎表考證〉，應在貞元六年。茲採其說。 詩人李賀生。
七九一年	貞元七年	辛未	三十八歲	宣公罷學士，正拜兵部侍郎，知貢舉。		《新唐書．歐陽詹傳》云：（詹）舉進士，與韓愈、李觀、李絳、崔群、王涯、馮宿、庾承宣聯第，皆天下選，時稱龍虎榜。

七九二年	貞元八年	壬申	三十九歲	貶中書侍郎平章事竇參爲郴州別駕。 殺左諫議大夫知制誥吳通玄。 尙書左丞趙憬、兵部侍郎陸贄爲中書侍郎同中書門下平章事。 李納卒。	〈請許臺省長官自薦屬吏狀〉 〈論嶺南請於安南置市舶中使狀〉 〈論宣令除裴延齡度支使狀〉 〈請遣使臣宣導諸道遭水州縣狀〉 〈請減京東水運收腳價於緣邊州鎭儲蓄軍糧事宜狀〉	
七九三年	貞元九年	癸酉	四十歲	以中書侍郎趙憬爲門下侍郎同平章事。 以司農少卿裴延齡爲戶部侍郎判度支。 貶竇參爲驩州司馬，尋賜死。 李晟卒。 宣武軍將李萬榮逐其節度使劉士寧，自稱留後。	〈謝密旨因論所宣事狀〉 〈商量處置竇參事體狀〉 〈奏議竇參等官狀〉 〈請不簿錄竇參莊宅狀〉 〈論緣邊守備事宜狀〉 〈議汴州逐劉士寧狀〉 〈請不與李萬榮汴州節度使狀〉	李晟卒於八月，謚忠武。
七九四年	貞元十年	甲戌	四十一歲	宣武軍亂，留後李萬榮討平之。 昭義軍節度使李抱真卒。	〈論左降官準赦合量移劄子〉 〈再奏量移官狀〉	宣公上書，極言裴延齡罪惡而遭罷黜。

				宣公罷為太子賓客。	〈三進量移官狀〉〈論朝官闕員及刺史等改轉倫序狀〉〈均節賦稅恤百姓六條〉〈論邊城儲備米粟等狀〉〈論裴延齡姦蠹書〉	
七九五年	貞元十一年	乙亥	四十二歲	貶宣公為忠州別駕。以陽城為國子司業。馬燧卒。		馬燧卒於八月，謚莊武。
七九六年	貞元十二年	丙子	四十三歲	宣公在忠州，深居簡出，避謗不著書，惟考校醫方，撰集驗方五十卷行於世。以戶部侍郎裴延齡為戶部尚書。以董晉檢校左僕射同中書門下平章事。門下侍郎平章事趙憬卒。戶部尚書判度支裴延齡卒。		
七九七年	貞元十三年	丁丑	四十四歲	宣公在忠州。以宦者為宮市使。		
七九八年	貞元十四年	戊寅	四十五歲	宣公在忠州。貶陽城為道州刺史。以鄭餘慶同平章事。		

七九九年	貞元十五年	己卯	四十六歲	宣公在忠州。檢校左僕射平章事董晉卒。渾瑊卒。		
八〇〇年	貞元十六年	庚辰	四十七歲	宣公在忠州。徐泗節度使張建封卒。		
八〇一年	貞元十七年	辛巳	四十八歲	宣公在忠州。以韋皋爲司徒中書令，賜爵南康王。成德節度使王武俊卒。		
八〇二年	貞元十八年	壬午	四十九歲	宣公在忠州。		
八〇三年	貞元十九年	癸未	五十歲	宣公在忠州。貶韓愈爲陽山令。以杜佑同平章事。以李實爲京兆尹。		日本第十七次遣唐使。詩人杜牧生。
八〇四年	貞元二十年	甲申	五十一歲	宣公在忠州。		
八〇五年	貞元二十一年（順宗永貞元年）	乙酉	五十二歲	正月，帝崩，太子誦即位，是爲順宗。宣公與陽城、鄭餘慶同詔徵還；詔未至而贄卒，贈兵部尚書，謚曰宣。以韋執誼同平章事。以王叔文爲戶部侍郎。		韋皋卒，謚武忠。

第三章　陸宣公所處之環境

大凡一時代之文化、政治、經濟、社會、學術等傳統，莫不影響人類的思想、行爲，與當代的政、經制度、社會價值觀念。然而每個時代不乏豪傑之士，他們雖然立足於傳統文化社會之中，但由於不斷地反省過去，盱衡未來，思考建構一種承先啓後，適合當代環境的制度與方法。這些智慧經驗的累積，雖然隨著時空的改變而呈現不同的面貌與特質，但其精神則是脈絡相承、永不熄滅的。

漢、唐並稱盛世，而唐代立國規模之宏闊與文化各方面之發展又超越漢代。尤其在太宗執政時，中國以東方共主的姿態出現，四夷君長群推太宗爲「天可汗」，[一]其仰慕之情不難想見。玄宗開元年間，勤政愛民，海內昇平，文治武功，盛極一時。然而天寶十四年（西元七五五年），安祿山從范陽（今北平）起兵，不久兩京陷落，中樞動搖，社會秩序蕩然，國勢急速下墜。亂事敉平後，唐代已經民生凋敝，大傷元氣，再加上內有宦官專權，外有藩鎭跋扈，

一　劉昫等：《舊唐書》（台北，鼎文書局，正史全文標校讀本，一九七九年）卷三，〈太宗本紀下〉，頁一二。

天災流行，外患頻仍，財政拮据，中唐以降，已不復有往昔盛況了。其中爲害最大的莫過於藩鎮坐大。清人趙翼認爲：

安祿山以節度使起兵，幾覆天下。及安史既平，武夫戰將以功起行陣為侯王者，皆除節度使。……或父死，子握其兵而不肯代；或取舍（捨）由於士卒，往往自擇將吏，號為留後，以邀命於朝。天子力不能制，則含羞忍恥，因而撫之，姑息愈盛，方鎮愈驕。[二]

而這些節度使「各專其地以自世，既則迫於利害之謀，故其喜則連衡而叛上，怒則以力而相并（併）；又其甚，則起而凌王室。唐自中世以後，收功弭亂，雖常倚鎭兵，而其亡也亦終以此。」[三]

其次，自魏晉南北朝以後，許多讀書人眼見政權遞嬗，往往殺戮株連，累及無辜，故流於悲觀，轉而清談避世。到了唐代，大開科舉之門，風氣丕變，一般士子轉爲積極入世的態度，但因偏重文學，又好釋、老，對於節義廉恥反而較不講究，致士風浮薄。清人王夫之說：「唐以功立國，而道德之旨，自天子以至于學士大夫，置不講焉。」[四]且唐代社會太注重現實，歷經長期安定的統治，早將初期冒險創造的精神揚棄，而走向遲滯保守的狀態。

二　趙翼：《二十二史劄記》（台北，樂天出版社，一九七一年）卷二十，〈唐節度使之禍〉，頁二六六。
三　歐陽脩等《新唐書》（台北，鼎文書局，正史全文標校讀本，一九七九年）卷六十四，〈方鎭表序〉，頁四八〇。
四　王夫之：《讀通鑑論》（台北，廣文書局，一九七一年）卷二十二，玄宗，頁一六。

宣公處在積弊已深的中唐時代，以一介書生力挽狂瀾，屢締奇功，可惜德宗徒有知人之明，終不能用人而不疑，致使宣公之才十不盡其一，徒留後人慨歎而已。然而知人論世必先瞭解其時代背景，故逐節敘述析論如下。

第一節　藩鎮跋扈

唐初置節度使，由於邊防需要，朝廷對節度使人選的考量極爲重視，開元時擔任節度使的多爲文儒大臣，如蕭嵩、薛訥、張說等，莫不心向朝廷，自然無跋扈之事。但節度使因擁有土地、人民、甲兵以及財賦，集所轄州郡的軍政、民政、財政大權於一身，遂成爲藩鎮。等到李林甫爲相，因害怕邊帥入奪其位，主張改任胡人爲節度使。此後大量引用蕃將，如安祿山、安思順、哥舒翰等，而蕃將原來就不太顧及君臣倫理，突然擁有大權，難免跋扈驕橫，終於導致安史之亂。

等平定亂事之後，爲防守地方起見，內地也增設了鎮府，而且有愈來愈多之勢。據《新唐書・方鎮表》的記載，至德元年一年之中，即增設了十四鎮。[五]當時所委任的方鎮長官，名

[五] 章群：《唐史》（台北，華岡出版公司，一九七八年）第九章，〈藩鎮之亂〉，頁一二〇—一二一。

稱不一，有的名爲觀察使、防禦使、防禦守捉使，然其實權與節度使無異。藩鎮要靠部將支持，但是強而有力的部將也常反叛節度使，甚至取而代之。有時節度使死了，其部將常自推一人繼承，或擁立其子孫，而名爲留後，等朝廷正式委任，然後稱節度使。同時，藩鎮互通婚姻，連成一氣，與中央相抗衡，逐漸形成割據的局面。然而朝廷一再姑息，拿不出一套具體可行的對策，遂使藩鎮成了尾大不掉的毒瘤。清人趙翼說：

秦漢六朝以來，有叛將無叛兵；至唐中葉以後，則方鎮兵變，比比而是。蓋藩帥既不守臣節，毋怪乎其下從而效之，逐帥殺帥，視為常事。為之帥者，既慮其變而為肘腋之患，又欲結其心以為爪牙之助，遂不敢制以威令，而徒恃厚其恩施，此驕兵之所以益橫也。[六]

藩鎮之禍，始作俑者爲玄宗。安祿山請以蕃將三十二人代漢將，玄宗力排眾議而答應；甚至祿山到達京師，皇帝還親自在望春宮等待，這種做法無異對藩鎮過度縱容。[七]肅宗對藩鎮縱容得更加厲害，史稱乾元元年冬，平盧節度使王玄志卒，其裨將李懷玉（高麗人）殺玄志子，而擁立侯希逸，肅宗不但不加制止，反而任命希逸爲節度副使。後來希逸爲叛軍所逼，率眾航海至青州，盤據其地，肅宗又命爲平盧淄青節度使。[八]此種廢立、據地之例一開，蔚成風氣，

六　同註二，卷二十，〈方鎮驕兵〉，頁二六七—二六八。
七　同註三，卷二二五上，〈安祿山列傳〉，頁一七四一。
八　同註三，卷一四四，〈侯希逸傳〉，頁一二六二。

代宗以後遂層出不窮。大曆年間，汴宋留後田神玉卒，李靈曜殺兵馬使濮州刺史孟鑒，並勾結田承嗣爲援。朝廷也莫可奈何，只得任命他爲汴宋留後。[九]故肅、代兩朝對藩鎮「姑務優容」[一〇]的結果，使德宗深受其遺害。當德宗即位之初，雖思勵精求治，卻因貪功躁進而引起大規模的藩鎮叛亂，甚至京師也生兵變，致聖駕落荒而逃。何以力圖振作反而遭致大亂呢？依王壽南先生之說，主要有三個原因：一是德宗缺少識人之明，……爲政而不能得人。德宗雖有振作之心，但沒有輔弼的賢臣，必然不能收到效果，京師的兵變實是中央政治腐敗所導致的悲劇。……二是德宗缺少政治技巧，對付跋扈的藩鎮，一味用武力征伐，造成知進而不知退，能發而不能收，只有衝激而沒有迴旋，最後如果不能獲得全勝，便只有慘敗。三是經過安史之亂後，唐朝業已元氣大傷，中央政府所能掌握的兵力和財力都很薄弱，……所以德宗初年，中央的力量有限，實在不是以武力來對付跋扈藩鎮的時機。[一一]這個分析很有道理，值得參考。其次，德宗自興元以後，由奉天返京，對藩鎮改採姑息政策，加上奸人當國，正直之士日漸被逐，內政不修，而藩鎮之禍更無寧日了。藍文徵先生認爲：「方鎮既世襲，遂互相表裏，連衡叛國，其跋扈有過於六朝擁兵之悍帥。」[一二]又說：「其僚屬知有府主，而不知有朝廷。」[一三]

九　司馬光：《資治通鑑》（台北，台灣明倫書局，一九七七年）卷二二五，代宗大曆十一年，頁七二七三。

一〇　同註一，卷一四一，〈田承嗣傳〉，頁一〇四二。

一一　王壽南：《隋唐史》（台北，三民書局，一九八六年）第十章第二節，〈藩鎮的叛亂〉，頁二八六—二八七。

一二　藍文徵：《隋唐五代史》（台北，台灣商務印書館，一九六八年）第四章第七節，〈方鎮之禍〉，頁一四九。

這個說法的確切合實情。

第二節 宦官掌軍

唐代宦官之害並不亞於藩鎮，究其主因，乃宦官執掌中央兵權之故。至於兼領財庫、勾結藩鎮，甚至廢立國君等不法之舉，實爲專擅兵權的自然結果。

唐朝初年，禁衛軍的指揮權原來掌握在武將手中，宦官無法差遣。玄宗時，屢次征伐蠻夷，曾命宦官楊思勗爲帥，但只屬臨時任務；等安史之亂發生，肅宗在靈武即位，宦官李輔國、程元振先後執掌兵權；代宗時，宦官魚朝恩也掌握神策軍。[一四]他們恃寵而驕，專橫無比。例如代宗剛即位，李輔國因有定策之功，曾私奏：「大家但內裏坐，外事聽老奴處置。」[一五]而魚朝恩更「恃勳自伐，靡所忌憚。」[一六]不過，李、程、魚三人，僅係個人的竊權行爲，並非整個體制的問題，所以當魚朝恩死後，神策軍歸劉希暹、王駕鶴、白志貞相繼指揮，而這些

一三 同註一二。

一四 詳參同註一，卷一四八，〈宦官列傳〉，頁一二九八—一三〇〇。

一五 同註一四，頁一二九九。

一六 同註一五。

人均非宦官。建中四年（西元七八三年）發生涇原兵變，德宗倉遑出奔奉天，當時白志貞的神策軍並未馳援，而宦官竇文場等隨行。等亂定回京後，德宗頗忌宿衛之將，而對宦官的信任與日俱增，遂在貞元十二年（西元七九六年）六月，任命竇爲左神策護軍中尉，霍先鳴爲右神策護軍中尉，分別統領左右神策軍。從此，這兩個職位由宦官擔任遂成爲制度，而宦官就長期掌控了中央兵權。

當宦官成爲中央最有實力的集團後，外廷的士大夫想爭取皇帝的信任，才可重新取得執政權，而宦官卻可以輕易地操縱皇帝，所以最後往往是官員這一方失敗。例如順宗時，大臣王叔文、韋執誼等，因奪取宦官的兵權失敗，結果非賜死即流貶荒邑。其後，憲宗雖由宦官所擁立，結果卻死於宦官陳弘志之手；敬宗也被宦官劉克明所弒。文宗任用李訓、鄭注，謀誅宦官不成，曾自嘆周赧王、漢獻帝尙且受制於強悍的諸侯，而自己卻受制於家奴，實在更爲不如。[一七]

唐代宦官之禍，由上述已見其梗概。宋人司馬光評說：

> 宦官用權，為國家患，其來久矣。蓋以出入宮禁，人主自幼及長，與之親狎，……其間復有性識儇利，語言辯給，伺候顏色，承迎志趣，……自非上智之主，燭知物情，慮患深遠，侍奉之外，不任以事，則近者日親，遠者日疏，甘言卑辭之請有時而從，

一七 詳參同註九，卷二四六，文宗開成四年，頁七九四一—七九四二。

浸潤膚受之愬有時而聽。於是黜陟刑賞之政，潛移於近習而不自知，如飲醇酒，嗜其味而忘其醉也。黜陟刑賞之柄移而國家不危亂者，未之有也。東漢之衰，宦官最名驕橫，然皆假人主之權，依憑城社，以濁亂天下，未有能劫脅天子如制嬰兒，廢置在手，東西出其意，使天子畏之若乘虎狼而挾蛇虺如唐世者也。所以然者非他，漢不握兵，唐握兵故也。一八

清人趙翼也認爲：

其始猶假寵竊靈，挾主勢以制下，其後積重難返，居肘腋之地，為腹心之患，即人主廢置，亦在掌握中。一九

平心而論，宦官乃帝王專制時代極爲殘忍而不人道的制度，這些因爲生理缺陷導致心理不平衡的「中性奴僕」，趁接近君主之便，去影響甚至控制君主，等大權在握時，怎能不爲禍呢？而帝王對宦官狠毒的手法，終究自食其惡果，誠爲中國歷史上黑暗的一面。

第三節　貪污盛行

一八　同註九，卷二六三，昭宗天復三年，頁八五九五－八五九六。

一九　同註二，卷二十，〈唐代宦官之禍〉，頁二六三。

德宗即位之初，曾廢止各地歲貢，又減少宮中服御常貢，禁止天下進貢珍奇異獸，放出宮女百餘人，停止梨園伎及伶官的冗員三百人。所有這些措施，頗有愛惜民力、望治心切的傾向。但亂事平定後，德宗卻鼓勵地方官進奉，稱進奉物爲「羨餘」。[二〇]而地方官的財物原本來自百姓，在正常稅收之外的「羨餘」，無異巧立名目，向百姓搜括，這個做法十分不當。且君主收受「羨餘」，等於中央政府提倡賄賂，「上有所好，下必有甚焉者」，於是地方官爭著向德宗進奉，尤其服從朝廷的藩鎭更是如此。例如：西川節度使韋皐每日進奉羨餘，江西觀察使李兼每月進奉，藉此得到皇帝的寵信。在這種政治氣氛下，有些清廉的官員反受譭謗，而不得不同流合污，齊映便是一個最佳的例證。[二一]唐人穆質曾指出「財賄公行，不殊市道，量職求直（値），價若平準然。古則爲君擇人，今則爲財擇官。」[二二]政風之敗壞可見一斑。

針對當時貪污問題，宣公在〈謝密旨因論所宣事狀〉中有詳細論述，原文甚長，今依王壽南先生所作整理，其概要如下：

陸贄此狀極為率直，指出貪官賄賂之不可行：（一）納賄將使法度廢弛；（二）上不貪賄始可禁下貪賄；（三）貪賄必然危害百姓；（四）貪賄敗壞廉恥道德；（五）貪賄將使

二〇 意謂地方官吏把國家之外的稅收財物送給皇帝，這筆財物不歸左藏署，而直接送入皇宮。

二一 詳見同註 3，卷一五〇，〈齊映傳〉，頁一二九四。略云：映罷不以罪，冀復進，乃掊斂獻貢，以中帝欲。又見《全唐文》卷四五〇，齊映〈河南府論被謗表〉。

二二 董誥等編：《欽定全唐文》（台北，經緯書局，一九六五年）卷五二四，穆質：〈對賢良方正能直言極諫策〉，頁六七五二—六七五三。

善惡不分，功過不明，賞罰失柄；（六）貪賄之風，由小而大，由微而烈，故不可不禁其始；（七）朝廷不可對賄賂有條件之接受，應對任何賄賂一概拒絕。[二三]

宣公所論貪污風氣爲害政治與虐民之甚，確實是千古不易的定律。而身爲一國之尊的德宗皇帝，卻對這個歪風視若無睹，甚至暗示那些藩鎭進奉「羨餘」，遂使貪污之風大行其道。

貞元八年（西元七九二年），戶部尚書判度支班宏去世，裴延齡以司農少卿兼領度支，不久，升爲戶部侍郎仍判度支，掌握全國財政。他爲求個人表現，大力壓榨民財，以取媚德宗，而德宗也很欣賞他的才幹。當時，左補闕權德輿曾上奏，稱延齡只是「取常賦支用未盡者充羨餘，以爲己功。」理應「遣信臣覆視，究其本末，明行賞罰。」[二四]然而德宗惑於延齡之術，並未追究。宰相陸贄更上疏屢指延齡乃奸佞小人，又評論當時政風，說：「貨賄上行，則賞罰之柄失；貪求下布，則廉恥之道衰。」[二五]又說：「上好利，則下思聚斂；上求賄，則下事侵蝨。」[二六]此論可謂一針見血。可惜德宗未能明察，反而在貞元十年（西元七九四年），免去宣公的宰相職位，改任爲太子賓客。這樣私心作祟的結果，無異失去了革新政風的契機。

二三　王壽南：〈從陸宣公翰苑集看唐德宗時代的政治〉，見《國際漢學會議論文集》（台北，中央研究院，一九八一年）歷史考古組，頁四三五

二四　皆同註九，卷二三四，德宗貞元九年，頁七五四九。

二五　陸贄撰、郎曄注：《評註陸宣公集》（台北，台灣中華書局，一九七七年）卷八，〈謝密旨因論所宣事狀〉，頁七八。

二六　同註二五。

第四節　上下隔閡

自古以來，政治要清明，必須下情上達，上令下行，假使上下隔閡，相互猜忌，就容易出差錯，政權基礎也難免會動搖。所以司馬光說：

自古所患者，人君之澤壅而不達，小民之情鬱而不上通。故君勤恤於上，而民不懷；民愁怨於下，而君不知，以至於離叛危亡，凡以此也。二七

德宗生性多猜忌，對官員本來就不太信任，官員也深恐見疑而緘默，因此上下隔閡，遂產生君主受蒙蔽而不自知的現象。例如：涇原兵變之前，德宗毫無警覺，即爲最好的證明。難怪陸宣公會說：

陛下……神斷失於太速，睿察失於太精，斷速則寡恕於人，而疑似之間不容辯也；察精則多猜於物，而臆度之際未必然也。寡恕則重臣懼禍，反側之釁易生；多猜則群下防嫌，苟且之風漸扇。是以叛亂繼起，怨讟並興，非常之虞，億兆同慮。惟陛下穆然

二七　同註九，卷二三三，德宗貞元三年十二月，臣光曰，頁七五〇八。

凝邃，獨不得聞，至使兇卒鼓行，白晝犯闕，重門無結草之禦，環衛無誰何之人。二八又如盧杞性情狡詐，天下無賢不肖，皆視爲仇家，袁高說：「盧杞爲政，極恣兇惡，三軍將校，願食其肉，百辟卿士，嫉之若讎。」趙需等上疏道：「盧杞外矯儉簡，內藏奸邪，三年擅權，百揆失序，惡其醜正，亂國殄人，天地神祇所知，蠻夷華夏同棄。」而德宗竟問李勉說：「眾人論杞奸邪，朕何不知？」二九由此可見德宗不明下情之一斑。

除了德宗本人的性格，使上下隔閡外，另外還有一個因素，就是有些大臣故意阻礙德宗瞭解下情的機會。例如：盧杞爲了鞏固自己的權位，妒忌賢能，稍有不依附的人，往往威脅利誘或暗中設計陷害。《資治通鑑》記載：

盧杞秉政，知上必更立相，恐其分己權，乘間荐吏部侍郎關播儒厚，可以鎮風俗。丙辰，以播為中書侍郎同平章事，政事皆決於杞，播但斂衽，無所可否。上嘗從容與宰相論事，播意有所不可，起立欲言，杞目之而止。還至中書，杞謂播曰：「以足下端愨少言，故相引至此，曏者奈何發口欲言邪？……」播自是不復敢言。三〇

盧杞舉荐關播，本意爲易於掌控，以便獨攬大權。有一次，播想發表意見，卻被杞當面制止，諸如此類的事情想必不少，難怪大家對盧杞的霸道都非常厭惡了。宣公眼見如此長久下去，

二八　同註二五卷二，〈論敘遷幸之由狀〉，頁一一—一二。
二九　同註一，卷一三五，〈盧杞傳〉，頁一〇〇九。
三〇　同註九，卷二二七，德宗建中三年十月，頁七三三五。

必定百弊叢生，所以上書道：

頃者竊聞輿議，頗究群情，四方則患於中外意乖，百辟又患於君臣道隔。郡國之志，不達於朝廷；朝廷之誠，不升於軒陛。上澤闕於下布，下情壅於上聞。實事不必知，知事不必實，上下否隔於其際，真偽雜揉於其間。聚怨囂囂，騰謗藉藉，欲無疑阻，其可得乎？[三一]

由於德宗猜忌的個性，再加上有心人士刻意阻撓，使「上澤闕於下布，下情壅於上聞」，導致中央與地方常生誤會，而君臣隔閡日深，如此，政治又怎能清明，民生又怎能安樂呢？

第五節　外患頻仍

唐室早期最大的敵人爲東突厥，其領土東到今日東北諸省，西抵今日青海及新疆東部。回溯隋末中國北部起兵群雄，包括唐高祖李淵在內，均曾向東突厥稱臣。武德三年（六二〇年）到九年（六二六年），東突厥年年發兵入寇，皆飽掠而歸。太宗即位不久，東突厥傾兵入侵，大軍抵達長安西北渭水上的便橋；太宗親臨渭水，與頡利可汗訂盟，應允了許多金帛，

三一　同註二五，卷二，〈奉天論奏當今所切務狀〉，頁一五。

對方才退兵，此爲唐室對東突厥最後的屈辱。爾後，東突厥逐漸衰亂，直到高宗永徽元年（六五〇年），唐生擒車鼻可汗，東突厥才完全降服。至於西突厥，在隋朝時，其版圖西抵波斯（今伊朗），南達罽賓（今印度克什米爾一帶），東與東突厥對峙。唐高祖時對西突厥極力拉攏，以牽制東突厥。西突厥在太宗貞觀年間，因連年內亂，於貞觀十二年（六三八年）又分裂成東西二部。到高宗時已衰弱到極點。代宗大曆以後，西突厥阿史那氏的餘眾歸附了回紇。[三二]

其次，唐室的外患爲回紇。回紇，又名回鶻，乃鐵勒的一支[三三]，是突厥的北鄰，曾臣服於東突厥，在頡利可汗時，與薛延陀、拔野古等部落聯合叛變，後又乘機佔領薛延陀的版圖。回紇在高宗時，曾派兵助唐討伐西突厥叛酋阿史那賀魯和高麗。玄宗開元末年，由於東突厥內亂，唐室詔諭回紇、葛邏祿等部合擊東突厥。到天寶四年（七五四年），回紇接受東突厥舊地，成爲唐室北方的第一強國。其領土東至室韋（今松花江上游一帶），西抵金山（阿爾泰山），南跨大漠。安史之亂起，肅宗向回紇求救兵。回紇派四千多兵馬助唐討逆。當收復西京（長安）時，回紇「欲入城劫掠」，等到攻下東京（洛陽），更「剽掠三日而止」，恃著助戰之功，根本不把唐朝放在眼裡，又強迫唐室以四十疋絹換一匹回紇劣馬，令朝廷深感無奈。德宗建中元年（七八〇年），回紇率眾及雜胡等自京師返國，沿途盡是裝滿金帛的馬車。其貪得無饜之狀，正如陸贄所說：「回紇矜功，憑凌亦甚，中國不遑振旅，四十餘年，使傷耗遺甿，竭力

三二　詳參傅樂成：《隋唐五代史》（台北，華岡出版公司），頁七五。

三三　同註三二，頁七七。

蠶織，西輸賄幣，北償馬資，尙不足塞其煩言。」[三四]而這不公平的交易，遂成爲唐室極大的經濟負擔。

另一唐室大患爲吐蕃。吐蕃的國土，主要的部分在現今的西藏高原，由於和中國距離遙遠，加上又有吐谷渾阻隔，[三五]所以在唐朝以前與中國並無往來。吐蕃崛起於太宗貞觀年間，到了宣宗大中時，逐漸瓦解衰弱，計其由盛而衰約有二百年，唐室所受之外患以此爲最。高宗時，曾派薛仁貴討伐，卻兵敗於大非川（青海湖東邊），從此吐蕃連年入寇。安史之亂起，唐室西北的精銳邊兵均調往東部參戰，西北頓時空虛，成爲吐蕃入侵的良機。於是數年之間，將原屬唐河西、隴右節度使的轄區悉數佔去，並且隨時可以窺伺長安。代宗廣德元年（七六三年），吐蕃率黨項、吐谷渾、氐、羌二十餘萬眾，連下涇州（今陝西涇陽）、奉天（今陝西乾縣）、武功（今陝西武功縣），攻陷長安，代宗逃抵陝州。遂派郭子儀等反攻，郭只是虛張聲勢，吐蕃就自行退走。此後，代宗採納郭子儀聯絡回紇對抗吐蕃的策略。德宗繼位，對回紇頗爲憎惡。因德宗爲雍王時，曾受回紇的侮辱，所以登基後，改變聯回抗吐政策，轉而與吐蕃聯絡。建中元年（七八三年），命隴右節度使張鎰在清水（今甘肅清水）和吐蕃結盟，承認吐蕃佔有蘭州、渭州、原州、成州、維州等地（今甘肅西南與四川西北一帶），這不但喪失

三四　同註二五，卷十，〈論沿邊守備事宜狀〉，頁九四—九五。
三五　詳參同註三二，頁八七。

了版圖，還對長安構成了相當威脅。後來原州之盟[三六]失敗，德宗才接納宰相李泌的建議，重新恢復聯回抗吐的政策，而吐蕃對唐的威脅始告減輕。誠如史書所記載，吐蕃給唐室帶來的苦況爲「動則中國畏其眾而不敢抗，靜則中國憚其強而不敢侵。」[三七]其爲禍的程度可見一斑。

南詔即「蒙舍詔」（今雲南蒙化），爲烏蠻別種，是在今日雲南一帶居住的蠻族六部之一。唐高宗時，曾經遣使入貢。到玄宗時，勢力開始強大，其國主皮邏閣賄賂唐劍南節度使王昱，要求合六詔爲一，唐室應允。開元二十六年（七三八年）受封爲雲南王，賜名歸義。天寶年間，南詔反叛，唐室派兵征伐，失敗，於是南詔向吐蕃稱臣。安史亂起，乘機攻進越巂會同軍（今四川會理縣北），且強佔清溪關（今四川越巂縣）等要塞，成爲吐蕃入寇的前鋒。代宗時，南詔因苦於吐蕃賦重，乃脫離吐蕃而獨立。大曆十四年（七七九年），吐蕃、南詔合兵入寇維、茂等州，被唐將李晟所敗。德宗貞元初，唐西川節度使韋皐招撫南詔，後來南詔與吐蕃交惡，歸附唐室，其後南詔遂與吐蕃爲敵。

三六　詳同註三二，頁一三〇——一三一。內容概要爲：吐蕃的大臣尙結贊，想設計除去唐朝名將李晟、渾瑊、馬燧等。三人中李晟是朔方軍統帥，對吐蕃主戰最激烈。於是尙結贊先散佈謠言中傷李晟，使生性多疑的德宗對他不信任；接著又向當時準備進攻吐蕃的馬燧求和，並請修盟而歸還所佔據的唐朝土地。德宗也想聯合土蕃進攻回紇，因此解除李晟的兵權，決心與吐蕃結盟。貞元二年（七八六年），派渾瑊爲代表，與土蕃結盟於原州（今甘肅固原）平涼川。其實吐蕃是想在結盟時，生擒渾瑊而出賣馬燧，然後出兵長安。所幸這個奸計並未得逞，渾瑊全身而退，馬燧也繼李晟之後失去兵權。但這也是吐蕃所打的如意算盤。

三七　同註一，卷一三九，〈陸贄傳〉，頁一〇三五。

除突厥、回紇、吐蕃、南詔外，唐朝邊境尙有高麗、契丹、吐谷渾、黨項等小國，然皆不足爲患，故略而不述。誠如《新唐書．突厥傳》所說：「夷狄爲中國患尙矣。在前世者，史家類能言之；唐興，蠻夷更盛，嘗與中國抗衡者有四：突厥、吐蕃、回鶻、雲南是也。」回鶻即回紇，雲南則指南詔。

第六節　財政拮据

唐初，行租庸調法，按丁授田，有爲民制產之意，且權利義務分明，賦稅輕而國用足。自玄宗天寶以降，藩鎭驕橫，將賦稅納入私囊，不繳交國庫；不僅在外之節度使生活侈靡，朝廷內的武臣也以豪奢相競。像郭子儀歲入官俸二十四萬貫，私利更不計其數，其宅在親仁里，家人三千，居里中四分之一。皇帝所賞賜的良田美器、名園甲館、聲色珍玩，更是無法估計。而社會上也因承平日久，浮靡之風盛行。等安史亂後，戶籍頓減，租庸調法遂不得不廢棄了。

其次，由於藩鎭跋扈和強敵壓境，朝廷不得不竭財養兵，軍費負擔日甚。據《資治通鑑》記載：

開元之前，每歲供邊兵衣糧，費不過二百；天寶之後，邊將奏益兵浸多，每歲用衣千

> 二十萬疋，糧百九十萬斛。[三八]

而向回紇購馬所耗費的絹帛，僅代宗一朝十七年間，即達一千五百萬疋以上。再加上官吏員額太多，俸祿支出數目驚人，財政尤其不堪負荷。

當國庫逐漸空虛之際，德宗不但不正本清源，反而巧立名目，大肆搜括，如間架稅、茶稅、加重鹽稅、正式規定商稅的稅率……等，層出不窮。且兩稅法之實施，利弊互見，容第五章第三節詳述。如此橫徵暴斂，民生日益困苦，社會經濟日漸凋蔽。縱使穀物豐收，人民生活還是不快樂。《資治通鑑》記載：

> 自興元以來，是歲（貞元三年）最為豐稔，米斗直（值）錢百五十，粟八十，詔所在和糴。庚辰，上畋於新店，入民趙光奇家，問：「百姓樂乎？」對曰：「不樂。」上曰：「今歲頗稔，何為不樂？」對曰：「詔令不信，前云兩稅之外，悉無他傜，今非稅而誅求者，殆過於稅，後又云和糴，而實強取之，曾不識一錢。始云所糴粟麥納於道次，今則遣致京西行營，動數百里，車摧馬斃，破產不能支，愁苦如此，何樂之有？」[三九]

由趙光奇話中，可見當時人民飽受重稅剝削的生活苦況了。

三八 同註九，卷二一五，玄宗天寶元年，頁六八五一。
三九 同註九，卷二三三，德宗貞元三年十二月，頁七五〇八。

第七節　儒學勢微

中國學術思想界，自魏、晉、南北朝佛、老盛行以後，儒學消沉到了極點。難怪韓愈要說：「周道衰，孔子歿，火于秦，黃老于漢，佛于魏晉梁隋之間，其言道德仁義者，不入于楊，則入于墨，不入于老，則入于佛。」[四〇]固然他是站在維護儒家道統的立場而言，卻同時顯示了儒學的衰微。

經過隋代進入唐代，只見佛、道兩家更爲興盛，尤其是佛教逐漸「中國化」之後，對儒學的衝擊更大。近人勞思光認爲：

自唐代「中國佛教」成長後，就佛教一面說，已對中國心靈作最大之適應；但在基本精神方向上看，則佛教之「捨離精神」乃決不能放棄之原則。在此處佛教與儒學無法妥協。中國學者至此即面臨一種精神方向之選擇問題。若接受「捨離精神」，則即必須持一否定世界之態度；若對此世界欲有所肯定，而不願視世界之「有」本身為一迷執，則即須拒絕「捨離精神」。[四一]

四〇　馬其昶：《韓昌黎文集校注》（台北，河洛出版社，一九七五年）第一卷，〈原道〉，頁八。
四一　勞思光：《中國哲學史》（台北，三民書局，一九八一年）第三卷上，〈序論〉，頁四。

所以中唐之後，凡是提倡儒學而排斥佛學者，在基本態度上不願否定世界，其立論可能並不紮實，但意向上則很明確。而這個觀點對宋、明理學有開啓序幕之功。

其實，唐初帝王極爲獎掖儒學，[四二]然而所謂儒家之徒，大多屬於文人，並非真正的儒者。因爲太宗「以儒學多門，章句繁雜，詔國子祭酒孔穎達與諸儒，撰定五經義疏，凡一百七十卷，名曰五經正義，令天下傳習。」[四三]於是經義定於一尊。而當時科舉，又以正義取士，故天下士子多以熟讀正義爲進身之階，少有以明道修己爲本務者。史稱：「高宗嗣位，政教漸衰，薄於儒術，尤重文史，於是醇醲日去，華競日彰，猶火銷膏而莫之覺也。及則天稱制，以權道臨下，不吝官爵，取悅當時，……至於博士、助教，惟有學官之名，多非儒雅之實。……因是生徒不復以經學爲意，惟苟希僥倖，二十年間，學校頓時隳廢矣。」[四四]此段記載即爲最佳佐證。

由於東漢以下，佛、老興起，籠罩整個思想界，流風所及，隋唐時期並無太大改觀。縱然統治者有意振興儒學，但以五經正義取士的結果，使學術定於一尊，無形中桎梏了讀書人的思想，反而與振興儒學的精神背道而馳。直到中唐以後，有些儒生才逐漸返回儒學正途，

四二　同註三，卷一九八，〈儒學列傳序〉，頁一五二五：太宗身櫜鞬，風纚露沐，然銳情經術，即王府開文學館，召名儒十八人爲學士，與議天下事。既即位，殿左置弘文館，悉引內學士番宿更休，聽朝之間，則與討古今，道前王所以成敗，或日昃夜艾，未嘗少怠。

四三　同註一，卷一八九上，〈儒學列傳序〉，頁一三四八。

四四　同註四三，頁一三四九。

而以復興儒學爲畢生之志。

第八節　士風敗壞

唐代社會，奢靡成風，士大夫之輩不但不能免俗，反而耽於逸樂，流於褻蕩。今舉二例以見一斑。唐人李肇說：

京城貴遊，尚牡丹三十餘年矣，每春暮，車馬若狂，以不會耽玩為恥。執金吾鋪官圍外寺觀種以求利，一本有直（值）數萬者。[四五]

長安市民如此狂熱地愛牡丹，甚至不惜耗費鉅資，爭奇鬥妍，以博取虛名。而牡丹花盛開時，車馬奔走，熱鬧異常。有如徐凝詩句所說「三條九陌花時節，萬馬千車看牡丹。」[四六]又如孫棨說：

諸妓皆居平康里，舉子、新及第進士、三司幕府，但未通朝籍，未直館殿者，咸可就詣，如不惜所費，則下車水陸備矣。[四七]

四五　李肇：《國史補》（台北，世界書局，一九六一年）卷中，頁四五。
四六　洪邁：《容齋隨筆》（上海，古籍出版社，一九九六年）卷第二，〈唐重牡丹〉，頁一八。
四七　孫棨：《新校北里志》（台北，世界書局，一九六一年）〈孫內翰北里誌序〉，頁二二一。

唐代官妓最盛，而許多文人墨客、新科進士，更是沉迷酒色，圖一己之享樂，從唐詩贈名妓、贈歌女、懷妓作品之多可以得到印證。

士人在我國社會地位向來很高，其影響世風之大不在話下。唐代士風如此浮薄，其社會習尚怎能不窮奢極欲呢？而造成士風敗壞的原因，可由兩個方面加以探討：

（一）在唐代科舉制度下，進士科最受重視，而詩賦爲該科考試的重點，許多士人遂講究文藻鋪陳的末道小技，而拋棄經世濟民的經史典籍於不顧。所以「幼能就學，皆誦當代之詩，長而博文，不越諸家之集；遞相黨與，用致虛聲，六經則未嘗開卷，三史則皆同掛壁。」[四八]這樣一旦從政，很少能體恤民情，造福百姓，或識見卓越，規劃宏遠，而往往只流於個人享樂而已。

（二）科舉的方式也有弊端。在考試制度下，本來就僧多粥少，很少人能金榜題名，所以鑽營風氣頗盛。元人馬端臨說：「天下之士，什什伍伍，戴破帽，騎蹇驢，未到門百步，輒下馬奉幣制，再拜以謁於典客者。」[四九]即使在玄宗開元盛世，仍有「請託大行，取士頗濫」[五〇]的情況，如此愈演愈烈，所以才有「上第巍峨，多是將相私人座主密舊。……下第之後，尚

四八　陳鴻墀：《全唐文紀事》（台北，世界書局，一九六一年）卷一四，貢舉一，頁一七三。
四九　馬端臨：《文獻通考》（台灣商務印書館景印文淵閣四庫全書）卷二十九，選舉考二，頁六一〇—六一九。
五〇　同註一，卷一百，〈王丘傳〉，頁八四三。

爾乞憐主司，冀其復進。」[五一]的諷刺語。其間，當然也有例外的情形，例如：德宗貞元八年（七九二年），陸宣公任主考官，錄取韓愈等皆一時之選的「龍虎榜」，確實難能可貴。

奢靡之風，在承平時代也許很自然，但到了戰亂蠭起，國窮民困之際，仍不改常態，就應驗「由奢返儉難」的話而不應該了。李肇說：「長安風俗，自貞元侈於遊宴，其後或侈于書法、圖畫，或侈于博奕，或侈于卜祝，或侈于服食，各有所蔽也。」[五二]李氏描寫長安的浮華概況，其實就是整個大唐帝國的縮影了。

第九節　相權分奪

帝制時代，宰相職務雖是上佐天子，下總百官，治理萬事，但其權力來源均爲皇帝所授與。唐代宰相員額不定，舉凡中書、門下省長官、尙書省左右僕射加「同中書門下三品」或「同中書門下平章事」、「知政事」、「參知政事」等名號，就可視同宰相，出席宰相會議。這種多相制優缺點互見。其優點爲：（一）軍國要務由宰相共同議決，思維自然比較縝密

五一　沈炳：《續唐詩話》（台北，鼎文書局歷代詩史長編第六種，一九七一年）卷之首六，〈總論〉，頁六一—三七六。

五二　同註四五，卷下，頁六〇—六一。

而合理。（二）免於相權獨攬，能收相互制衡之效，行政較客觀而中立。其缺點則爲：（一）相權既是君主所授，君主若侵奪相權，宰相也莫可奈何。（二）宰相既多，意見分歧，易肇「朋黨之爭」。（三）宰相輪値主事，責任分際模糊，遇有爭端，易生爭功諉過的後果。這是唐代宰相制度先天的屬性。若從實際政治層面來看，唐代相權被分奪得相當嚴重。

自玄宗制翰林院以來，翰林學士「專掌內命」，[五三]故有「內相」之稱，而翰林院宛如內廷的決策機關，勢必與政事堂爭權。陸宣公曾上書，說：

> 詞詔所出，中書舍人之職，軍興之際，促迫應務，權令學士代之；朝野乂寧，合歸職分，其命將相制詔，卻付中書行遣。[五四]

這顯然是針對翰林學士取代中書舍人所發的議論，可惜德宗爲了行事方便，未能革除破壞體制的弊端，所以導致「竇參、陸贄已後，宰臣備位而已。」[五五]

其次，相權也屢遭小人侵蝕。史載：

> 上自陸贄貶官，尤不任宰相，自御史、刺史、縣令以上，皆自選用，中書行文書而已。然深居禁中，所取信者，裴延齡、李齊運、戶部郎中王紹、司農卿李實、翰林學士韋

五三　同註三，卷四六，〈百官志一〉，頁三三二四。
五四　同註一，〈陸贄傳〉，頁一〇三七。
五五　同註一，〈王紹傳〉，頁九五三。

執誼及渠牟，皆權傾宰相，趨附盈門。五六

又安、史亂後，藩鎭日益跋扈，像李懷光解了奉天之圍後，屢次上表揭露宰相盧杞的罪狀，德宗在顧全大局下，貶杞爲新州司馬。固然杞的爲人不正，但武夫干政之風也不可長。此外，同列相排擠，也造成相權分割，無法發揮輔弼元首之功。以上從制度、人事兩個層面，分析當時宰相職權未能充分發揮的原因。這也是中唐以後國力一直不能重振的因素之一。

陸宣公出身翰林，當朱泚之亂時，從幸奉天，德宗視其爲左右臂，受到極度重視。等貞元八年，除中書門下平章事，反而難以伸展其安邦定國之志，主因即爲相權分奪的緣故。

五六　同註九，卷二三五，德宗貞元十二年，頁七五七五。

第四章　陸宣公之思想淵源

構成人類思想的要素，略而言之，有環境、學識、經驗三者。自從降生開始，人即受環境左右，使我們不得不做某種反應，而且我們追求慾望的活動，都是以環境爲對象。在每個環境中，我們雖然無法完全拋棄它的束縛，但每一個體對環境也不盡然是被動的，他可以克服環境，創造環境，以實現自我，完成人生的責任。其次，由學問思辨的工夫，可以培養人們對環境的瞭解，及評估與賞鑒的能力，從而提出一套爲人處事的有效方法。當然，學問思辨非僅讀書一途可以獲得，但讀書積理不失爲一捷徑。再者，宇宙之大，萬事紛紜，令人耳亂目眩，若不能在有限的時空中成就一些事物，難免會產生愧己怍人的心理。儘管成就有小大之別，若能累積許多知識經驗，對思考的深度和廣度將有莫大的助益。

底下就環境之省察、學問之累積、處事之經驗三方面，來探討陸宣公思想的淵源。

第一節　環境之省察

誠如第參章所述，中唐之世，其政治、社會、經濟、學術諸環境，爲藩鎭跋扈、宦官掌軍、貪污盛行、上下隔閡、外患頻仍、財政拮据、儒學勢微、士風敗壞、相權分奪等中衰的現象。然而，宣公並非容易向環境、命運屈服者，他深信多難並非無可救藥，若能臨事謹慎，善謀因應之道，必可開創新契機。所以說：

> 理或生亂，亂或資理，有以無難而失守，有因多難而興邦。理或生亂者，恃理而不修也；亂或資理者，遭亂而能懼也。無難失守者，忽萬機之重而忘憂思也；多難興邦者，涉庶事之艱而知敕慎也。[一]

處於積弊日深之際，應興應革事務，千頭萬緒，若不能細究每個問題的來龍去脈，僅是治標或粉飾，終究無濟於事。易繫辭說：「夫易，聖人之所以極深而研幾也。唯深也，故能通天下之志；唯幾也，故能成天下之務。」陸宣公也認爲「知本乃能通於變。」[二]這「極深」、「研幾」意謂徹底省察周遭的環境，然後細加推究，而對未來指引出一條可行的道路，也就是「知本」的工夫。

譬如對藩鎭驕橫的現象，陸宣公認爲是權柄倒持的結果。他說：

> 王畿者，四方之本也。京邑者，又王畿之本也。其勢當令京邑如身，王畿如臂，四方如指。故用則不悖，處則不危，斯乃居重馭輕，天子之大權也。非獨為御諸夏而已，

一　陸贄撰、郎曄注：《評註陸宣公集》（台北，臺灣中華書局，一九七七年）卷二，〈論敘遷幸之由狀〉，頁一三。

二　陸贄：《陸宣公全集》（台北，河洛出版社，一九七八年）翰苑集卷六，〈策問博通墳典達於教化科〉，頁三六。

抑又有鎮撫戎狄之術焉。[三]

此處以人體比喻國家，說明「居重馭輕」是避免藩鎮坐大，威脅朝廷的根本道理。這是省察當時政治環境所提出來的對策。又如：德宗曾在行宮廡下貯藏各道所進獻的財物，宣公認爲不應在多事之秋仍存私心，否則士卒怨望，難有鬥志。故上書說：「務鳩斂而厚其帑櫝之積者，匹夫之富也。務散發而收其兆庶之心者，天子之富也。」[四]此處針對德宗的貪念而發，對於當時政風頗有針砭之效。其次，外患頻仍，朝廷苦無良策。宣公主張：

> **備邊禦戎，國家之重事；理兵足食，備禦之大經。兵不理則無可用之師，食不足則無可固之地。理兵在制置得所，足食在斂導有方。**[五]

這「理兵足食」四個字頗能正本清源，至於詳細做法，留待第伍章再作析論。

處在君主專制時代，政治清明與否，與君道、君德有密切關連。故需要瞭解國君的心理，並引導其走向正道，乃能推行善政。宣公深知德宗雖想當英明的君主，但個性方面卻有不少缺點，所以竭盡臣節，直言極諫。蘇軾曾評論，道：「德宗以苛刻爲能，而贄諫之以忠厚；德宗以猜疑爲術，而贄勸之以推誠；德宗好用兵，而贄以消兵爲先；德宗好聚財，而贄以散財

三 同註一，卷一，〈論關中事宜狀〉，頁一。

四 同註一，卷四，〈奉天請罷瓊林大盈二庫狀〉，頁三二。

五 同註一，卷十，〈論沿邊守備事宜狀〉，頁九三。

為急。」[六]由此可知，宣公對德宗的心態可謂瞭若指掌。而在這關鍵時刻，唯有盡心輔佐國君，方能使大環境有所轉變，「使是君為堯舜之君，……使是民為堯舜之民。」[七]此即宣公經世濟民的宏願。

第二節　學問之累積

宋儒程頤說：「凡一物上有一理，須是窮致其理。窮理亦多端：或讀書講明義理；或論古今人物，別其是非；或應接事物而處其當。皆窮理也。」[八]古往今來，世事紛紜，然而每件事物背後都潛藏著某些道理。前人即使窮畢生之力，或許只能揭露宇宙間一小部分秘密，而把他們智慧的結晶保留在書籍上，所以「讀書講明義理」就是最簡易的求知方法。唯有建立認知的基礎，才能對事物作較客觀理性的判斷，這就是「論古今人物，別其是非」的涵義。至於「應接事物而處其當」，則為處事的經驗，留待下一節再談。

自古以來，偉大的政治家，其學識無不淵博，思慮無不縝密，而學識更是思想的泉源。

六　同註一，卷首，蘇軾：〈進呈唐陸贄集劄子〉，頁一四—一五。

七　《孟子注疏》（台北，新文豐出版公司，一九七七年）卷第九下，〈萬章上〉，頁一七〇。

八　朱熹編：《近思錄》（台北，臺灣商務印書館人人文庫，一九七六年）卷三，頁九四。

所以不論中外，人們普遍都希望得到一位具有淵博的學識、能獨立思考的人，來擔當領袖的職務。西方人講「哲學家皇帝」，中國人講「智德兼備的聖君賢相」，都是相同的道理。近人錢穆認爲中國的傳統思想，自古希望以學術來領導政治，再由政治來支配經濟。這就是很好的說明。錢氏說：「一項制度之創建，必先有創建該項制度之意識與精神。一項制度之推行，亦同樣需要推行該項制度之意識與精神。」[九]而這「意識與精神」的創建就是來自卓越的學術思想。宋人葉夢得說：「唐人房喬、裴度優於德量；宋璟、張九齡優於氣節；魏鄭公、陸贄優於學術；姚崇、李德裕優於材能。」[一〇]在唐代眾多名臣中，葉氏以爲「魏徵、陸贄優於學術」，是有相當依據的。前者略而不論，後者傳世的制誥奏議，敘事則條達而明暢，說理則剴切而質直，引證史事則切貼能服人，建議則切合情理而可行，足見陸宣公優於學術，所言不虛。

宣公學本六經，精研諸子史傳。舊傳說他年少「頗勤儒學」，但他並不以此自限，凡是可以救亡圖存，有助於政治事業的學問，他都不會輕言排拒，然後博觀約取，融入自己胸中，構成卓越的識見。故除了儒家的基本典籍之外，舉凡老、莊之學，申、韓之學，孫、吳之學，宣公不但窺其堂奧，且能應用自如，可見他在學問思辨方面工夫之深了。底下列舉有關資料加以說明：

九　錢穆：《國史大鋼》上冊（台北，臺灣商務印書館，一九六六年）第二十五章，頁三〇〇。

一〇　葉夢得：《避暑錄話》（河北，教育出版社，一九九五年二月。周光培編《歷代筆記小說集成・宋代筆記小說第十八冊》）卷下，頁一五八。

一、建中四年（七八三年），朱泚謀逆，李希烈攻陷汝州，德宗逃抵奉天時，人心危疑不安。宣公剴切陳辭：「臣聞立國之本，在乎得眾，得眾之要，在乎見情。故仲尼以爲『人情者，聖王之田』，言理道所由生也。」[一一]又論得民心之道，說：「欲惡與天下同，而天下不歸者，自古及今未之有也。」[一二]按：《禮記．禮運篇》有云：「故聖王修義之柄，禮之序，以治人情。故人情者，聖王之田也。」國家雖遭動亂，推究其因，固然是由野心的藩鎮所造成，但政治不上軌道，百姓離心離德更是主因。所以唯有瞭解民情，紓解民困才是釜底抽薪之計。宣公引「人情者，聖王之田」說明人心歸向爲政治家的本務，可謂一針見血之論。又按：《禮記．大學篇》云：「民之所好好之，民之所惡惡之，此之謂民之父母。」同民好惡，若用現代語言詮釋，即爲充分尊重民意、兼顧輿情，乃施政的最高指導原則。

貞元八年（七九二年），河南、河北、江、淮等四十餘州發生水災。宣公請遣使賑撫，不可因害怕地方官員浮報災情而遲延行動。所以說：「失人得財，是將焉用？……所費者財用，所收者人心，若不失人，何憂乏用？」[一三]按：《禮記．大學篇》云：「德者，本也；財者，末也。……是故財聚則民散，財散則民聚。」又按：《論語．顏淵篇》「（有若）曰：百姓足，君孰與不足？百姓不足，君孰與足？」財富與人民，在統治者眼中應是密不可分的，國君若愛

一一　同註一，卷二，〈奉天論前所答奏未施行狀〉，頁一六。
一二　同註一，卷二，〈奉天論奏當今所切務狀〉，頁一四。
一三　同註一，卷七，〈請遣使臣宣撫諸道遭水州縣狀〉，頁七〇—七一。

惜財力而不肯賑災，則必定大失人心，失去民心，府庫也將枯竭，這是眼光短淺的做法，殊不足取。所以宣公力勸德宗不僅要「散財聚民」，且需掌握時效，結果活人無數，使朝廷大獲人心。

二、興元元年（七八四年），德宗在奉天，有從淪陷區—長安來歸的官員，德宗懷疑他們是逆賊派來的奸細，不肯獎賞錄用。宣公極力勸諫，說：

> 聖王知宇宙之大，不可以耳目周，故清其無為之心，而觀物之自為也。知億兆之多，不可以智力勝，故壹其至誠之意，而感人之不誠也。異於是者，乃以一人之聽覽，而欲窮宇宙之變態，以一人之防慮，而欲勝億兆之姦欺；役智彌精，失道彌遠。[一四]

按：《老子》六十五章「民之難治，以其智多；故以智治國，國之賊；不以智治國，國之福。」又五十七章「我無爲而民自化。」處在疑信參半的情況下，與其憑著國君個人心意作取捨，不如「清其無爲之心」，「觀物之自爲」，此即「不自見故明，不自是故彰。」[一五]之意。其實，世事並非僅憑一時的智力去解決，有時不妨順其自然，暫且不要妄加干涉，否則弄巧成拙，反而不妙。如果德宗不相信那些官員，可能逼使他們投赴叛賊，這樣又如何能號召忠義之士爲大唐効命呢？所謂「觀物之自爲」，即「我無爲而民自化」的道理。

貞元元年（七八五年），叛將李懷光被誅，馬燧收復河中。有貪功喜事之臣，揣摩上意，

一四 同註一，卷五，〈興元論續從賊中赴行在官等狀〉，頁四五。

一五 陳鼓應：《老子今註今譯及評介》（台北，臺灣商務印書館，一九八六年）二十二章，頁一〇七。

欲乘勝追擊，盡除亂黨。宣公認爲大亂之後應予民休息，輕啓戰端乃不智之舉。他說：

臣聞禍或生福，福亦生禍；喪者得之理，得者喪之端。故晉勝鄢陵，范燮祈死；吳克勁越，夫差啟殃。是知福不可以屢徼倖，得不可以常覬覦。居福而慮禍，則其福可保；見得而忘喪，則其喪必臻。一六

按：《老子》五十八章「禍兮福之所倚，福兮禍之所伏。」此乃宇宙事物變化的通則，所謂「物極必反」、「禍福相因」，這是道運行的自然結果。所以應順時勢而爲，不可再啓無謂的戰端。

三、貞元九年（七九三年），宣公屢次推薦郎中苗粲升遷。德宗以爲粲乃苗晉卿之子，而晉卿往年執政時，曾出言不遜，又將幾個兒子取名同古代帝王，不懷善意。所以不准苗粲升任要職，且規定苗氏兄弟只能外放地方官。宣公認爲聽信讒臣片面之辭，而未細加核實，不足以獎善懲惡。他說：

理國化人，在於獎一善，使天下之為善者勸；罰一惡，使天下之為惡者懲。是以爵人必於朝，刑人必於市。……受賞安之無怍色，當刑居之無怨言。……獎而不言其善，斯謂曲貸；罰而不書其惡，斯謂中傷。曲貸則授受不明，而恩倖之門啟；中傷則枉直莫辨，而讒間之道行。一七

按：《韓非子．六反篇》：「重一姦之罪，而止境內之邪，此所以爲治也，重罰者盜賊也，而悼

一六 同註一，卷六，〈收河中後請罷兵狀〉，頁六〇。
一七 同註一，卷八，〈謝密旨因論所宣事狀〉，頁七六。

懼者良民也。……若夫厚賞者，非獨賞功也，又勸一國。受賞者甘利，未賞者慕業，是報一人之功，而勸境內之衆也。」信賞必罰爲法家學說之要點，其目的在止邪勸善，若不能收到預期效果，又何必重罰厚賞呢？在古代，賞罰之柄爲君主所專有，怎能不平心持正、謹愼將事呢？

然而宣公並非相信嚴刑峻罰可以解決一切問題，例如在制誥中，有許多篇大赦制，即主張「先德後刑」、「懋賞推恩」，含有仁恕之道的精神。他說：「天下，公器也；王綱，大權也。執大權者，不任其小數（術）；守公器者，不徇於私情。任小數而御大權，則忿戾之禍起；徇私情以持公器，則姦亂之釁生。」[一八]「任小數」、「徇私情」是狹隘法治者的通病，所以「執大權」、「守公器」者，切莫貪圖一時行事之便或享樂，而戕害國本，否則必定會後悔莫及。

四、貞元九年（七九三年），宣公以爲戍守西北邊兵平日缺少訓練，諸將節制不一，無法應敵，所以上書歷陳其弊。其中提到號令統一的重要性，說：「統帥專一，則人心不分；人心不分，則號令不貳；號令不貳，則進退可齊；進退可齊，則疾徐如意；疾徐如意，則機會靡愆；機會靡愆，則氣勢自壯。」[一九]因爲當時最強大的外患是吐蕃，但吐蕃兵員不多，器械也不精良，爲何能威脅中國呢？宣公認爲吐蕃的將領可以直接號令，而唐軍則受朝廷節制，統帥權並不專一，故處處喪失先機，怎能不敗呢？

一八　同註一七，頁七九。
一九　同註五，頁九八。

按：《孫子兵法．謀攻篇》：「將能而君不御者勝。」又〈九變篇〉：「君命有所不受。」戰場上兩軍對壘，瞬息萬變，若不能當機立斷，無疑將處處受制於人。而且廟堂之上，未必算無遺策，即使謀慮周全，勢必無法應付突發狀況，及時通知前方將帥如何因應，可見號令的統一是鼓舞士氣的最佳途徑。而統一號令，即《孫子兵法》所說的將在外，君命有所不受的道理。宣公雖爲一介書生，也自謙不知兵，今觀其制誥奏議中，不乏卓然暗合《孫子兵法》之理。

上述的幾個實例，乃宣公勤學苦思，針對時弊所提出的淑世濟民之良策。其中有些直接由經籍獲得，有些得自古人行事的啓示，但最主要的原因是，宣公讀書並不泥古，而能入乎其內，出乎其外，故有切合時勢之功，而無迂闊之弊。宣公博覽群籍，且能取精用宏，見於制誥奏議中者更是連篇累牘。今舉下列數例，以見一斑：

1.「乃至求謗言，聽輿誦，葑菲不以下體而不採，故英華靡遺；芻蕘不以賤品而不詢，故幽隱必達。」[二〇]按：《詩經，谷風》：「采葑采菲，無以下體？」

2.「前史數桀紂之惡曰：『強足以拒諫，辯足以飾非。』言恥過也。」[二一]按：《史記．殷本紀》：「帝紂資辨捷疾，聞見甚敏，材力過人，手格猛獸，知足以拒諫，言足以飾非，矜人臣以能，高天下以聲，以爲皆出己之下。」

二〇　同註一，卷四，〈興元論解姜公輔狀〉，頁三九。

二一　同註一一，頁一七。

3.「至於匹夫片善，採錄不遺，庶士傳言，聽納無倦。」[二二]按：《國語》召公諫厲王，有「庶人傳語」之句。

4.「夫投膠以變濁，不如澄其源而濁自變之愈也。」[二三]按：《抱朴子》：「寸膠不能理黃河之濁，尺水不能卻蕭丘之火。」

5.「又況不及中才，師心自用，肆於人上，以遂非拒諫，孰有不危者乎？」[二四]按：《關尹子》：「善弓者師弓不師羿，善舟者師舟不師奡，善心者師心不師聖。」

6.「當聖主開懷訪納之時，無昔人逆鱗顛沛之患。」[二五]按：《韓非子．說難篇》：「夫龍之爲蟲也，柔可狎而騎也。然其喉下有逆鱗徑尺，若人有攖之者，則必殺人。人主亦有逆鱗，說者能無攖人主之逆鱗，則幾矣。」

7.「議制置，則強榦弱枝之術反；語綏懷，則悅近來遠之道乖。」[二六]按：《班固．兩都賦》：「強榦弱枝，隆上都而觀萬國。」

二二　同註一二頁一五。
二三　同註一，卷一，〈論兩河及淮西利害狀〉，頁八。
二四　同註一，卷三，〈奉天請數對群臣兼許令論事狀〉，頁二六。
二五　同註二三，頁六。
二六　同註三，頁五。

第三節　處事之經驗

語云：「前事不忘，後事之師。」此即鑒往知來，記取歷史教訓，而不重蹈覆轍之意，又有「應接事物而處其當」的含義。

以第一層意義而言，例如建中四年（七八三年），宣公上書勸德宗應捐棄成見，察納雅言。曾舉出太宗至高、玄、肅、代幾任國君的得失，來告誡德宗，則國家興亡之理昭然若揭，而希望獲得勸諫之效。其原文較長，略引如下：

> 太宗文皇帝…武定禍亂，文致太平…然猶兢兢畏慎，懼失人心。每戒臣下獻規，恆以危亡為慮，…或論往古成敗，或問人間事情。每言及暗主亂朝，則省懼自戒；言及賢君理代，則企竦思齊。…高宗始年，亦親聽納，故當時翕然歸美，以為有貞觀之風。…數十年間，天下無事，…燕居益深，接下彌簡，…卒有嗣聖臨朝，天受革命。…玄宗躬定大難，手振宏綱，開懷納忠，剋己從諫，…朝績通泰，垂三十年，…耳目之娛漸廣，憂勤之志稍衰，侈心一萌，邪道並進。…大盜一興，至今為梗。肅宗懲致寇之由，…虛受廣納，…推心與人，…故得來蘇之望允塞，配天之業勃興。先皇帝（代宗）繼守恭勤，而益之以和惠，惠則有感，和則有親，雖時繼艱屯，而眾不離析。…故君臣相

安，而人亦小息。二七

宣公徧數太宗、高宗、玄宗、肅宗、代宗歷朝行事的經驗，而獲得「理亂之由：未有不興於得眾，殆於失人；裕於僉諧，蔽於偏信；濟美因乎納諫，虧德由乎自賢。」二八的結論。故勸德宗遵循太宗創業之宏規，與肅宗中興之理，並引天寶喪亂爲殷鑒。

以第二層意義而言，例如宣公處理李楚琳事件，即爲最佳說明。德宗興元元年（七八四年），張鎰受命以宰相身分出任鳳翔節度使。其部屬李楚琳乘涇師之亂，殺死張鎰，又投降叛將朱泚，以鞏固自己。未料朱泚不堪李懷光勤王之師一擊，節節敗退，李楚琳頓感孤立無援，遂遣使至奉天，向德宗納貢歸順。德宗忿恨他弒逆，不肯見專使，而大臣也同聲附和，只有宣公力排眾議，主張安撫。等勝利返京，德宗又想派渾瑊代李楚琳出任鳳翔節度使，群臣莫敢反對，獨宣公犯顏直諫，李楚琳遂成爲名正言順的節度使。二九

李楚琳本爲亂臣賊子、投機分子，難怪德宗君臣恨之入骨，且其所殺害的張鎰，正是宣

二七　同註一一，頁一一七—一一九。

二八　同註一一，頁一一九。

二九　劉昫等：《舊唐書》（台北，鼎文書局，正史全文標校讀本，一九七九年）卷一三九，〈陸贄傳〉頁一〇三一：先是，鳳翔衙將李楚琳乘涇師之亂，殺節度使張鎰，歸款朱泚；及奉天解圍，楚琳遣使貢奉，…命爲鳳翔節度使。然德宗忿其弒逆，…欲令渾瑊代爲節度使。贄諫曰：「楚琳之罪，固不容誅，但以乘輿未復，大憝猶存。…儻楚琳發憾，公肆猖狂，南塞要衝，東延巨猾，則我咽喉梗而心膂分矣，其勢豈不病哉！」上釋然開悟，乃善待楚琳使，優詔安慰其心。

公的平生知己，這國仇私恨交織心中，若非宣公識見深遠，爲了顧全大局，怎能棄私奉公，甘冒違眾論、抗君命之大不韙呢？由於當時亂事粗定，諸鎮兵將中，懷反側之心比比皆是，豈只一楚琳而已？故撫循楚琳，足以令反側之徒懷恩來歸，而勝利的果實可以長保，忍此小恨而大謀可成，德宗怎能不記取這「應接事物而處其當」的教訓呢？

第五章　陸宣公之思想內容

唐人權德輿曾推尊宣公爲「仁義百篇唐孟子」，然而後代有人認爲他出身翰林院，是以文章成相業，則暗寓「文勝於質」的微詞。關於此點，近人陳芳草先生曾加以澄清，且頗有見地。他說：「世傳陸宣公奏議一書，久已膾炙人口，……其議論之大氣磅礡，文章的光華萬丈，僅係出以餘緒，也遠非一般人所能望塵。他這本奏議……有不可磨滅的永恆價值。通常所說的有關國計民生這類問題，大率是坐而言的多，起而行的少，甚至有些人在說的時候，口若懸河，盡善盡美。但當他們說過以後，馬上隨之煙消雲散，就算了事，再沒見付諸實際行動的，真是可羞亦復可歎。而陸宣公一反若輩所爲，不空喊口號，不自唱高調，劍及履及，說做就做，平凡中洋溢著偉大風徽，偉大中又不脫平凡本色。」[一] 他認爲宣公無意以文章取勝，而奏議「僅係出以餘緒」，卻「大氣磅礡」，「久已膾炙人口」；其次，他肯定宣公爲言行一致、「劍及履及」的政治家，而不僅是一位空泛的政論家。今徧檢陸宣公奏議內容，的確無一不以實

一　陳芳草：〈陸宣公平議〉（台北，現代學苑四卷十二期，一九六七年十二月十日）頁四八五—四八八。

際政治爲依歸。

近人方東美先生在〈中國政治理想要略〉一文中，曾以宇宙的觀照，人性的了解，影響及於我國政治的信念與理想作一番說明。其要點有二：

(一)中國人生活的興趣是寄託於現實的人間世，認為人類所企求的一切價值，都可以在這兒次第完成實現。……理想世界不必與現實世界絕緣，現實世界更不能脫離理想價值之支配。……

(二)生命的大中至正，絕不能與小我利益混為一談。……我們須盡量發展普遍同情心來救濟世界，汎愛人類，方能領悟人生的意義，成就人生的價值。……[二]

陸宣公處於大唐中衰之際，其黑暗面已詳述於第三章。當然，目睹這些偏頗現象，並未使他心灰意懶，反而激發他更認真地對「現實的人間世」加以省思、窮究，透過力行實踐，欲使這個現實世界騰化超昇，鄰接於理想，此即「致君堯舜上，再使風俗淳」之意。爲了達到澄清天下的目標，宣公從端正風教，振興綱常著手，所以在公私方面，他絲毫不肯苟且。[三]此即「生命的大中至正，絕不能與小我的利益混爲一談」的真諦。

二　方東美：〈中國政治理想要略〉（台北，中國文化大學出版部《中國學術與現代文化叢書》哲學論集第一冊，一九八三年）頁一六六。

三　例如宣公自鄭縣縣尉罷秩，東歸省母，路經壽州，受知於刺史張鎰，請結忘年之契。臨別時，張鎰以百萬緡錢相贈，而被他婉拒，只收下新茶一串。即可證明他的清廉是以身作則，率先躬行的精神。其他實例尚多，不待枚舉。

陸宣公雖以實際政治為其思想的出發點，但誠如前段所述，他著眼於現實世界，並不侷限於世俗淺陋之見，故能以敏銳的觀察力，豐富的學養，淑世的胸襟，開創出鄰接於理想的政治思想。宣公輔佐德宗，期間雖不算長，[四]其力勸國君「捨己以從眾，違欲以遵道。遠憸妄而親忠直，推至誠而去逆詐。杜讒沮之路，廣諫議之門。……錄片善片能以盡群材，忘小瑕小怨俾無棄物。」[五]正足以彰顯其「生命的大中至正」，而較諸唐代二百八十九年歷史上所有宰相毫不遜色。至於德宗深信於前，疑忌於後，而不能盡用其才，固因德宗之為人，與讒臣當道所致。細究其實，君主專制政體的先天缺陷才是主因。千載以下，面對這位學養精湛，處事幹練，持正不阿的政治家，我們應以客觀公正的態度來看待。底下分為人生哲學、政治思想、財經思想、軍事思想、文學思想五節，引述資料，析論陸宣公之思想。

四　按：陸宣公雖然在二十七歲就擔任翰林學士，但真正受重用是在建中十四年（七八三年）朱泚竊據京師，德宗出奔奉天之時。後累遷至中書侍郎同中書門下平章事，因受小人排擠，而於貞元十年（七九四年）除太子賓客，罷知政事。故其輔佐德宗前後不到十一年。

五　陸贄撰、郎曄注：《評註陸宣公集》（台北，台灣中華書局，一九七七年）卷二，頁一三。

第一節　人生哲學

我國先哲大多認爲，人生的準則即爲宇宙的本根，宇宙的本根便是道德的準則；宇宙並非外在的，故可以通內外、齊物我、合天人而一之。今檢索宣公有關人生哲學所有言論，分成天人關係、人生至道、人生問題三項，探討如下：

一、天人關係論

草昧時期，人類爲了求起碼的溫飽，對於自我在宇宙間之地位，亦即人生意義的問題，自然無暇顧及；等到衣食無缺，族群生活逐漸安定之後，人生理想的追求也就跟隨而來。而人在宇宙間究竟居於何種地位，即成爲探索的焦點。

以我國哲學爲例，有認爲人在宇宙間是藐小的，地位絲毫不重要；也有認爲人的軀體固然藐小，但具有優異的特質，故在宇宙間居於卓越的位置。前者如《莊子．秋水篇》：「吾在天地之間，猶小石小木之在大山也。」又如〈知北遊篇〉：「汝身非汝有也。……孰有之哉？曰：是天地之委形也。生非汝有，是天地之委和也。性命非汝有，是天地之委順也。」此處說明人的藐小，身軀性命都不是人能自作主宰，只不過是天地間偶然形成的寄生物而已。然而認同這一派主張的並不多，大多數哲學家均贊同後者。例如老子說：「道大，天大，地大，人亦大。域中有四大，而人居其中焉。人法地，地法天，天法道，道法自然。」[六]他把人提高到與天地相同的地位，當然就和其他物有區別了。至於將人的卓越性質發揮得更精闢的，要屬荀子了。他說：「水火有氣而無生，草木有生而無知，禽獸有知而無義，人有生有氣有知亦且有義，故最為天下貴也。」[七]由物質、生命、知覺、道德理念四個層次，說明水火、草木、禽獸、人類的特質，肯定了人類兼有眾長，能辨別是非善惡，所以在宇宙中占有高貴地位。漢儒董仲舒以為：

> 人受命于天，固超然異于群生。入有父子兄弟之親；出有君臣上下之誼；會聚相遇，則有耆老長幼之施，粲然有文以相接，驩然有恩以相愛，此人之所以貴也。生五穀以食之，桑麻以衣之，六畜以養之，服牛乘馬，圈豹檻虎。是其得天之靈，貴於物也。故孔子曰：「天地之性人為貴。」明於天性，知自貴于物。[八]

他把有道德有智慧看成人之所以貴於物的理由，比荀子「有義」的觀點顯然更進一層。

綜上所述，人的軀體雖然藐小，但其性質卓越，故能「貴于物」，這兩種論調其實並不衝

六　陳鼓應：《老子今註今譯及評介》（台北，台灣商務印書館，一九八六年），頁一一三。

七　王先謙：《荀子集解》（台北，藝文印書館，一九七七年），第五卷，〈王制篇〉，頁三二五。

八　班固：《漢書》（台北，鼎文書局，正史全文標校讀本，一九七九年），卷五六，〈董仲舒傳〉，頁六七〇。

突，只是立足點有別而已。其次，瞭解人在宇宙間的地位後，隨之而來的是努力實踐理想。儒家向來主張天人合一，即效法天地運行之道，立人倫道德的極致，故認爲「天視自我民視，天聽自我民聽。」[九]因天道幽杳，不能視聽，有賴人民爲之視聽，這就是能體察輿論，便不會違背天意去行事。孔子說：「巍巍乎惟天爲大，惟堯則之。」[一〇]《周易．繫辭》也說：「天生神物，聖人則之；天地變化，聖人效之。」自古聖賢以天爲萬物的主宰，但凡事必須由人事方面努力實踐，才不會落空，此即天道與人道相配合，達到天人渾然一體的境界。孟子說：「盡其心者，知其性也；知其性，則知天矣。」[一一]人之性稟受於天，所以能知性就可以知天。古來多少聖賢豪傑，窮畢生之力，即在實行天道，完成人間的道義。

陸宣公說：「我國家之有天下，百七十載於茲矣。祖宗垂化紹統，功德繼茂，威加殊俗，惠洽普天；……歷數有嗣，纘於朕躬；……循列聖之耿光，稽上古之謨訓；一物失所，是用疚心；萬方有罪，每懷咎己。懸法皆考於天則，舉事必酌於人謀；期合大中，罔循私欲。」[一二]這雖是替皇帝擬的制誥，實則代表宣公的看法。他認爲國君秉受天命，治理萬民，故立法要合乎「天則」，行事要參酌「人謀」，如此施政方能合乎大中至正的天道，也就是不以私欲爲出發

九　《尚書正義》（台北，新文豐出版公司，一九七七年）卷第十一〈泰誓中〉，頁一五五。
一〇　《論語注疏》（台北，新文豐出版公司，一九七七年）卷第八〈泰伯〉，頁七二。
一一　《孟子注疏》（台北，新文豐出版公司，一九七七年）卷第十三上〈盡心上〉，頁二二八。
一二　陸贄：《陸宣公全集》（台北，河洛出版社，一九七八年），陸宣公翰苑集卷八制誥，〈普王荊襄江西道兵馬都元帥制〉，頁四六。

點，既是天道，又合於人間的常道。其實，由於我國古代哲人所說的「天人合一」，只是一個模糊的概念，若細加分析，至少有「天人本來合一」、「天人應歸合一」二個含義；根據近人周予同的說法，我國歷來「天人合一」，指的是「天人本來合一」之說，而「天人本來合一」又有「天人相通」、「天人相類」二說。而「天人相通」含有兩層意義：

第一層意義，是天人無間，即認為天與人非相對待之二物，而乃一息息相通之整體，其間實無判隔。第二層意義，是天道與人性為一，即認為天乃人倫道德之本原，人倫道德原出於天。[一三]

至於「天人相類」之說，有的解爲天人形體相類，則純屬附會之談；若解爲天人性質相類，則又與天道人性爲一之說相類似。故在前述意義下，造成許多神秘色彩，如董仲舒說：「天亦有喜怒之氣，哀樂之心，與人相副。以類合之，天人也。」[一四]這個說法顯然是穿鑿附會，毫無根據的。陸宣公論天人關係，凡涉及荒誕不經之說，概不採取。他承認有天命，但寧可像孔子一樣，存而不論，只在人事上修爲，期能達於天命。例如貞元元年（七八五年），因乾旱蝗蟲爲禍，稼穡欠收，故降旨免除賦稅、差役，且赦免囚犯。宣公擬道：

夫人事失於下，則天變形於上；咎徵之作，必有由然。……穀糴翔貴，稼穡卒痒；嗷

一三　余雄（周予同）：《中國哲學概論》（台北，源成圖書供應社，一九七七年），第二篇第一章第二節，頁一七七。

一四　董仲舒：《春秋繁露》（台北，中華書局四部備要，一九八八年）卷十二，陰陽義第四十九，頁一。

> 嗷烝人，聚泣田畝。…徧祈百神，曾不獲應。方悟禱祀殊救患之術，言詞非謝譴之誠；憂心如焚，深自刻責。…本其所以，罪實在予；…所宜出次貶食，節用緩刑；側身增修，以謹天戒。[一五]

由此可知，縱使「天變形於上」，與其祈禱百神消災解厄，不如反躬自省，是否在人事上有未修之處？身爲國君的，能從「節用緩刑」著手，則在施政方面必能更加謹慎，務求契合人心，而民意的歸趨即天降福祉之所在。

荀子有言：「天行有常，不爲堯存，不爲桀亡，應之以治則吉，應之以亂則凶。」[一六]此處更把天道視爲自然運行之體，一切吉凶治亂，在於人謀。陸宣公也深知人事不修，不能怨懟天命，或附會爲天命所致。他說：

> 聖旨又以國家興衰，皆有天命，今遇此厄運，應不由人者。臣志性介劣，學識庸淺，凡是占算秘術，雖不涉其源流，至於興衰大端，則嘗聞諸典籍。書曰：「天視自我人視，天聽自我人聽。」……又曰：「天難忱，命靡常，常厥德，保厥位，厥德靡常，九有以亡。」此則天所視聽，皆因於人，天降災祥，皆考其德，非於人事之外，別有天命也。…易曰：「自天祐之，吉無不利。」仲尼以為祐者助也，天之所助者順也，人之所助者信也，履信思乎順，又以尚賢，是以自天祐之，吉無不利。又曰：「危者，安其位者也；

一五　同註一二，卷三制誥，〈蝗蟲避正殿降免囚徒德音〉，頁一四—一五。

一六　同註七，第十一卷〈天論篇〉，頁五二七。

亡者，保其存者也；亂者，有其理者也。」故君子安而不忘危，存而不忘亡，理而不忘亂，是以身安而國家可保。又曰：「視履考祥。」又曰：「吉凶者，得失之象也。」夫易之為道，窮變知化，其於性命，可謂研精，及乎論天人祐助之由，辯安危理亂之故，必本於履行得失，而吉凶之報象焉。此乃天命由人，其義明矣。春秋傳曰：「禍福無人，唯人所召。」又曰：「人受天地之中以生，所謂命也。」是以有動作威儀禮義之則以定命，能者養之以福，不能者敗以取禍。禮記引詩而釋之曰：「大雅云：『殷之未喪師，克配上帝，儀監于殷，駿命不易。』言得眾則得國，失眾則失國也。」……此則聖哲之意，六經會通，皆謂禍福由人，不言盛衰有命。蓋人事著於下，而天命降於上。是以事有得失，而命有吉凶，天人之間，影響相準。……人事理而天命降亂者，未之有也；人事亂而天命降 康者，亦未之有也。」一七

德宗因涇原兵變，倉惶逃抵奉天。宣公以爲奸臣盧杞等誤國，德宗有意護杞，認爲自古興衰有天命，厄運無關人事。故宣公上此狀，引證群經，剴切詳明，反覆論辯，強調治亂之道，實由人謀，若國君不能遵循禮義，行王道之教化，則災禍不可避免。反之，若謹守天道，盡人事之極，吉祥可致。這就是「天命由人」的意思了。

一七 同註五，頁一一二—一一三。

二、人生至道論

孟子有言：「雞鳴而起，孶孶爲善者，舜之徒也；雞鳴而起，孶孶爲利者，蹠之徒也。欲知舜與蹠之分，無他，利與善之間也。」[一八]舜與蹠在世人眼中相去甚遠，但其間的分野，則繫乎利與善一念之間，也就是人生所努力的方向有所不同而已。此處人生至道論，即指人生的最高準則，也可以稱爲人生理想論。然而我國古代哲人，通常不只是高談目標，同時也著重達到目標的途徑，而這必經之路（或必須遵循之規律）就叫做「道」。中庸說：「道也者，不可須臾離也；可離，非道也。」唯有從日常生活的實踐當中，才能深切體認崇高的人生目標，此即中國哲學的要義。

底下分成仁義、誠信、無爲、有爲四項，說明陸宣公的人生至道論。

（一）仁　義

孔子以仁爲包含一切道德的總名，故論仁時，將各項道德條目涵蓋在仁之中。例如樊遲問仁，子曰：「愛人。」[一九]即以表現在外的行爲解釋仁。又如仲弓問仁，子曰：「出門如見大

一八　同註一一，卷第十三下，〈盡心上〉，頁二三九。
一九　同註一〇，卷第十二，〈顏淵〉，頁一一〇。

賓，使民如承大祭。己所不欲，勿施於人。在邦無怨，在家無怨。」[二〇]這是以敬、恕之道解釋仁。又如顏淵問仁，子曰：「克己復禮爲仁。」[二一]這是說仁包含了禮。又如子張問仁，子曰：「能行五者於天下爲仁矣。」請問之，曰：「恭寬信敏惠。」[二二]這是說仁包含了恭寬信敏惠五種美德。又如子貢曰：「管仲非仁者與？」子曰：「管仲相桓公，霸諸侯，一匡天下，民到于今受其賜。微管仲，吾其被髮左衽矣。」[二三]這裏又以仁包含了功業。其他有關仁的講法尚且很多，不必一一詳舉。由上述可知，仁乃孔子所主張的人生至道。其含意甚廣，而宗旨甚約；境界雖高，而平實易行。孔子將其人生至道運用在政治上，居於上位的，以其仁心行其仁政，其政治哲學，則以「道德政治」爲理想，以「政治道德」爲方法，確定了政治與道德的不可分離性。其背後的主因，可能是他深感現實政治太缺乏理想，專制政治本來就不大講究道德的緣故。

孟子的人生哲學，大致演述孔子的觀點，但是不乏創見，即將道德的根源完全置於心性之上。所以孔子講「性相近」，孟子斷言「性善」。他說：「惻隱之心，仁也；羞惡之心，義也；

二〇　同註一九，頁一〇六。
二一　同註二〇。
二二　同註一〇，卷第十七，〈陽貨〉，頁一五五。
二三　同註一〇，卷第十四，〈憲問〉，頁一二七。

恭敬之心，禮也；是非之心，智也。仁義禮智，非由外鑠我也，我固有之也，弗思耳矣。」[二四]又說：「仁，人心也。義，人路也。」[二五]可見孟子以仁義或仁義禮智，為人生必要的基本道德，也就是人生的至道。而仁義乃人所固有的道德心，非由外鑠，只要人人將善端存養擴充，便能為善，完成道德。所以「盡其心者，知其性也。知其性則知天矣。存其心，養其性，所以事天也。」[二六]能盡性，一面可以提升人格，另一面可使人格擴大，到達個人與宇宙合一，形成「浩然之氣」。仁義實為孟子人生哲學的要義，他說：「仁，人之安宅也；義，人之正路也。」[二七]所以宅心仁厚，走上人生的正當道路，是每個人時時刻刻不能遺忘的，否則即為陷溺，或自暴自棄。

陸宣公為人施政，居仁由義。身處亂世，在施政方針上，能深體民艱，以養民恤民為本，弔災救患，無不以民胞物與為懷。德宗好用兵，收復河中後，欲乘勝翦除藩鎮，獨宣公力陳此舉必將兵連禍結，荼毒蒼生，非用兵之道。其助德宗誅討叛逆，僅問罪元兇，至於叛將若願歸降，則寬貸以不死。又如發生水旱蝗蟲之災，則勸德宗「散財聚民」，火速遣人賑撫，活人無數。又如宣公貶居忠州，當地百姓受瘴癘之疫所苦，於是抄撮方書來拯救民眾，真是宅

二四　同註一一，卷第十一上，〈告子上〉，頁一九五。
二五　同註一一，卷第十一下，〈告子下〉，頁二〇二。
二六　同註一一。
二七　同註一一，卷第七下，〈離婁上〉，頁一三二。

心仁厚，不待多言。今觀其大赦制及原宥將吏將士之詔，與〈均節賦稅恤百姓〉各篇，均屬發揮仁義之作。底下略舉片言加以申論：

> 罰宜從輕，赦宜從重，所以昭仁恕之道，廣德澤之恩也。夫位尊者，其惠不可以不重；言大者，其實不可以不豐。位尊而惠輕，則體非宜；言大而實寡，則人失望。[二八]

刑罰乃不得已的手段，其目的在除暴安良，維持國家社會的秩序。所以執行時不得故入人罪，即使有罪，量刑時也不能從重，此即「罪疑惟輕」的精神。至於大赦，則有與民更始之意，故應從重。此二者實爲仁恕之道的表現。且居上位者，應廣施恩德於百姓，言行一致，否則難以獲得民眾的信服。這就是孟子「省刑罰，薄稅斂。」[二九]的精神所在。

> 天子者，以得人為資，以蓄義為富；人苟歸附，何患蔑資？義苟修崇，何憂不富？[三〇]

國君位高權重，職責在修己以安人。孔子說：「上好禮，則民莫敢不敬；上好義，則民莫敢不服；上好信，則民莫敢不用情。夫如是，則四方之民襁負其子而至矣，焉用稼？」[三一]孟子也說：「凶年饑歲，君之民，老弱轉乎溝壑，壯者散而之四方者幾千人矣。而君之倉廩實，府庫充，有司莫以告，是上慢而殘下也。曾子曰：戒之，戒之，出乎爾者，反乎爾者也。夫民今

二八　同註五，卷十一，〈三進量移官狀〉，頁一〇五。
二九　同註一一，卷第一上〈梁惠王上〉，頁一四。
三〇　同註五，卷十二，〈論裴延齡姦蠹書一首〉，頁一一五。
三一　同註一〇，卷第十三，〈子路〉，頁一一六。

而後得反之也，君無尤也。」[三二]由此可知，得人心乃施政的最高目標，欲獲得民心，必先由修仁蓄義做起。反之，罔顧民命，必定會惹來民怨，如此大失人心，將後悔莫及。

> 為君之道，本務愛人；同日月之照臨，體天地之覆育，其於廣被，彼此何殊？[三三]

此處將君道比擬爲日月，澤被蒼生，與天地合其德，更是「道德政治」的最佳說明。

> 夫地利之生物有大數，人力之成物有大限。取之有度，用之有節，則常足；取之無度，用之無節，則常不足。生物之豐敗由天，用物之多少由人。是以聖王立程，量入為出，雖遇災難，下無困窮。理化既衰，則乃反是，量出為入，不恤所無。故魯哀公問，年饑用不足，如之何？有若對以盍徹？桀用天下而不足，湯用七十里而有餘，是乃用之盈虛，在節與不節耳。[三四]

古代由於物質生產有限，又常受自然因素影響，故宣公認爲「生物之豐敗由天」；但透過人爲努力，仍可「量入爲出」，節省用度以度過難關。身爲國君的，若能體恤民情，以儉爲天下倡，即使有災難發生，百姓當不致流離失所，窮苦無告。這就是孟子所謂「以不忍人之心，行不忍人之政，治天下可運之掌上。」[三五]的道理。

三二　同註一一，卷第二下，〈梁惠王下〉，頁四五。

三三　同註一二，卷十，〈與回紇可汗書〉，頁五六。

三四　同註五，卷十四，〈均節賦稅恤百姓六條，其二請兩稅以布帛爲額不計其數〉，頁一三二。

三五　同註一一，卷第三下，〈公孫丑上〉，頁六五。

由上述可知，宣公的基本思想，是以仁義爲核心，進而想要影響國君，期望能開啓長治久安的國運，以流惠兆民。所以宋人林逢予稱他爲「仁義百篇唐孟子」，確實不是誇張的說法。

(二) 誠信

〈中庸〉的核心觀念是「誠」，即「誠者，天之道也；誠之者，人之道也。誠者，不勉而中，不思而得，從容中道，聖人也。誠之者，擇善而固執之者也。」這說明了天是真實無妄的，而人由求誠可以達到真實無妄的境界。至於求誠，即「擇善而固執之」，一旦用力日久，則不待思勉而自然合乎道了。又如「唯天下至誠，爲能盡其性；能盡其性，則能盡人之性；能盡人之性，則能盡物之性；能盡物之性，則可以贊天地之化育；可以贊天地之化育，則可以與天地參矣。」這段話說明了誠的發揮，是由盡己性、盡人性、盡物性，到贊天地化育，與天地參的最高境界。其中最値得注意的，是只有天下至誠者才能眞實不妄；而有了眞實不妄的工夫，才能擴大其影響力，所以「與天地參」並非妄自尊大，或坐思可致，必須即物窮理，起而力行，逐步去達成。

孟子說：「誠者，天之道也；思誠者，人之道也。至誠而不動者，未之有也；不誠，未有能動者也。」[三六]荀子也說：「君子養心莫善于誠，至誠則無他事矣。唯仁之爲守，唯義之爲行。

三六　同註二七，頁一三三。

誠心守仁則形，形則神，神則能化矣；誠心行義則理，理則明，明則能變矣。」[37]孟、荀在其他觀點上有相當差異，但是論及誠則大同小異。像孟子認爲「至誠」能感動他人；荀子也說「誠心守仁」、「誠心行義」就能感化別人，所以變化無窮。至於〈中庸〉說：「誠則形，形則著，著則明，明則動，動則變，變則化。唯天下至誠爲能化。」這是將孟、荀之義說得更爲精微而已。心誠於內必會顯露於外，以至於光明發越，這樣就能感動眾人，使人革除惡習，久之就能化民成俗了。

陸宣公以道事德宗，可謂鞠躬盡瘁，對於同僚百官，則以誠心相待，其持己治事信守不移的，即爲「誠信」二字。他說：

> 臣竊以領覽萬機，必先虛其心；鏡鑑群情，必先誠其意。蓋以心不虛則物或見阻，意不誠則人皆可疑。阻於物者，物亦阻焉；疑於人者，人亦疑焉。⋯將欲感人心致於和平，盡物理而使無紕繆，是猶卻行而求及前人也，無乃愈疏乎？[38]

身爲一國之君，擁有無上威權，但也容易受人情蒙蔽，甚至難以取信於臣民，這是專制政體下先天的限制。所以唯有虛心待人，至誠盡性，始能克服這層障礙。宣公以爲：

> 易曰：「聖人感人心而天下和平。」夫感者，誠發於心而形於事，人或未諭，故宣之以言，言必顧心，心必副事，三者符合，不相越踰。本於至誠，乃可求感，事或未致，

三七　同註七，第二卷，〈不苟篇〉，頁一六四－一六五。

三八　同註五，卷五，〈又答論姜公輔狀〉，頁四二。

則如勿言，一虧其誠，終莫之信。三九

這就是〈中庸〉「誠則形」的意思，因爲誠於中則形於外，所以「言必顧心，心必副事」，一切施政，都會審度時勢，尊重民意，這樣必能感動人心，普遍受到信任。〈中庸〉說：「唯天下至誠，爲能經綸天下之大經，立天下之大本，知天下之化育。」就是這個道理。其次，「反身而誠」，不但能取信於人，即使面對自己時，由於真實無妄，無形中也可以倍增信心。宣公說：

臣聞人之所助在乎信，信之所立由乎誠。守誠於中，然後俾眾無惑。存信於己，可以教人不欺。一不誠，則心莫之保；一不信，則言莫之行。故聖人重焉，以為食可去，而信不可失也。傳曰：「誠者，物之終始，不誠無物。」物者，事也，言不誠則無復有事矣。匹夫不誠，無復有事，況王者賴人之誠以自固，而可不誠於人乎？……故唯天下至誠，為能盡其性，能盡其性，則能盡人之性。若不盡於己，而望盡於人；不誠於前，而曰誠於後，眾必疑而不信矣。四〇

德宗猜疑臣下，使懷抱忠忱之士，不能暢所欲言，這是國君極大的損失。因爲「王者賴人之誠以自固」，若自身不誠，何以獲得臣民之心呢？宣公屢次上書，都是以誠信想要感悟君心。至於奉天草擬詔書，使悍將驕兵感激涕零，也是誠信所致。清人曾國藩說：「陸敬輿事多疑之

三九　同註五，卷三，〈奉天論赦書事條狀〉，頁二二三。
四〇　同註五，卷三，〈奉天請數對群臣兼許令論事狀〉，頁二二五。

主，馭難馴之將，燭之以至明，將之以至誠，譬若御駑馬，登峻坂，縱橫險阻，而不失其馳，何其神也！」[四一]誠信的功用之大，由此可見一斑，所以爲人處世應當誠信不欺，這樣俯仰於天地之間，就可以無愧了。

（三）無爲

老子認爲宇宙的本根是道，而道的內容爲「反」[四二]。換言之，芸芸萬物皆都在變逝之中，而無實性，所以凡是固執於事物，都是不知「道」的作爲。老子主張「無爲」，即在消滅固執。如六十四章說：「爲者敗之，執者失之，是以聖人無爲故無敗，無執故無失。」此處「無爲」雖與「無執」並舉，但是「無爲」意義較廣，[四三]它可以包含「無執」，所以一般習慣，獨舉「無爲」之名。近人勞思光先生闡釋「無爲」之義，說：

> 所謂「無為」，即指自覺心不陷溺於任一外在事物。事物皆在「反」中，故不可執；「為」者必「執」，亦必成陷溺。故「無為」之第一層意義乃就破「執」而言。[四四]

果真能無意於爲，一任萬物之自然，雖爲亦是無爲，故無爲即能無不爲。其含義乃偏重在精神層面，因爲自覺心不陷溺於任一外在事物，則主體獲得最高的自由狀態，就能虛心觀照，

四一　曾國藩：《曾文正公全集》（台北，大東書局，一九七〇年）文集，〈聖哲畫像記〉，頁四四。

四二　同註六，老子四十章，頁一五三：「反者，道之動。」

四三　同註六，老子五十七章，頁五二：「是以聖人處無爲之事，行不言之教。」又如頁一六〇，四十三章：「吾是以知無爲之有益。」

四四　勞思光：《中國哲學史》（台北，華世出版社，一九七五年），第一卷第四章，〈道家學說〉，頁一六〇。

不偏執不自蔽。老子以爲能無爲則天下大治。他說：

> 聖人處無為之事，行不言之教。萬物作焉而不辭，生而不有，為而不恃，功成而弗居。[四五]

又說：

> 是以聖人之治，虛其心，實其腹；弱其志，強其骨。常使民無知無欲，使夫智者不敢為也。為無為，則無不治。[四六]

由上述略帶神秘色彩的說法，可知老子的政治論，是來自他的人生論，而其人生論的根源，則爲其宇宙論。至於莊子，由無爲而逍遙，以遊心於四海之外，而與天地萬物爲一體，這是以神秘的精神生活爲人生的最高境界。

平心而論，無爲思想實含有先天的矛盾，因人類生活，由茹毛飲血進化到高度文明，憑藉思慮、知識、情欲而有此作爲，現在要去除人爲而返於自然，不但不可能，並且也違反了自然。話雖如此，其實道家要強調的，是極力反對干涉，反對專制，而主張人民的平等自由。不過在君主專制時代，這些主張若能充分實現，那些加諸人民身上的種種束縛、壓迫，就可以獲得相當程度的改善。其次，國君施政若能體認無爲精神，應當可以減少苛索，紓解民困了。

陸宣公處在中唐多事之秋，深知德宗以苛刻爲能，任智以爲用，蔽於所見而不自知，故

四五　同註六，老子第二章，頁五二。

四六　同註六，老子第三章，頁五五—五六。

屢勸德宗。說：

> 不禦人以給，不自衒以明，不以先覺為能，不以臆度為智，不形好惡以招諂，不大聲色以示威。如權衡之懸，不作其輕重，故輕重自辨，無從而詐也。如水鏡之設，無意於妍蚩，而妍蚩自彰，莫得而怨也。[四七]

因爲國君太過度炫燿自己的智能、好惡，往往就會拒納雅言，容易遭受蒙蔽而不自知；故不如權衡、水鏡一般，使人臣發揮才智，然後按功過行賞罰來得恰當。他又說：

> 虛懷待人，人亦思附；任數〔術〕御物，物終不親。情思附則感而悅之，雖寇讎化為心膂有矣；意不親則懼而阻之，雖骨肉結為仇慝有矣。[四八]

虛懷待人，既是誠的意思，更富有「無爲」思想。一位統治者，若只懂得操弄權術，而不能虛懷接納他人意見，難免一意孤行，喪失臣民支持，雖身居高位，其實岌岌可危。此時若能反躬自省，把那種種妄爲、盲動拋置一旁，則不難使臣民親附，化寇讎爲心腹了。反之，若一味唯我獨尊，人人疏離，即使親如骨肉，終不免反目成仇。爲人君者，豈能不清其「無爲」之心呢？宣公更具體主張：

> 聖王知宇宙之大，不可以耳目周，故清其無為之心，而觀物之自為也。知億兆之多，不可以智力勝，故壹其至誠之意，而感人之不誠也。異於是者，乃以一人之聽覽，而

四七　同註四〇，頁二九。

四八　同註五，卷五〈興元論續從賊中赴行在官等狀〉，頁四六。

欲窮宇宙之變態；以一人之防慮，而欲勝億兆之姦欺；役智彌精，失道彌遠。[四九]

此處說明君主應瞭解自己耳目、智力的極限，不可只憑一己聽覽、防慮的本領，就以爲能看透事物，駕馭天下，否則即爲「役智彌精，失道彌遠」，也就是俗語所說「聰明反被聰明誤」了。其實老子說過「道常無爲而無不爲；侯王若能守之，萬物將自化。」[五〇]因自覺心常駐於「無爲」，而不陷溺於外物，就能「觀物之自爲」，「萬物將自化」。侯王若能清其無爲之心，以至誠待人，又何必害怕陷入孤立無援之境呢？這就是宣公不厭其煩地向德宗勸諫的原因了。

(四) 有爲

老、莊的無爲思想，基本上是與孔、墨的仁、兼愛對抗的，但因後者起源較早，所以並未標出有爲的旗幟。由於老、莊所講的無爲，後來走上極度神秘的色彩，遂引起荀子的徹底反對，而提出積極的有爲哲學。荀子批評莊子「蔽于天而不知人」[五一]，結果產生了只知因任自然，而廢棄一切人事的流弊，故提出「道者，非天之道，非地之道，人之所以道也。」[五二]以此反對老、莊所講的宇宙之道，主張人生最重要的事，就是盡人力，而不必理會那沒有理智、沒有好惡的自然。至於人間的治亂吉凶，在人不在天。人應竭盡所能，去維護社會國家的秩

四九　同註四八，頁四五。
五〇　同註六，老子三十七章，頁一四四。
五一　同註七，第十五卷〈解蔽篇〉，頁六四五。
五二　同註七，第四卷〈儒效篇〉，頁二六七。

序，而不應像道家只講任天無爲。他說：

天行有常，不為堯存，不為桀亡。應之以治則吉，應之以亂則凶。彊本而節用，則天不能貧；養備而動時，則天不能病；修道而不貳，則天不能禍。……本荒而用侈，則天不能使之富；養略而動罕，則天不能使之全；倍道而忘行，則天不能使之吉。……受時與治世同，而殃禍與治世異，不可以怨天，其道然也！故明于天人之分，則可謂至人矣。五三

自然的歷程，確實有其常道，但是和人世的治亂並不相干。面對自然只要因勢利導，在人爲方面多下工夫，而不能期盼自然如何善待我。因爲在荀子看來，與其尊崇天而思慕之，因任天而歌頌之，不如宰制天而利用之。所以說：

大天而思之，孰與物畜而制之；從天而頌之，孰與制天命而用之；望時而待之，孰與應時而使之；因物而多之，孰與騁能而化之；思物而物之，孰與理物而勿失之也；願於物之所以生，孰與有物之所以成？故錯人而思天，則失萬物之情。五四

他主張制天、用天、化物、理物，應時而長養生殺，以供給人生社會的需求，這就是宰制自然、變革物質、管理物質的意思。所以捨棄人爲工夫，只講因任自然，反而違背了自然法則。

儘管荀子制天、用天的思想，與後世西洋科學理論有近似之處，或許由於客觀環境使然，

五三　同註一六，頁五二七—五二九。
五四　同註一六，頁五四一—五四二。

並未開創中國應有的科學文明。他只講求制天，而不求知天，[五五]故匯聚眾人之力，即能戰勝天（自然）。但凝聚人群的因素是什麼呢？荀子認為：

> 禮起於何也？曰：人生而有欲，欲而不得，則不能無求；求而無度量分界，則不能不爭；爭則亂，亂則窮。先王惡其亂也，故制禮義以分之，以養人之欲，給人之求。使欲必不窮乎物，物必不屈於欲，兩者相持（待）而長；是禮之所起也。[五六]

人生不能無欲求，有求而無節制，必生爭端，所以制禮義（立制度），即在使人遵循秩序，其目的在於平亂止爭的要求。由於荀子講「禮」時，固然兼指日常儀文與政治制度而言，但似乎比較偏重後者，所以有人認為他的思想，是由儒家過渡到法家的關鍵。當然，荀子並未正式強調「法」的絕對性，仍然認為「人」還是重於「法」的。[五七]

近人薩孟武先生說：「唐代政治思想雖無創見，而多屬於儒家。儒家的盛行，可以說是開始於唐代。唐代儒家多宗孟子，其宗荀子而採用法家學說者亦未嘗沒有，陸贄即其一例。」[五八]薩氏站在政治思想史的立場，來探討唐代各家思想的路數，本無可厚非，但卻犯了一項嚴重

五五　同註一六，頁五三〇：「唯聖人為不求知天。」
五六　同註七，第十三卷〈禮論篇〉，頁五八三。
五七　同註七，第八卷〈君道篇〉，頁四一九：「有亂君，無亂國。有治人，無治法。」又如同篇同頁有「法者，治之端也。君子者，法之原也。」的說法。由此可見，荀子仍然主張聖人治國還是比較可靠。
五八　薩孟武：《中國政治思想史》（台北，三民書局，一九六九年），第四篇第三節，頁三〇八。

錯誤，即稱唐代的政治思想都屬於儒家。[五九]至於他認爲陸宣公的思想，「宗荀子而傾向於法家」，則應指「有爲」而言。底下列舉宣公關於「有爲」的言論，加以探究。首先，他對荀子「人性好利」的觀點予以肯定。所以說：

夫人情者，利焉則勸，習焉則安，保親戚則樂生，顧家業則忘死，故可以理術馭，不可以法制驅。[六〇]

此處除了說明人情莫不好利之外，只說用「理術」（按：理術與荀子禮治相似）駕馭臣民，而不刻意強調「法制」的重要性，仍不脫荀子思想的色彩。又說：

致理之體，先德後刑，禮義興行，故人知恥格；教令明當，則俗致和平。然後姦慝不萌，暴亂不作，古先哲后，莫不由斯！[六一]

這裡標舉「先德後刑」、「禮義」、「教令」之名，顯然與儒家荀子一派的主張若合符節。陸宣公畢生行事，與唐史有密不可分的關係，尤其和玄宗、肅宗、代宗、德宗四朝關涉最深。玄宗晚年，荒淫無度，國計民生，呈現分崩離析、民窮財盡之勢，安史亂起，大唐聲威毀於一

五九　首先，以思想史的角度來看，自秦、漢以降，並沒有所謂純粹儒家的思想家。其次，以唐代的政治思想來說，例如唐太宗的薄葬見解（詳參《貞觀政要．儉約第十八》），柳宗元的天人不相涉說（詳參柳氏〈答劉禹錫天論書〉），白居易的無爲與有爲說（詳參白氏〈才識兼茂明於體用策〉），顯然並非純粹的儒家主張。而陸宣公的思想也不囿於儒家的範圍。

六〇　同註五，卷十，〈論沿邊守備事宜狀〉，頁九六。

六一　同註一二，《陸宣公翰苑集》卷一制誥，〈平朱泚後車駕還京大赦制〉，頁三—四。

旦。繼之而起的肅宗，雖然平定亂局，號稱中興，但外族入寇，藩鎭擁兵自重，民生未見改善。到了代宗，措置無方，前門拒虎，後門進狼，國勢日蹙。德宗初立，本圖振衰起弊，也略有善政可言，無奈藩鎭亂起，經不起考驗，而墮入頹廢舊習之中。宣公有鑑於此，力勸德宗宜掌握時機，再造中興。他說：

> 今生亂失守之事，則既往不可復追矣。其資理興邦之業，在陛下勉勵而謹修之。當至危至難之機，得其道則興，失其道則廢，其間不容復有所悔也。惟陛下勤思熟計，捨己以從眾，違欲以遵道，遠憸佞而親忠直，推至誠而去逆詐，杜讒沮之路，廣諫諍之門，掃求利之法，務息人之術，錄片善片能，以盡群材，忘小瑕小怨，俾無棄物。[六二]

這段話頗富激勵意味，面對變局，主其事者應沉著冷靜、深思熟慮，否則方寸一亂，政策搖擺，出爾反爾，必會大失人心，難以撥亂反正。至於「捨己從眾」、「違欲遵道」、「遠憸佞親忠直」，「推至誠去逆詐」……等主張，無一不是痛定思痛，積極而有為的表現。此乃宣公窮其畢生之力，「上以格君心之非，下以通天下之志」[六三]的最佳說明。

三、人生問題論

六二　同註一七，頁一三。
六三　同註五，卷首，蘇軾：〈進呈唐陸贄集劄子〉，頁一四。

我國哲學中的人生論，除了天人關係論、人性論、人生至道論之外，有關人生問題的探討，也不容忽略。前二者屬於人生自然的討論，人生至道論則爲牽涉人生當然全體的討論，而人生問題論則涉及人生當然部分的討論。由於人生社會複雜，其中不乏充滿矛盾的現象，想要解決這些矛盾現象，必須先虛心真切地面對它。今就陸宣公的文集中，有關人生問題方面，分爲義利之辨、自然與人爲、理欲之辨三項加以探討。

（一）義利之辨

漢儒董仲舒說：「夫仁人者，正其誼不謀其利，明其道不計其功。」[六四]這句話影響後世甚鉅，尤其宋代的儒者，更把它視爲孔、孟義利思想的精要，而奉爲圭臬。孔子雖「罕言利」[六五]，然其一生行事，只問此事是否合乎義，而不過問是否有利，所以即使知道理想難行，仍然周遊列國，爲義奔走。[六六]因爲他認爲「義」是立身根本，行爲的最高準則，所以說：「君子義以爲質，禮以行之，孫（遜）以出之，信以成之，君子哉！」[六七]到了孟子，對義利的辨別更加清楚，他說：「大人者，言不必信，行不必果，惟義所在。」[六八]從字面上看，這句話有些奇怪，細究其實，孟子強調一切言行以義爲準繩，即使「言信行果」卻不合乎義，也是不對的。而

六四　同註八，頁六七二。
六五　同註一〇，卷第九，〈子罕〉，頁七七。
六六　同註一〇，卷第十八，〈微子〉，頁一六六：「君子之仕也，行其義也。道之不行，已知之矣。」
六七　同註一〇，卷第十五，〈衛靈公〉，頁一三九。
六八　同註一一，卷第八上，〈離婁下〉，頁一四四。

判斷義與非義的能力，就是我們的良知、良能，所以每個人都應擴充自己的善端。當他把義利置於社會國家時，更有精闢的見解。

> 孟子見梁惠王。王曰：「叟，不遠千里而來，亦將有以利吾國乎？」孟子對曰：「王何必曰利？亦有仁義而已矣！王曰何以利吾國，大夫曰何以利吾家，士庶人曰何以利吾身，上下交征利，而國危矣。萬乘之國，弒其君者，必千乘之家；千乘之國，弒其君者，必百乘之家。萬取千焉，千取百焉，不為不多矣，苟為後義而先利，不奪不厭。未有仁而遺其親者也，未有義而後其君者也。」[六九]

在孟子看來，只講利的結果，非爭殺篡奪無法終止。因爲不論身居何處，只要利慾薰心，必定會和他人起衝突，而永遠存在著矛盾的關係。反之，若講究義，則相處融洽，互濟互益。由上可知，孔、孟所反對的利，是自私自利，而不顧別人的死活。

荀子並不完全排斥利，因爲人沒有不好利的，義與利也同時存在人心中。他說：

> 義與利者，人之所兩有也，雖堯舜不能去民之欲利，然而能使其欲利不克其好義也。……故義勝利者為治世，利克義者為亂世。[七〇]

欲利之心實無法完全拋棄，所以只要使欲利之心不踰越好義的傾向即可。荀子主張以義勝利，

六九 同註二九，頁九。

七〇 同註七，第十九卷，〈大略篇〉，頁七九一。

而非以利克義，故「先義而後利者榮，先利而後義者辱。」[七一]也就是說人生的榮辱，取決於對義、利實踐的先後罷了。

墨子所說的利，係公利而非私利，所以在《墨子》書中，屢次提到「民之利」、「天下之利」、「國家百姓之利」等名詞。儒家說利，常指私利而言，故極力反對；墨家講利，則爲公利，故常重利；所以兩家所講的「利」，其涵義並不相同。

陸宣公處衰亂之世，故主張以義爲本，以利爲末，此實爲針對德宗好利之心而發。他說：

> 夫理天下者，以義為本，以利為末；以人為本，以財為末。本盛則其末自舉，末大則其本自傾。自古及今，德義立而利用不豐，人庶安而財貨不給，因以喪邦失位者，未之有也。故曰：「不患寡而患不均，不患貧而患不安。」「有德必有人，有人必有土，有土必有財。」「百姓足，君孰與不足？」蓋謂此也。自古及今，德義不立，而利用克宣，人庶不安，而財貨可保，因以興邦固位者，亦未之有焉。故曰：「財散則人聚，財聚則人散」；「與其有聚斂之臣，寧有盜臣」。無令侵削兆庶，以為天子取怨於下。其有若此者，行罰無赦，蓋為此也。殷紂以貪冒失人而亡，周武以散發得人而昌，則紂之多藏，適所以為害己者之資耳。尚何賴於財賄哉？[七二]

由此可知，爲政之本在於行義，國君若能以義爲立身的根本，先義而後利，必能謀天下百姓

七一　同註七，第二卷，〈榮辱篇〉，頁一八一。

七二　同註三〇，頁一一四。

之利；反之，若後義而先利，必導致上下交征利，國亡君辱的悲慘結局。得失之間，不待辨明矣。

（二）自然與人爲

人生在世，究竟應該因任自然，無所做爲呢？還是應該改造自然，努力做爲呢？這是一個根本對立的問題。孔子爲了實現理想，棲棲不遑寧處，卻被一些隱士譏爲「知其不可而爲之者」，可見他是以力行有爲當終生奉行的目標。他認爲將有爲發揮至極點，便到達無爲之境。所以說：「無爲而治者，其舜也與！夫何爲哉？恭己正南面而已矣。」[七三]但他的無爲思想與道家並不相同；道家是純然無爲，他是由有爲而無爲。此外，他認爲天是人格的最高標準，所以每個人都應該效法天。所以說：「大哉堯之爲君也，巍巍乎！唯天爲大，唯堯則之。蕩蕩乎！民無能名焉。巍巍乎！其有成功也，煥乎其有文章。」[七四]堯無私心，能體天道而行，經世濟民，廣受愛戴，而人民不知從何處頌其功勞，所以叫做「則天」。「則天」並非無所做爲，而是有爲到極點的意思，否則「其有成功」、「其有文章」便無法解釋了。其次，孟子講「盡其心者，知其性也；知其性則知天矣。存其心，養其性，所以事天也。」[七五]盡心知性而知天，存心養性而事天，正是有爲以合於天道之意。這與孔子的態度相近。

七三　同註六七，頁一三七。
七四　同註一〇。
七五　同註一一。

至於老子，則認為宇宙一切都是自然，人應順應自然，不可妄為。所以說：「人法地，地法天，天法道，道法自然。」[七六]他反對人為，並且認為唯有棄絕一切智識、德行、技巧，天下才能太平。所以說：「絕聖棄智，民利百倍；絕仁棄義，民復孝慈；絕巧棄利，盜賊無有。此三者，以為文，不足。故令有所屬；見素抱樸，少私寡欲。」[七七]聰明睿智、仁義、巧利，均屬人為，背離自然，故應復歸於樸，這「抱樸」就是老子自然說的中心觀念。到了莊子，天人分別更加清楚。他認為一切人為都是自擾，結果必受其害；天的力量十分偉大，不可抗拒，故人只能順應自然，更別想改變自然。他說：「物不勝天久矣。」[七八]就是這個意思。

在我國古代思想家中，徹底主張人為的，只有荀子。他認為人們不必去理會天，[七九]因為一切治亂，都是人自己做出來的，所以只應理會人。他不但不贊成順從天，進而主張制天、用天，使天順從人。[八〇]荀子與老子、莊子立說正好相反，但他們都把天然與人為看成對立的關係，而孔子、孟子則將二者視為合一的關係。

陸宣公生當中唐多事之秋，深知欲撥亂反正，非有一番做為不可。所以主張：

處危則思安之情切，遭亂則求理之志深。切於思安，深於求理，國之固也，不亦宜乎！

七六　同註六。
七七　同註六，老子十九章，頁九七。
七八　陳鼓應：《莊子今註今譯》（台北，台灣商務印書館，一九九四年）〈大宗師〉，頁二〇八。
七九　荀子〈天論篇〉全篇宗旨，在於將「天」視為一客觀之存在體，而與人事無涉。
八〇　參閱本節（二）人生至道論四有為。

及夫居安而驕，恃理而怠，驕則縱肆其奢欲，怠則厭惡於忠言。奢欲日行，忠言日梗，國之喪也，不亦宜乎！[八一]

安危、治亂係政治之現象，在君主時代，常取決於國君一念之間。處在危亂之際，無不深思熟慮，謹慎將事，期能克服困境，所以視民如子，求才若渴，往往能群策群力，克竟全功。等局勢一安定，便驕縱奢欲，拒納忠言，結果不免生亂。從歷史上來看，治亂似乎循環不已，而屬自然現象。但是宣公認為治亂完全在於人為。他說：

臣聞理或生亂，亂或資理；有以無難而失守，有因多難而興邦。理或生亂者，恃理而不修也；亂或資理者，遭亂而能懼也；無難失守者，忽萬機之重而忘憂畏也；多難興邦者，涉庶事之艱而知敕慎也。……惟陛下勤思熟計。[八二]

國君除了應勤思熟計於治亂之理外，如何推舉賢能之士參預國政，實在不容忽視。所以說：「為君者，必擇人而官；為臣者，罔擇官而處；弛張繫於理，不繫於時；升降在乎人，不在乎位。」[八三]此處雖是說明君臣責任的分際，但「弛張繫於理」、「升降在乎人」的論調，則明白揭露了人為的重要性。如此看來，陸宣公對自然與人為的見解，似乎比較接近荀子。不過，雖然他主張人為，並未完全排拒天道。譬如說：

八一　同註五，卷六，〈興元論賜渾瑊詔書為取散失內人等議狀〉，頁五六。
八二　同註一七，頁一三。
八三　同註一二，《陸宣公翰苑集》，卷五，〈優恤畿內百姓并除十縣令詔〉，頁二一。

夫天下，公器也；王綱，大權也。執大權者，不任其小數〔術〕；守公器者，不徇於私情。任小數而御大權，則忿戾之禍起；徇私情以持公器，則姦亂之釁生。[八四]

守天下（公器）者，不徇私情；執王綱（大權）者，不任小數。能拋棄私情、小數，即是遵循天道而行，故能發揮沛然莫之能禦的力量。反之，任小數、徇私情的結果，表面上似屬有爲，實則易生忿戾之氣、姦亂之端，而顯然是不智之舉了。由以上論述可知，宣公主張有爲，正所以合於天道，說法其實比較接近孔、孟。

（三）理欲之辨

欲望，乃人生哲學的一個重大問題，究竟該如何面對它？是否應當滿足它？或滿足到何種程度爲止？在在值得我們虛心探討。

孔子曾自述：「七十而從心所欲，不踰矩。」[八五]雖然並未明說對欲望的態度，卻提出「不踰矩」含有節度的意思。這裏既說七十才從心所欲，則七十之前必需隨時節制私欲，才可以合乎節度，所以孔子主張節制欲望。

孟子認爲寡欲是養心之道，爲一切德行的根本。他說：「養心莫善于寡欲，其爲人也寡欲，雖有不存焉者寡矣；其爲人也多欲，雖有存焉者寡矣。」[八六]他只認爲多欲是不應當的，並不

八四　同註五，卷八，〈謝密旨因論所宣事狀〉，頁七九。
八五　同註一〇，卷第二，〈爲政〉，頁一六。
八六　同註一一，卷第十四下，〈盡心下〉，頁二六一。

徹底排斥欲望，甚至說：「生，亦我所欲也；義，亦我所欲也。二者不可得兼，舍〔捨〕生而取義者也。」[八七]這裡也把義看成欲求的對象，可見他基本上是承認欲望的。

由孔子到孟子，對欲的解釋仍嫌不夠精詳，等荀子出現後，節欲（或稱寡欲、導欲）說始稱完備。他說：

凡語治而待去欲者，無以道（導）欲而困于有欲者也。凡語治而待寡欲者，無以節欲而困于多欲者也。……欲不待可得，而求者從所可。欲不待可得，所受乎天也；求者從所可，受乎心也。……故欲過之而動不及，心止之也。心之所可中理，則欲雖多，奚傷于治！欲不及而動過之，心使之也。心之所可失理，則欲雖寡，奚止於亂！故治亂在于心之所可，亡〔无〕于情之所欲。……故雖為守門，欲不可去，性之具也。雖為天子，欲不可盡。欲不可盡，可以近盡也；欲雖不可去，求可節也。[八八]

荀子認爲心是欲的主宰，所以治亂之關鍵，不在慾望的有無多寡，而在於心所認定的事物是否合理。假使心認爲當然的事物合於理，欲望雖多，必然知所節制而不奢求；反之，心認爲當然的事物不合於理，欲望雖少，仍然無法控制得當。所以荀子主張不必去欲或寡欲，一切應以心去節欲或導欲。也就是：欲望可以滿足即求滿足，無法滿足然後加以節制的意思。

至於道家，則認爲欲望是人生社會痛苦動亂的根源，但是無法以壓抑或盡制手段去對付

八七　同註一一，卷第十一下，〈告子上〉，頁二〇一。

八八　同註七，第十六卷，〈正名篇〉，頁六九二—六九五。

它，而最佳的方法就是使其自然而然不發生。老子說：「無欲以靜，天下將自定。」[八九]其所謂「無欲」，並非完全沒有欲望，而是使欲望減至最低程度，就此滿足，不再過度企求。所以說：「甘其食，美其服，安其居，樂其俗。」[九〇]他極爲反對過分的享受，但不主張遏抑欲望。因爲人若能滿足現狀，自然就不會感覺缺乏；如不感覺缺乏，就是「無欲」了。所以說：「禍莫大于不知足，咎莫大于欲得，故知足之足，常足矣。」[九一]老子雖講無欲，其實是寡欲的意思。他說：「見素抱樸，少思寡欲。」[九二]人若能顯示真純，持守質樸，便可以減少私心，降低欲望了。而莊子認爲人生的情欲不可有，故主張「有人之形，無人之情。」[九三]所以嗜欲深的人，離開道（自然）就愈遠。由此可知，莊子更進一步講究無欲。

陸宣公有感於德宗知遇之恩，故克盡臣節，竭力奉公，對於上司同僚餽贈，一概拒納，樹立了無欲則剛的典範，並且屢次勸德宗勿被私心所囿，乃能服衆。他說：

> 夫君天下者，必以天下之心為心，而不私其心；以天下之耳目為耳目，而不私其耳目。故能通天下之志，盡天下之情。……與天下同欲者，謂之聖帝；與天下違欲者，謂之獨夫。其所以布腹心而任耳目之意不殊，然於美惡成敗若此相遠，豈非求過之情有異，

八九　同註五〇。
九〇　同註六，老子八十章，頁二三四。
九一　同註六，老子四十六章，頁一六五。
九二　同註七七。
九三　同註七八，〈德充符〉，頁一七九。

任人之道不同哉？[九四]

德宗好聚斂，引用專事掊克的裴延齡，自以爲得人，殊不知正中小人下懷。耳目一旦遭受蒙蔽，私欲大行其道，豈非成了違天下之欲的獨夫嗎？果真如此，私心作祟，遺害可謂深遠了。

宣公又說：「夫國家作事，以公共爲心者，人必樂而從之；以私奉爲心者，人必咈而叛之。」[九五]所以君主若能拋棄私奉之心，施政時與民同欲，以民意爲依歸，如此必能廣受愛戴而無疑。其實他並非主張國君、人民無欲，只是身爲國君的，不能對人民予取予求，需要知所節制，也就是能同民好惡，這樣就可以成爲聖君了。

九四　同註三〇，頁一一三。
九五　同註五，卷四，〈奉天請罷瓊林大盈二庫狀〉，頁三二一。

第二節　政治思想

「政治的目的，在爲人民服務，爲人民謀幸福，以改善人民生活，保障國家安全，滿足人類生存的要求。」[一]當然，這是理想政治，而實際政治則未必如此。有許多人畢生競逐於虛榮財貨，謀取個人私利，把政治視爲擴張侵略欲、支配欲、掠奪欲的角逐場，而使盡巧詐虛僞的伎倆，以致斷送了國脈、貽禍蒼生。近人方東美先生曾引用黃宗羲明夷待訪錄中一段文字，說明理想政治與實際政治的區別。他說：

「有仁者出，不以一己之利為利，而使天下受其利；不以一己之害為害，而使天下釋其害。」這可算是理想政治最淺顯的說明。他接著又說：「後之為人君者，……以為天下利害之權皆出於我，我以天下之利盡歸於己，以天下之害盡歸於人，……以我之大私為天下之公，始而慚焉，久而安焉。視天下為莫大之產業，傳之子孫，受享無窮。」這可算是人類歷史上專制時代的實際政治。[二]

一　周世輔、吳康合著：〈哲學概論〉（台北，正中書局，一九七二年）第三章，〈政治思想〉頁二八九。

二　方東美：〈中國政治理想要略〉（台北，中國文化大學出版部《中華學術與現代文化叢書》哲學論集第一冊，一九八三年）頁一六八。

方氏以爲這個分法固然清楚，但只對專制君主一人痛下針砭，而對於全民政治生活的歸趨並未闡發，所以指出理想政治之真實企圖（即國家存在之根本理由）有四項：

⑴國家是現實人民完滿生活的場合，一切重大的措施都要保障人民共同生活的安全與幸福；⑵國家不僅是政治經濟和軍事的形式組織，乃是憑藉此種組織，更進一步實現道德理想的園地。從歷史的先例看，一個國家的式微和滅亡，常以社會道德的墮落為起因。…政治上及社會上領導人物尤應處處以身作則。⑶國家是一所廣大而又優美的學校，對於人民生活技藝應盡力培養，充量發展以全其知能才性。國家長久的命脈實繫於開明的文化政策，和完備的教育設施。…⑷國家又是文化價值賡續創造的領域。[三]

這四個項目，替實際政治畫出美麗的藍圖，可以爲人類帶來新希望。而陸宣公當唐祚漸衰之際，「說其君未嘗用數，觀其奏議可見欲論天下事，當以此爲法。」[四]所以他的政治思想雖然著眼於實際政治，卻不侷限於現實政治層面，而寄託著崇高的理想。相當接近前面的主張。

其次，由於宣公強調名利與刑賞，難免使人懷疑他的思想是否近於法家。關於這點，近人蕭公權先生說：

區分儒法固有一極明顯而自然之標準，則「君」「民」在思想中所站地位之輕重是也。

三　同註二，頁一六九。

四　佚名：《近思後錄》〔國家圖書館藏線裝書〕卷十。

儒家貴民，法家尊君。儒家以人民為政治之本體，法家以君主為政治之本體。[五]

宣公認爲「有天下而子百姓者，以天下之欲爲欲，以百姓之心爲心。」[六]他主張以人民爲政治主體，應該屬於儒家一派。不過，他同時強調刑賞，而刑賞出於禮義，也接近法，所以他的政治思想比較傾向荀派的儒家。[七]今將其政治思想，分爲：修明君德、鞏固中樞、重視輿論、推誠納諫、取才用人之道、刑賞之法則等六項，逐一論述。

一、修明君德

在帝制時代，君主既由世襲而來，位高權重，影響天下蒼生之大自不待言。一言一行，甚至一個念頭，都可以左右局勢，所以如何涵養德性，實爲不容忽視的課題。在儒家經典中，對君德的提昇頗爲重視。近人牟宗三先生有一個概括的說法。他認爲：

儒家于治道方面，我們概之三目以為體，此即親親尊尊與尚賢。親親尊尊是維繫人群的普遍底子，而尚賢則是一生動活躍之觸角。前兩者是倫常，後一者是人格。⋯由此

五　蕭公權：《中國政治思想史（上）》（台北，中國文化大學出版部，一九八二年）一九五頁。

六　陸贄撰、郎曄注：《評註陸宣公集》（台北，臺灣中華書局，一九七七年）卷六，〈收河中後請罷兵狀〉，頁六二。

七　薩孟武：《中國政治思想史》（台北，三民書局，一九六九年）第四篇第三節，頁三〇八。

三目為體，再轉就是「正德利用厚生」之三目。此三目較偏于用。而此用中，仍以「正德」為本。親親尊尊與尚賢皆正德中事。正德、利用、厚生即是王道。利用、厚生是人民生活的幸福，而講幸福不能離開德，不能一往是功利主義，唯物主義。當然王道亦不能只是德，必含重視人民幸福。所以內聖必含外王，外王就須正德以開幸福。[八]

親親尊尊就是仁民愛物的基源，而尚賢即爲公天下之心的表現，「仁民愛物」、「天下爲公」的精神，此即「正德」的最佳解釋；能先正德，才能講利用、厚生，否則就容易流入功利主義、唯物主義。牟氏此論，頗爲精闢。

孔子說：「修己以安百姓。」[九]又說：「其身正，不令而行。其身不正，雖令不從。」[一〇]由此可知，爲政者的操守是否端正，關係著政治是否清明。然而，道德的涵義本來很廣，不易說得透徹，不過陸宣公以爲袪除私心最爲重要。他說：

> 王者之道，坦然著明，奉三無私以勞天下，平平蕩蕩，無偏無側。所謂三無私者，如天之無私覆也，如地之無私載也，如日月之無私照也。其或有過，如日月之有蝕焉，過也人皆見之，更也人皆仰之。日月不疾於蔽虧，人君不吝於過失，虧而能復，無損

八　牟宗三：《政道與治道》（台北，臺灣學生書局，一九六〇年）頁二八。

九　《論語注疏》（台北，新文豐出版公司，一九七七年）卷十四，〈憲問〉，頁一三一。

一〇　同註九，卷十三，〈子路〉，頁一一六。

> 於明，過而能改，不累於德。[一一]

王道在毫無私心之中才能展現出來，也就是對人人公平待遇，對事事公平處理，不讓成見、私心遮蔽了廓然大公的念頭，即使偶爾有過失，也應該坦然面對，並立刻改過，如此並不妨礙其形象，而且馬上改弦易轍，並滿足全民的期待，這不是很好的事嗎？

陸宣公深知中唐之際，民疲國窮，要使政治清明，只有講求德治才是根本之道。國君應有坦承昨日之非的雅量，如此才能感動人心，鼓舞士氣；其次再減輕賦稅，革除弊端，以充裕民生，安定社會。所以說：

> 尚德者，教化之所先；求賢者，邦家之大本。永言茲道，夢想勞懷，而澆薄之風，趨競不息，幽棲之士，寂寞無聞。蓋誠所未孚，故求之未至。[一二]

又說：

> 有天下而子百姓者，以天下之欲為欲，以百姓之心為心，固當遂其所懷，去其所畏，給其所求，使家家自寧，人人自遂。家苟寧矣，國亦同焉；人苟遂矣，君亦泰焉。[一三]

此處所說的君德，有兩層含義，其一爲造成淳厚的民風，其二爲照顧百姓的生活。前者屬於

一一　同註六，卷八，〈謝密旨因論所宣事狀〉，頁七六。

一二　陸贄：《陸宣公全集》（台北，河洛出版社，一九七八年），陸宣公翰苑集卷一制誥，〈奉天改元大赦制〉，頁三。

一三　同註六，頁六二一。

精神層面，後者屬於物質層面，兩者齊頭並進，即是國家安定的主要力量。而具體的做法，則有施惠與立威、薄賦而輕刑、防患於未然、以眾智爲智等各方面。

陸宣公認爲「君人之柄，在明其德威；立國之權，在審其輕重。」[一四]此即主權的行使，必須以施德和立威爲基礎，同時要衡量輕重緩急，不可本末倒置，否則社會秩序必將大亂。他說：

> 夫君之大柄，在惠與威，二者兼行，廢一不可。惠而罔威則不畏，威而罔惠則不懷。苟知夫惠之可懷，而廢其取威之具，則所敷之惠適足以示弱也，其何懷之有焉？苟知夫威之可畏，而遺其施惠之德，則所作之威適足以召敵也，其何畏之有焉？故善為國者，宣惠以養威，蓄威以尊惠；威而能養則不挫，惠而見尊則有恩；是以惠與威交相蓄也，威與惠互相行也。[一五]

施惠與立威雖似相衝突，但站在統治者的立場，實應兼顧而不能偏廢，才能夠順應人心、處理國政。若只知施惠而不立威，徒然給人懦弱寡斷之感；反之，只知立威而不施惠，也容易招惹民怨和敵意。所以理想的做法，莫過於前述的「宣惠以養威，蓄威以尊惠。」

其次，若遇到水旱蝗蟲等天然災害，更應妥善撫卹百姓。宣公說：

> 今水潦為敗，綿數十州，……恐須速降德音，深示憂憫，分道命使，明勑弔災，寬息征

一四　同註六，卷一，〈論關中事宜狀〉，頁一。
一五　同註六，頁六三。

傜，省察寃濫。應家有溺死，及漂沒居產多盡，父子不存濟者，各量賜粟帛，便委使臣與州府，據以當處官物給付。其損壞廬舍田苗者，亦委使臣與州府，據所損作分數等聞奏，量與蠲減租稅。如此…所費者財用，所收者人心，若不失人，何憂乏用？[一六]

天災雖然無法避免，若能及時賑災、蠲稅、薄刑，將可獲得百姓擁戴，則人心可用，災後重建猶如反掌折枝之易。

至於，施政者雖具備仁心，懂得恩威並濟的道理，如缺少慎始慮危的涵養，也難保國家長治久安。所以宣公認爲：

夫小者大之漸，微者著之萌。故君子慎初，聖人存戒。知幾者，所貴乎不遠而復；制理者，必在於未亂之前。…涓涓不遏，終變桑田，燄燄靡除，卒燎原野。流煽已甚，禍災已成，雖欲救之，固無及矣。[一七]

〈中庸〉說：「君子戒慎乎其所不睹，恐懼乎其所不聞。莫見（現）乎隱，莫顯乎微，故君子慎其獨也。」這「慎獨」的深層含義，即是培養對事物的遠見，而免於被表象所迷惑；所謂洞燭機先、見微知著，誠爲統治者必備的修養。

當然，國家之廣大，政務之繁雜，縱然有過人的才智和精力，想要算無遺策，實屬不可能。所以宣公說：

一六　同註六，卷七，〈請遣使臣宣慰諸道遭水州縣狀〉，頁七〇—七一。

一七　同註六，卷四，〈興元論解姜公輔狀〉，頁四〇。

君人者，以眾智為智，以眾心為心；惕恐一夫不盡其情，一事不得其理，孜孜訪納，惟善是求。一八

以一人的智慧強迫全民服從，縱使見解不錯，也難以得到信服，因爲構想雖好，施行起來還是要靠全民的共識才行。爲政者若能匯聚眾人的智慧，除了可以彌補闕漏外，等於先與民意作一番溝通，施行時必能免除一些抗拒的力量，何樂而不爲呢？

自古以來，亂多治少，宣公以爲君臣都應該負相當的責任。因爲國君有六項弊病，臣子有三項弊病。他說：

好勝人、恥聞過、騁辯給、衒聰明、厲威嚴、恣彊愎，此六者君上之弊也。…上好勝，必甘於佞辭；上恥過，必忌於直諫；如是則下之諂諛者順旨，而忠實之語不聞矣。上騁辯，必勦說而折人以言；上衒明，必臆度而虞人以詐；如是則下之顧望者自便，而切磨之辭不盡矣。上厲威，必不能降情以接物；上恣愎，必不能引咎以受規；如是則下之畏愞者避辜，而情理之說不申矣。一九

這些分析強調君臣之間的互動模式，極爲精闢，處處符合人性，也提供了天下後世施政時相當寶貴的意見。

一八 同註一七，頁三九。
一九 同註六，卷三，〈奉天請數對群臣兼許令論事狀〉，頁二七—二八。

二、鞏固中樞

陸宣公所處的時代，內有跋扈的藩鎮，外受回紇、吐蕃的侵凌，所以他主張強幹弱枝，鞏固中樞，才足以應付當時的變局。按：唐太宗底定大業，爲了強固國本，遂實行府兵制。全國共八百餘府，而關中就有五百所，形成內重外輕之勢。其後由於承平日久，因循怠惰，疏於訓練，又加上人員浮濫，耗費公帑，府兵制度逐漸破壞，而被藩鎮兵所取代。於是反客爲主，形勢丕變，安史之亂即爲內輕外重的結果。亂事平定以後，藩鎮更蓄強兵，中央兵力益顯寡弱，回紇、吐蕃又嚴重威脅長安，大唐命脈岌岌可危。因此，宣公主張恢復內重外輕之勢。他說：

> 臣聞國家之立也，本大而末小，是以能固。又聞理天下者，若身之使臂，臂之使指，則小大適稱而不悖焉。身所以能使臂者，身大於臂故也；臂所以能使指者，臂大於指故也。王畿者，四方之本也；京邑者，又王畿之本也。其勢當令京邑如身，王畿如臂，四方如指。故用則不悖，處則不危，斯乃居重馭輕，天子之大權也，非獨為御諸夏而已，抑又有鎮撫戎狄之術焉。[二〇]

二〇　同註一四。

宣公此論，不失爲安內與攘外兼顧的大計，可惜代宗、德宗以後，中央兵權漸入宦官手中，成爲廢立操縱國君的籌碼，強榦弱枝的想法遂未能實現。

平心而論，以陸宣公的處境，提出這個主張，的確爲務實的做法。但一個觀念的形成比較容易，要落實在實際政治層面卻不簡單。首先，須有客觀條件爲基礎，例如強而有力的領導中心、健全的制度、充裕的財力等；其次，要能在朝廷建立共識，擬妥周全的方案，然後上下戮力推行，始能達成目標，這是主觀努力的條件。宣公雖獲德宗信賴於先，擁有推展此種理念的可能，而當時政治、經濟等積弊非一朝一夕之故。且德宗後來受竇參、裴延齡蠱惑，不能盡用宣公之策；加以喪亂後，財政稅制出現漏洞，而德宗圖治之心已如槁木死灰，內重外輕之勢無法恢復，也就不足爲奇了。

再說，德宗雖有圖治之心，但是志大才疏，性情多疑，不信大臣之言，致痛失安邦定國的良機。近人王吉林先生說：

> 德宗即位之後，將於用人，不知兵財，徒欲改革前弊，不思緩進行之，以至兵戎相見。征伐既興，連年不息，財政支出，無法負擔，造成形同劫掠之昔商、稅屋間架、除陌錢等暴政。即至變生肘腋，逃亡奉天，危險萬狀之時，此時德宗暫收其愚而自用之個性，納陸之言，下罪己之詔，承認河北藩鎮既有官爵，方有能力對付朱。德宗所遇之危機，全在其財政與軍隊引起，若言他能處理危機，不如說處理危機者在其大將與陸。德宗個性，處患難之中，易聽良言，此在奉天之所以未覆者在此。既復長安，又師心

自用，此陸之所以貶也。德宗是一個永不能從經驗成長的人。二一

德宗愚而好自用，危機降臨時，尚能收斂其劣根性，採納良言，下罪己詔，所以能得眾人效力，國勢轉危爲安。等亂事平定後，卻又故態復萌，加上群小環繞在側，宣公忠藎之言反而被刻意渲染歪曲，致遭貶逐命運。假如德宗能充分信任並採納宣公之言，不但可以收復長安，也能逐步克服前述種種困境，使國家走向康莊大道。

三、重視輿論

魏徵曾對唐太宗說：「君之所以明者，兼聽也；其所以暗者，偏信也。」二二這是決定一個君主是否英明有爲的道理，同時也關係著國家治亂的根源。陸宣公認爲治理國政，在得人心，而得人心的方法，又在能與民同好惡。他說：

明者廣納以成德，闇者獨用而敗身，……君人者，以眾智為智，以眾心為心，恆恐一夫不盡其情，一事不得其理，孜孜訪納，唯善是求，豈但從諫不咈而已哉！乃至求謗言，

二一　王吉林：〈唐德宗的危機處理〉，載於《第三屆中國唐代文化學術研討會論文集》（台北，中國唐代學會八十六年六月初版，樂學書局總經銷）四、小結，頁三二六。

二二　吳兢：《貞觀政要》（台北，北大書局，一九五六年），卷一，〈君道〉，頁二六。

又說：

> 聽輿誦，葑菲不以下體而不採，故英華靡遺；芻蕘不以賤品而不詢，故幽隱必達。[二三]

> 立國之根，在乎得眾，得眾之要，在乎見情。故仲尼以謂「人情者，聖王之田」，言理道所由生也。是則時之否泰，事之損益，萬化所繫，必因人情。情有通塞，故否泰生；情有薄厚，故損益生。……古聖王之居人上也，必以其心從天下之心，而不敢以天下之人從其欲，乃至兢兢業業，一日二日萬幾。夫幾者，事之微也，以聖人之德，天子之尊，且猶慎事之微，乃至一日萬慮，豈不以居上接下，懼失其情歟？[二四]

政治既然是管理眾人的事，若不能充分瞭解民意，如何制定符合民眾利益的政策呢？當然，由於古代傳播媒體並不發達，又如何真正瞭解民意呢？這個限制確實是很難突破的。陸宣公以爲最高決策者，應先確立一個原則—重視輿論，如此縱使有侷限，下情儘可能上達，在上位的也不致被蒙蔽了。他說：

> 夫君天下者，必以天下之心為心，而不自私其心；以天下之耳目為耳目，而不私其耳目。故能通天下之志，盡天下之情。夫以天下之心為心，則我之好惡，乃天下之好惡，……安在私託腹心，以售其側媚也？以天下之耳目為耳目，則天下之聰明，皆我之聰明也，……

二三　同註一七，頁三九。

二四　同註六，卷二，〈奉天論前所答奏未施行狀〉，頁一六。

安在偏寄耳目，以招其蔽惑也？二五

又說：

夫明月達聰，務廣聞見；或慮懷才抱器，輸忠納諫之倫，地處幽遐，無由自達；永言於此，夢想不忘。應諸色人，有長策濟時，忠規匡主，任具陳所見，詣所居之州委刺史，略與討論，觀其旨趣；但有裨治道，不涉私情，便與附驛遞送。二六

由端正內心而開張聖聽，的確能鼓舞人心，振作士氣，開啓政治的新境界，可見正視輿論的重要。宣公此論，深切著明，可惜德宗偏信之病已入膏肓，難怪司馬溫公慨歎道：

甚矣，唐德宗之難寤〔悟〕也！自古所患者，人君之澤壅而不下達，小民之情鬱而不上通，故君勤恤於上，而民不懷；民愁怨於下，而君不知；以至於離叛危亡，凡以此也。二七

其實，輿論所包含的意義甚爲廣泛，尤其在古代政治社會中，不易確切掌握輿論爲何，故本小節所論僅止於此。至於君臣之間的合理關係，留待下一節再論。

四、推誠納諫

二五　同註六，卷十二，〈論裴延齡姦蠹書一首〉，頁一一三。

二六　同註一二，卷二，〈冬至大禮大赦制〉，頁一一。

二七　司馬光：《資治通鑑》（台北，明倫書局，一九七七年），卷二三三二，德宗貞元三年，頁七五〇八。

國君本應重視輿論，以免予智自雄，陷入眾叛親離的境地，更應以誠信接下，袪除隔閡，廣開言路，求諫納諫，以收眾智爲智之功。陸宣公說：

> 竊聞輿議，頗究群情。四方則患於中外意乖，百辟又患於君臣道隔，郡國之志，不達於朝廷；朝廷之誠，不升於軒陛。上澤闕於下布，下情壅於上聞。實事不必知，知事不必實。上下否隔於其際，真偽雜糅於其間；聚怨囂囂，騰謗籍籍。欲無疑阻，其可得乎？[二八]

在古代帝王擁有過大的權威下，有許多臣子惟恐言多必失；或辭不達意，而遭受誤解；所以不願或不敢表達意見，結果形成滿朝唯唯諾諾，少有諤諤之士，能知無不言，言無不盡，以規正君主的過失。所以才有「上澤闕於下布，下情壅於上聞」之嘆。

宣公強調施政者必定要以誠信爲基礎。他說：

> 臣聞人之所助在乎信，信之所立由乎誠。守誠於中，然後俾眾無惑；存信於己，可以教人不欺。一不誠，則心莫之保；一不信，則言莫之行，故聖人重焉，以為食可去，而信不可失也。傳曰：「誠者，物之終始，不誠無物。」物者，事也。言不誠，則無復有事矣。匹夫不誠，無復有事。況王者賴人之誠以自固，而可不誠於人乎？[二九]

又說：

二八　同註六，卷二，〈奉天論奏當今所切務狀〉，頁一五。

二九　同註一九，頁二五。

其推誠也，在彰信，在任人。彰信不務於盡言，所貴乎出言則可復；任人不可以無擇，所貴乎已擇則不疑。言而必誠，然後可以求人之聽命；任而勿貳，然後可以責人之成功。誠信一虧，則百事無不紕繆；疑貳一起，則天下莫不憂虞。是故言或乖宜，可引過以改其言，而不可苟也；任或乖當，可求賢以代其任，而不可疑也。如此，則推誠之義乎矣。三〇

國君要立非常之業，端賴百官各盡職能；要百官各竭所能，唯有待之以至誠，使臣子不惑不欺，則國君的誠信必能感化百姓，形成全國一致的意志，如此，何愁事之不成？古人說「君無戲言」，因爲言出必可行而非虛言，即使所說的話不妥當，也應坦承錯誤，不致文過飾非而造成無法彌補的大錯。至於用人方面，事先應愼加考量，一旦任用後不宜輕易懷疑。若是用人不當，另擇人選即可，而不能掣肘於後，否則，群臣疑慮一起，人心渙散，又如何能成事？這些都是國君推誠的首要認識。

其次，爲了消除君臣隔閡，最有效的方法就是求諫了。宣公認爲：

舍己從人，故能通天下之志；棄瑕錄用，故能盡天下之才。…諸司官有陳便宜者，各盡所見，條疏封進。事有寃滯，政有闕遺，悉當極言，無或隱避。詔敕不便於時者，

三〇　同註一九，頁三〇。

所司執奏以聞。[三一]

他深知德宗氣量不夠恢宏，對臣下多猜疑，所以人心不安，時懷反側。爲避免君臣有嫌隙，所以不厭其煩地詳陳納諫的道理。他說：

臣之獻言，以助理也；君之求諫，以弼違也。言苟助理，何必以人而廢言？諫苟弼違，何必責意而拒諫？若彼言無足用，意雖善而奚為？諫有可從，人雖咎而寧捨？古先聖王所以採葑菲、詢芻蕘、傳謗言、用仇怨，急於聽納，乃至於斯。其意無他，惟義所在。願陛下不以憎嫌而遺其片善，不務精察而謂之大明，忠言者利於行而咈於情，惟計慮至熟，乃能無忤。[三二]

此處明言勸諫爲臣子的責任，而納諫則爲君主天經地義的事，只要諫言有助於國政，何必過問出自誰呢？可見揚棄偏見，才能虛心接納有益的諫言，宣公屢次勸德宗勿「師心自用，……遂非拒諫。」[三三]而應「廣咨訪之路，開諫諍之門，通壅鬱之情，弘採拔之道。」[三四]至於納諫的目的，那就是：

以補過為心，以求過為急，以能改其過為善，以得聞其過為明。故諫者多，表我之能

三一 同註一二，卷三，〈貞元九年冬至大禮大赦制〉，頁一三—一四。

三二 同註六，卷五，〈又答論姜公輔狀〉，頁四二—四三。

三三 同註一九，頁二六。

三四 同註二四，頁一五—一六。

好；諫者直，示我之能賢；諫者之狂誣，明我之能恕；諫者之漏泄，彰我之能從。有一于斯，皆為盛德。是則人君之與諫者，交相益之道也。諫者有爵賞之利，君亦有理安之利；諫者得獻替之名，君亦得採納之名。然猶諫者有失中，而君無不美，惟恐讜言之不切，天下之不聞。如此，則納諫之德光矣。[三五]

誠如上述，勸諫的臣子固然有各種心態，但是君主都能用平常心看待，這樣可以廣開言路，獲得許多意外的好處。再說，納諫既有百利而無一害，國君何樂而不為呢？

五、取材用人之道

孟子說：「徒善不足以爲政，徒法不能以自行。」[三六]因爲政治既然是眾人的事，而且繁重冗雜，非君主一人所能治理，所以要設官分職，才能使國家走上常軌。而如何使百官適才適所，發揮他們的能力，確實不是一件容易的事。故自古以來就有才難之嘆。

唐代國勢強盛，政府機構龐大，所需官吏也多，而且入仕的途徑不少，計有門蔭、納財（納粟入官）、銓選、貢舉考試等。當然，無論何種取才方法均有利有弊。即在今日，經由高、普考試進入政府機關服務，雖然做法較爲公平，但選拔的人才也未必適任。以上所說的取士

三五　同註一九，頁二九—三〇。
三六　《孟子注疏》（台北，新文豐出版社，一九七七年），卷七上，〈離婁上〉，頁一二三。

方法，歷代雖然各有不同，但只能儘量找出利多於弊的方案而已。以下論述陸宣公對取才用人的主張。他說：

夫理道之急，在於得人，而知人之難，聖哲所病。聽其言則未保其行，求其行則或遺其才。校考勞則巧偽繁興，而貞方之士罕進；徇聲華則趨競彌長，而沈退之士莫升。自非素與交親，備詳本末，探其志行，閱其器能，然後守道藏用者可得而知，沽名飾貌者不容其偽。三七

雖然要識拔人才難度很高，但是宣公苦心孤詣，從防弊到興利，爲了拔擢真才，蔚爲國用，他發表了許多有關的言論。今分別探討如下：

（一）避免人事七患

陸宣公有鑑於歷來君主用人之失，故詳列七事，盼德宗戒慎恐懼，勿重蹈覆轍。他說：

臣每於中夜，竊自深惟，朝之乏人，其患有七：不澄源而防末流，一也；不考實而務博訪，二也；求精太過，三也；嫉惡太甚，四也；程試乖方，五也；取舍〔捨〕違理，六也；循故事而不擇可否，七也。三八

此處說明，假使國君未能惜才，或取之不以其道，用之不以其方，當然會感到缺乏人才。其實「人才之性，與時升降，好之則至，獎之則崇，抑之則衰，斥之則絕，此人才消長之所由

三七　同註六，卷七，〈請許台省長官舉薦屬吏狀〉，頁六五。
三八　同註六，卷十三，〈論朝官闕員及刺史等改轉倫序狀〉，頁一一八。

也。」[三九]所以任何時代，有無人才，端看主政者的眼光與做法。站在為國舉才的立場，有七項弊病應當避免，即：該防止宰相利慾薰心、濫引私黨，但並非阻擋宰相援引群才；該詳考官員的才行，但並非輕信讒言，致失良才；用人應循眾議，不可太武斷，否則可能得到聲實相反之輩；國君若缺豁達之量，「見人之惡，終身不忘」，[四〇]則難以獲得適當的人才；應掄才授職，且經試用，不可聽信美言即妄加錄取；用人該取其長捨其短，不可反其道而行；且時移世變，不可墨守成規，拘泥不通，否則必定找不到足夠的人才。能消極地避免用人的七種缺失，再來就是積極地提供有效的擇才原則和方法了。今列舉如下：

(二) 秉持公、誠、禮三原則

君主用人，應先考慮國家的整體利益，因「名位者，天下之公器」，[四一]故「不以公器徇喜心，不以利權肆忿志，不以寡妨眾，不以人廢官。」（註同上）宣公這個主張，在抑制德宗剛愎自用、徇私忘公的弊端，真可以說是獨具慧眼了。

三九　同註三八。

四〇　《管子》（台北，臺灣中華書局，一九八八年）卷十，〈戒〉，頁五：管仲寢疾，桓公往問之，曰：「仲父之疾甚矣，若不可諱也，不幸而不起此疾，彼政我將安移之？」管仲未對。桓公曰：「鮑叔之為人何如？」管仲對曰：「鮑叔，君子也。千乘之國，不以其道，予之不受也。雖然，不可以為政。其為人也，好善而惡惡已甚，見一惡，終身不忘。」。按：鮑叔牙雖然是正人君子，但嫉惡太深，所以不能掌握大權，否則可能會因為一點點小誤會而錯失好人才。

四一　同註三八，頁一一九。

其次，國君位高權重，縱使有英明的資質，也難以躬親庶務，所以須要引用許多人才，才能順利推動政務。因此，國君若能用誠心對待臣下，百官也會竭盡全力回報他。宣公說：「任人不可以無擇，所貴乎已擇則不疑。言而必誠，然後可以求人之聽命；任而無貳，然後可以責人之成功。誠信一虧，則百事無不紕繆。」[四二]由此可見誠的重要性。

國君舉用人才，授給官位俸祿，固然能滿足其名利的需求。但是對於一個胸懷經濟大志的人而言，以禮對待，讓他一展長才更是不能忽略。所以宣公說：

> 夫聖人之於愛才，不惟側席求思而已，乃復引進以崇其術業，歷試以發其器能，旌善以重其言，優祿以全其操。歲月積久，聲實並豐，列之於朝，則王室尊；分之於土，則藩鎮重。……蓋以人皆含靈，惟所誘致。如玉之在璞，抵擲則瓦石，追琢則圭璋。……當在衰季之時，咸謂無人足任，及其雄才御宇，……賢能相從，……然則興王之良佐，皆是季代之棄才。在季而愚，當興而智，乃知季代非獨遺賢而不用，其於育養獎勸之道亦有所不至焉。[四三]

其實，一個時代有沒有人才，關鍵在於君主肯不肯用心發掘，能不能好好培養，然後適才適所地任用。若能獎用才俊，不但可以獲致實利，且天下的賢能之士也會競相來歸，則人才濟濟，治理國家又有何難呢？

四二　同註一九，頁三〇。
四三　同註三八，頁一一八。

（三）分層授權，拔擢眞才

陸宣公說：

> 聖人制事，必度物宜，無求備於一人，無責人於不逮；尊者領其要，卑者任其詳。是以人主擇輔臣，輔臣擇庶長，庶長擇佐僚。所任愈崇，故所擇愈少；所試漸下，故所舉漸輕；進不失倫，選不失類；以類則詳知實行，有倫則杜絕徼求，將務得人，無易於此。[四四]

知人誠難，知人善任更爲不易，國君生長於宮中，即使睿智天縱，也難以徧知各種人才，而予以安排適當之職位。故宣公建議分層負責，君主選拔宰相，宰相選拔庶長，庶長選拔佐僚。這個辦法有幾個優點：一是責任政治，因所提拔之人是否稱職，即可知該上司的眼光及能力。二是權責分明，便於考核。三是人才漸次培養，不致有斷層之虞。四是上下行事易於協調，不致隔閡。當然，若是私慾太強者主政，其流弊也不少。例如：援引倖進，營私舞弊；剷除異己，將政治變成權力鬥爭，遂行私慾的罪惡淵藪，則政治將淪爲絕對之惡。然而，分層授權之法仍然瑕不掩瑜，頗符合現代責任政治的精神。宣公說：

> 爰初受命，即以上陳，求賢審官，粗立綱制。凡是百司之長，兼副二等官，及兩者供奉之職，並因察舉勞效，須加獎任者，並宰臣敍擬以聞。其餘臺省屬僚，請委長官選

四四　同註三七，頁六八。

擇，指陳才實，以狀上聞，一經薦揚，終身保任；各於除書之內，具標舉授之由，示眾以公，明章得失。得賢則進考增秩，失實則奪俸贖金，亟得則褒升，亟失則黜免。非止搜揚下位，亦可閱試大官。[四五]

此處明言舉薦者應負成敗之責，所以人事進用應不致浮濫，因爲一旦舉薦不當，勢必影響自身前程，這樣怎能不慎重呢？而且舉薦他人時，自身的能力、操守也同時受到考驗，又怎敢膽大妄爲呢？這是宣公很精采的政治見解。

（四）委任責成，任賢勿猜

自古以來，知人爲難，若知其人可用，當如何惜才，始能助己立業，而不致先信後疑呢？

陸宣公說：

所謂委任責成者，將立其事，先擇其人；既得其人，慎謀其始；既謀其始，詳慮其終。終始之間，事必前定。有疑則勿果於用，既用則不復有疑，待終其謀，乃考其事。事愆於素者，革其弊而黜其人；事協於初者，賞其人而成其美。使受賞者無所與讓，見黜者莫得為辭。夫如是，則苟無其才，孰敢當任；苟當其任，必得竭才。此古聖王委任責成，無為而理之道也。[四六]

近人王雲五先生認爲：「所謂委任責成，則一經選定適當之人，即授予專任某事之權，而以其

四五　同註三七，頁六六。

四六　同註三七，頁六七。

成績定賞罰；使受命者負責任事，則在上位者可以無爲而理。」[四七]由此可知，委任責成，就是用適當人選全權處理某事，然後視其成效定賞罰，其主要精神，在於人選、專任、成效三者，此不失爲易知易行的原則。

其次，既然任用某人，就不要輕信他人讒言，否則無法充分授權，將無可成之事，也背離了委任責成的原則。魏徵曾上疏，指出唐太宗待下之情未盡誠信，既然知道某位大臣的操守和才幹，又心存疑慮，不肯充分授權。如此，和樹立筆直的木材，卻懷疑它的影子彎曲，有何不同？[四八]這就是「有疑則勿果於用，既用則不復有疑」的道理。尤其身繫邦國重任者，更應慎擇大臣，充分授權，不要輕啓疑竇，否則就難以收輔弼之功。所以宣公說：

> 任重勢疑，易生嫌謗。以周公之聖，不免流言；霍光之忠，亦遭告訐。向非成王覺寤〔悟〕，昭帝保明，則二主之德美不傳，二臣之冤誣莫辯。[四九]

他引用周公、霍光的例子，說明位極人臣者易受讒言譭謗，如果君主不能明察，就會糊裡糊塗地相信流言，而不能力挺到底，最後賢能之士只得掛冠求去了。

（五）才有長短，錄長補短

四七　王雲五：《晉唐政治思想》（台北，臺灣商務印書館，一九七〇年），頁一八四。

四八　同註二七，卷一九五，貞觀十一年，頁六一三一：（魏徵上疏，以爲）「…既謂之君子而復疑其不信，何異立直木而疑其影之曲乎！」。

四九　同註一一，頁七七。

政府宛如一部大機器，由許多零件組成，大至渦輪引擎，小至一粒螺絲釘，皆不可缺少。螺絲釘雖小，若少了一粒，可能導致機器的停擺；當然，拿螺絲釘去替代引擎是行不通的，反之亦然。其實，政府雖然不是機器，官吏也不是零件，但是一個國家如果缺乏各類人才來擔任各級職位，則勢必無法推動任何政務。而人才的確各有短長，若要覓得十全十美的人，然後把重任託付給他，這樣必將造成政事廢弛，人心渙散的局面，因爲那是可遇而不可求的事。陸宣公深知此理，所以說：

> 天之生物，為用罕兼，性有所長，必有所短，材有所合，亦有所睽。曲成則品物不遺，求備則觸類皆棄。是以巧梓順輪桷之用，故枉直無廢材；良御適險易之宜，故駑驥無失性。物既若此，人亦宜然。[五〇]

又說：

> 人之才行，自昔罕全，苟有所長，必有所短。若錄長補短，則天下無不用之人，責短舍〔捨〕長，則天下無不棄之士。加以情有憎愛，趣有異同，假使聖如伊、周，賢如楊、墨，求諸物議，孰免譏嫌？[五一]

才不世出，若求全太過，天下無可用之才，故用其所長，捨其所短，何處無人才呢？反之，則人才埋沒，非常可惜。加上個人好惡有別，志趣互異，即使聖賢也難免遭受物議。既知才

五〇　同註三八，頁一二〇—一二一。

五一　同註三七，頁六九。

有短長，如何量才器使，使其各盡所能呢？宣公說：

> 夫制置之安危由勢，付授之濟否由材。勢如器焉，唯在所置，置之險地則覆，致之夷地則平。材如負焉，唯在所授，授踰其力則踣，授當其力則行。[五二]

謹慎衡量才能，視其能力大小，授給相當的職位，這就是自古以來不變的用人基本法則。

（六）廣求精考，取吏三術

政治乃公眾的事務，在古代帝制社會裡，要使政治清明，人心和衷共濟，惟有開誠布公，廣羅人才，然後國家才可以上軌道。針對此點，陸宣公說：

> 夫求才貴廣，考課貴精。求廣在於各舉所知，長吏之薦擇是也；考精在於按名責實，宰臣之序進是也。求不廣，則下位罕進；下位罕進，則用常乏人；用常乏人，則懼曠庶職；懼曠庶職，則苟取備員，是以考課之法不暇精也。考不精，則能否無別；能否無別，則砥礪漸衰；砥礪漸衰，則職業不舉；職業不舉，則品格浸〔漸〕微，是以賢能之功不克彰也。[五三]

又說：

> 欲知事之得失，不可不聽之於言。欲辨言之真虛，不可不考之於實。言事之得者，勿即謂是，必原其所得之由。言事之失者，勿即謂非，必窮其所失之理。稱人之善者，

五二　同註六，卷九，〈請不與李萬榮汴州節度使狀〉，頁九〇。

五三　同註三七，頁六八—六九。

必詳徵行善之跡；論人之惡者，必明辨為惡之端。凡聽其言，皆考其實；既得其實，又察以情；既盡其情，復稽於眾；眾議情實，必參相得。然後信其說，獎其誠，如或矯誣，亦寘〔置〕明罰。夫如是，則言者不壅，聽者不勞，無浮妄亂教之談，無陰邪傷善之說，無輕信見欺之失，無潛陷不辯之冤。此古之聖王聽言考實，不出戶而知天下之方也。[五四]

此處闡述國君考核臣子的方法，見解極爲透徹精闢。因考核不精，能力高低、貢獻大小，就失去明確的標準，也無法獎善罰惡，行事必然缺乏效率。其次，國君考核百官，不但不能憑藉主觀的看法，也不宜聽信一偏之辭，必須詳考其得失原委，明察其情，再參酌輿論，使眾議情實無所遁逃，然後納其言用其才，這是用人的最佳策略。

同時，經過詳細考核以後，人才優劣得以判定，接著再施行升降賞罰，如此就可以鼓勵臣子建功立業了。宣公說：

夫褎才取吏，有三術焉：一曰拔擢以旌其異能；二曰黜罷以糾其失職；三曰序進以謹其守常。如此，則高課者驟升，無庸者亟退。其餘績非出類，守不敗官，則循以常資，約以定限。故得殊才不滯，庶品有倫，參酌古今，此為中道。[五五]

以拔擢、黜罷、序進三個方法，來薦舉英才、淘汰不適任者，其他表現平平的則以年資晉升，

五四　同註三七，頁六七。
五五　同註三八，頁一二二。

確實不失爲取吏的良方。這個方法針對不同對象採用彈性考核原則，與一般按部就班的處理方式有所區別，也比較符合實際的情況。

六、刑賞之法則

陸宣公宅心仁厚，深知「尙德者，教化之所先」，[五六]但因「惠而罔威則不畏，威而罔惠則民不懷。」[五七]所以施德與立威，不可偏廢。而威德的具體表現，就是刑與賞。刑賞具有懲惡獎善的效果，實行得當，則教化大行，若施行不當，則民無所措手足。韓非說：「重一姦之罪，而止境內之邪，此所以爲治也。……厚賞者，非獨賞功也，又勸一國。」[五八]宣公更進一步闡述其理，說：

> 理國化人，在於獎一善，使天下之為善者勸；罰一惡，使天下之為惡者懲。是以爵人必於朝，刑人必於市；惟恐眾之不覩，事之不彰。君上行之無愧心，兆庶聽之無疑議；受賞安之無怍色，當刑居之無怨言。……獎而不言其善，斯謂曲貸；罰而不書其惡，斯

五六　同註一二，頁三。
五七　同註六，頁六三。
五八　王先慎：《韓非子集解》（台北，藝文印書館，一九六八年）十八卷，〈六反〉，頁六五二。

謂中傷。曲貸則授受不明，而恩倖之門啟；中傷則枉直莫辨，而讒間之道行。五九

刑賞貴在公正嚴明，能做到受賞者安之無愧，受刑者居之無怨，自然就具有公信力了。而他刑賞的具體主張，分述於下：

（一）循名責實，信賞必罰

唐德宗性情偏狹，授官常憑主觀的好惡，而不問對方能力的高低；賞罰常因喜怒之情，而不察功過的大小。宣公洞悉其缺失，所以力勸道：

> 夫立國之道，惟義與權；誘人之方，惟名與利。名近虛而於教為重，利近實而於德為輕。凡所以裁是非，立法制者，則存乎其義。至於參虛實，揣輕重，並行而不傷，迭用而不悖，因眾之欲，度時之宜，消息盈虛，使人不倦者，則存乎其權。專實利而不濟之以虛，則耗匱而物力不給；專虛名而不副之以實，則誕慢而人情不趨。故國家之制賞典，錫貨財，賦秩廩，所以彰實也。差品列，異服章，所以飾虛也。居上者必明其義，達其變，相須以為表裡，使人日用而不知，則為國之權得矣。六〇

名利乃芸芸眾生所努力的目標，為政者理應善用這個傾向，鳩集有心有力者，循正當途徑，為名利而奮鬥，從而造福百姓，這就是政治的基本原理，不容置疑。當然，每個人所擔負的職責不同，因此要求也有差異。宣公說：

五九　同註一一。

六〇　同註六，卷四，〈又論進瓜果人擬官狀〉，頁三七。

臣伏以任總百揆者，與一職之守不同；富有萬國者，與百揆之體復異。蓋尊領其要，卑主其詳；尊尚恢宏，卑務近細。是以練覈小事，糾察微姦，此有司之守也。維御萬樞，選建庶長，總綱而眾目咸舉，明邇而群方自通，此大臣之任也。愚智兼納，洪纖靡遺，蓋之如天，容之如地，……此天子之德也。以卑而僭用尊道，則職廢于下；以尊而降代卑職，則德喪于上。職廢則事不舉；德喪則人不歸。事不舉者，弊雖切而患輕；人不歸者，釁似微而禍重。茲道得失，所關興亡。六一

此處說明君主、大臣、有司，各自扮演不同的角色；君主握有生殺大權，自然不必討論，至於大臣、有司二者，類似今日所謂政務官和事務官。政務官要有通觀的本領，恢宏的氣度，堅忍不拔的毅力，才能貫徹政令；事務官須學有專精，凡事細心謹慎，才能辦好事務。而國君則應循名責實，使百官各得其所，各盡其才。

循名責實之後，當以賞罰爲手段，因爲信賞必罰，就是保障政令充分執行的後盾。宣公說：

臣愚以謂信賞必罰，霸王之資；輕爵褻刑，衰亂之漸。信賞在功無不報，必罰在罪無不懲。非功而獲爵則爵輕，非罪而肆刑則刑褻。爵賞刑罰，國之大綱，一綱或棼，萬

六一　同註六，卷五，〈興元論續從賊中赴行在官等狀〉，頁四五。

> 目皆弛。雖有善理，末〔莫〕如之何？[六二]

賞罰既然關係如此之大，怎能不謹慎運用呢？

（二）爵賞勿濫，愛惜名器

李懷光之亂，德宗奔梁州，途中有人民進獻瓜果，德宗感激，欲授官職。宣公勸諫，道：

> 爵位者，天下之公器，而國之大柄也。惟功勳才德所宜處之。非此二途，不在賞典，恒宜慎惜，理不可輕，若輕用之，則是壞其公器，而失其大柄也。器壞則人將不重，柄失則國無所恃，起端雖微，流弊必大。[六三]

官爵爲國家公器，不應隨便授予；對這些進獻瓜果的人，頂多賞賜錢帛而已。若僅憑些許小惠而僥倖得到官爵，則那些拼死効忠的人，誰肯再爲國賣力呢？宣公的勸阻，不僅在於慎惜名器，也害怕失去了人心。

其次，名器不僅不能輕授，行賞之際，更應斟酌輕重，審度厚薄，不可示人以偏私。德宗初抵梁州，已頒詔命，隨從將吏一例並加兩階。不久，翰林之中獨蒙改轉，卻不及其他。宣公認爲行賞不類，命官以私，所以說：

> 夫行罰先貴近而後卑遠，則令不犯；行賞先卑遠而後貴近，則功不遺。[六四]

六二　同註六〇。
六三　同註六，卷四，〈駕幸梁州論進獻瓜果人擬官狀〉，頁三六—三七。
六四　同註六，卷三，〈奉天論擬與翰林學士改轉狀〉，頁二四。

德宗又要加內外從官晉號「定難功臣」，宣公以爲宮闈近侍、班列具臣，爲君奔走，勞則有之，何功之有？難則有之，何定之有？若任意賜名，後患無窮。所以說：

臣忝搢紳之列，又當受賜之科，竊自校量，猶知不可，而況於公議乎？況於介胄之士乎？……怨不再大，釁皆自微。必將沮戰士激勵之心，結勳臣憤恨之氣。所悅者寡，所慍者多；所與者虛名，所失者實事。六五

唐代雖有職事官、散官、勳官、爵官四類，但實際有職掌而授俸的，只有職事之官而已，其餘三者乃是虛銜，並無職位，也不負政治上的實際責任。六六中唐以下，藩鎮爲禍，府庫空虛，而爵賞更是濫用。宋人洪邁曾批評，說：

唐自肅、代以後，賞人以官爵，久而寖〔漸〕濫，下至州郡胥吏軍班校伍，一命便帶銀青光祿大夫階，殆與無官者等。六七

宣公以爲，非但官爵不可輕率授予，即使是無給職的虛銜，也不應濫用，否則國家的公器受損，君主的權柄就會逐漸受到腐蝕，怎能不謹慎將事呢？

（三）刑以止惡，明恕爲貴

陸宣公以爲「致理之體，先德後刑，禮義興行，故人知恥格；教令明當，則俗致和平。」

六五 同註六，卷六，〈興元論中官及朝官賜名定難功臣狀〉，頁五四。

六六 詳見同註六〇，頁三八。

六七 洪邁：《容齋續筆》〔上海，古籍出版社，一九九六年〕卷第五，〈銀青階〉，頁二七五。

[68]故「刑罪失中，虐沴斯作。」[69]可見禮義仁德感人雖深，刑罰教令，卻不可偏廢。否則「惠而罔威則民不畏，…適足以示弱。」[70]刑罰實爲懲戒惡行不得已的手段。

刑罰固然不可廢，但如何做到毋枉毋縱，實爲一項重要課題。宣公說：

夫聽訟辯讒，貴於明恕，明者在驗之以跡，恕者在求之以情。跡可責而情可矜，聖王懼疑似之陷非辜，不之責也；情可責而跡可宥，聖王懼逆詐之濫，無罪不之責也。惟情見跡具，詞服理窮者，然後加刑罰焉。是以下無冤人，上無謬聽，苛慝不作，教化以興。[71]

此處所謂跡、情，指的是犯罪事實與犯罪動機。必須明察犯罪事實，詳究犯罪動機，才能避免造成冤獄。若有犯罪情形，經調查後證據並未確鑿，而在疑似之間，寧可從輕發落，此即「罪疑惟輕」的精神。至於證據已確鑿，然後按刑罰定罪，也不應失之苛刻。例如竇參有罪，德宗要殺他，參雖與宣公有隙，宣公不因此落阱下石，而能秉持刑罰的精神公平論斷，認爲誅大臣不可無名，典刑之施，不可有濫，德宗於是貶竇參爲郴州別駕。接著，德宗又要嚴辦

六八　同註一二，卷一，〈平朱泚後車駕還京大赦制〉，頁三

六九　同註一二，卷四，〈賑恤諸道將吏百姓等詔〉，頁一九。

七〇　同註六，頁六三。

七一　同註一一，頁七七。

竇參的親黨，沒收其家產，宣公以爲「法有首從，首當居重，從合差輕」[七二]結果參的親黨獲得從輕處置。宣公又認爲依國家法典，唯有姦贓、叛逆二罪，家產才能充公，參雖犯法，尚不至此，沒收家產，於法不合。[七三]由上可知，宣公的主張，處處符合現代刑法上的「罪疑惟輕」主義。

（四）罰輕赦重，恩赦貶官

陸宣公說：

> 伏以罰宜從輕，赦宜從重；所以昭仁恕之道，廣德澤之恩也。夫位尊者，其惠不可以不重；言大者，其實不可以不豐。位尊而惠輕，則體非宜；言大而實寡，則人失望。陛下躬行盛禮，渙發德音，念謫居之荒遐，哀負累之沉棄，俾移近處，將合新恩。赦令初行，室家相慶。惠亦至矣，言亦大矣。竊料竄逐窮僻，喜聞霈澤降臨，固必破產以飾行裝，計日而俟休命。荏苒淹息，復經半年。儻（倘）又所移之官，還與舊任鄰近，竊恐乖陛下垂愍之意，虧制書行慶之恩。口惠重而事實輕，非所以揚鴻休而布大信也。[七四]

罪犯接受刑罰處置，本爲天經地義的事，但理未易明，事未易察，若貿然使用重典而造成冤

七二 同註六，卷八，〈奏議竇參等官狀〉，頁八一。

七三 詳參同註六，卷八，〈請不簿錄竇參莊宅狀〉，頁八二。

七四 同註六，卷十一，〈三進量移官狀〉，頁一〇五—一〇六。

獄，則失之於苛刻，應當避免，這符合了「罰輕赦重」的基本精神。然而，歷來的政治思想家，反對赦宥者多於贊成者。其實，他們反對的只是赦宥窮兇極惡的刑事犯，因爲此舉難免會破壞社會秩序與安全。至於赦免被貶的官員，則不應一概視之。在這些貶官之中，有許多人只因當初政見和執政者相左，並非犯了什麼滔天大罪。所以時過境遷後，應降罪施恩，重新加以錄用，使其發揮長才，爲民服務。如此，不但可以免於排除異己的口實，也可以獲得開誠布公，收服人心的功效。

李懷光背叛朝廷，被誅除之後，宣公爲德宗草擬詔書。道：

懷光一家，法當殲戮；念其昔居將相，嘗寄腹心；罰雖掛於刑書，功已藏於王府；以干紀之跡，固合滅身；以赴難之勳，所宜有後；……宜以懷光一男為嗣，賜莊宅各一所，聽住京城，……其妻及諸子孫在室女等，並遞送澧州委李皋逐便安置，使得存立。其出嫁女及諸親戚，並宜釋放。七五

這樣的建議，真是法外施恩之舉，不僅散發出人道主義的芬芳，同時也隱含著幾許念舊之意。天下後世的從政者應該都要有這樣的胸襟氣度才好。

七五　同註一二，卷三，〈誅李懷光後原宥河中將吏并招諭淮西詔〉，頁一五——一六。

第三節　財經思想

《禮記．禮運篇》說：「大道之行也，天下爲公，…使人不獨親其親，不獨子其子。使老有所終，壯有所用，幼有所長，鰥寡孤獨廢疾者，皆有所養。…貨惡其棄於地也，不必藏於己；力惡其不出於身也，不必爲己。」這大同世界的經濟理想，是以解決民生問題爲終極目標，其出發點則爲服務的人生觀。無疑的，這崇高的指標，是中華民族自古以來就引以爲傲，卻遲遲未能發揚光大的優良傳統。國父曾在〈社會主義之派別及其批評〉講詞中，指出：

按經濟學本濫觴於我國。管子者，經濟家也，興漁塩之利，治齊而致富強。當時無經濟學之名詞，且無條理，故未能成為科學。厥後經濟學之原理，成為有系統之學說，或以「富國學」名，或以「理財學」名，皆不足以賅其義，惟經濟二字，似稍相近。…經濟學之概括，千端萬緒，分類固詳，要不外乎生產分配之事，生產即物產及人工製品，而分配者即以所產之物，支配而供人之需也。

由此可知，經濟學雖然範圍很廣，但是透過生產、分配兩大步驟，以達到富國裕民之目的，實爲最重要的涵義。

經濟問題雖然重要，而決定經濟榮枯的，往往是政治因素。當政治清明時，沒有苛捐雜稅的剝削，沒有貪官污吏的勒索，也沒有土匪強盜的擾害，人民自然安居樂業；反之，當政治黑暗時，內憂外患，兵荒馬亂，盜賊四起，人力資源死於兵革，物力資源焚為灰燼，這時還有什麼民生國計之可言呢？[一]可見二者息息相關。其次，近人黃朝琴先生在林伏濤所著《中國歷代財經思想與政策》序中認為，財政經濟之學，旨在培養國力，福利民生。但實際措施，經緯萬端，必有思想以為之體，政策以為之用。所以能充分瞭解當代的政治社會環境，有了思想，進而能擬出適切的政策，就可以淑世濟民了。

唐代早期實施租庸調法，以人丁為基礎；由於政治安定，稅源固定，所以國家財政相當健全；除了水旱疾疫流行外，人民生活極為安定。等到藩鎮作亂，兵連禍結，原有的版籍人丁資料泰半燬於戰火，這個制度就出現了問題。李劍農說：

> 自天寶安史之亂作，北部民戶流徙，土地荒廢，……租庸調之收入，自亦隨之銳減。政費支出，并益以膨大之軍費，租庸調之收入，更不足以維持政府之生存。……據《通典．食貨七》所記，天寶十四載之戶口數，與同書注中所記肅宗乾元三年之戶口數，六年間之低減如下表：

天寶十四載（七五五年）	乾元三年（七六〇年）
管戶總 8914709	管戶總 1933174

一 詳參馬持盈：《中國經濟史》（台北，臺灣商務印書館，一九八〇年）序，頁一—二。

不課戶	3565501
課　戶	5349280
管口總	52919309
不課口	44700988
課　口	8208321

不課戶	1174592
課　戶	758582
管口總	16990386
不課口	14619587
課　口	2370799

然則乾元三年課口之存者，已不及天寶末三分之一。[二]

由這些數據，可以發現安史之亂後，整個大唐帝國的財政赤字擴大，收支嚴重失衡了。

至於唐代財賦的支出，以軍費和官俸所佔比率較重。安史之亂後，兵員既多，官又冗濫，於是軍費和官俸遂大量耗費財賦，斲傷國本。所以：

> 自天寶以來，大盜屢起，方鎮數叛，兵革之興，累世不息，而用度之數不能節矣。加以驕君昏主、姦吏邪臣取濟一時，屢更其制，而經常之法蕩然盡矣。[三]

藩鎮之亂，既耗費許多財物，又導致邊備空虛，外患乘機而起，其中威脅最大的，就是吐蕃和回紇。吐蕃以擴張領土為目的，回紇則在於掠奪財貨。《新唐書》卷五十一〈食貨志一〉記載：

二　李劍農：《中國古代經濟史稿》（湖北，武漢大學出版社，一九九〇年）第二卷（魏晉南北朝隋唐部分）第十二章，〈唐代賦稅制度之演變——由租庸調至兩稅〉，頁二六六—二六七。

三　歐陽脩等：《新唐書》（台北，鼎文書局，正史全文標校讀本，一九七九年），卷五一，〈食貨志一〉，頁一三六七。

回紇有助收西京功，代宗厚遇之，與中國婚姻，歲送馬十萬匹，酬以縑帛百餘萬匹，而中國財力屈竭，歲負馬價。

所以唐朝與回紇貿易，僅是片面有利於回紇，在「歲負馬價」的情況下，造成長期財務的虧損。到德宗建中三年（七八三年），僅所積欠的馬價一項，已達絹一百八十萬匹。[四]這種永無止境的榨取，使原本財政虛耗的唐室更加窮於應付了。

陸宣公處在這個環境下，深思熟計，指陳種種弊病，切中肯綮，且提出許多合理可行的方法。其中有些見解，甚至和近代財政學原理若合符節。底下將其財經思想，分為：勤勞生財，取用有節，富國裕民；論兩稅弊端及釐革之方；棄絕聚斂，藏富於民；設置義倉，儲糧備荒；議減鹽價，以裕民生；管理通貨，穩定物價；端正官箴，發展貿易等七項，並加以析論。

一、勤勞生財，取用有節，富國裕民

英國十八世紀的經濟學家亞丹斯密（Adam Smith,1723-1790），主張各國的天然環境，是

四　劉昫等：《舊唐書》（台北，鼎文書局，正史全文標校讀本，一九七九年），卷一二七，〈源休傳〉，頁九六九：（源休）奉使回紇，…可汗使謂休曰：「…所欠吾馬直絹一百八十萬匹，當速歸之。」

固定而不變的，勞力卻是變動的；有了固定的環境，各國財富的變動，靠著勞力要素而定。[五]所以應該獎勵人民努力生產。陸宣公說：

> 夫財之所生，必因人力。工而能勤則豐富，拙而兼惰則窶空；是以先王之制賦入也，必以丁夫為本，無求於力分之外，無貸於力分之內。故不以務穡增其稅，不以輟稼減其租，則播種多；不以殖產厚其征，不以流寓免其調，則地著固；不以飭勵重其役，不以窳怠蠲其庸，則功力勤。如是，然後能使人安其居，盡其力，相觀而化，時靡遁心。雖有惰遊不率之人，亦已懲矣。[六]

此段雖在說明租庸調法的制法精神，然而強調勞動爲生財的基礎，意義頗爲明顯。因爲勤勞而獲得較多的財貨，不應多課稅；相反的，若不勤勞生產，則不應減低稅負，那麼人人就不敢怠惰了。其次，宣公認爲，縱然獎勵人民努力生產，若政府取用失去節度，必定會產生不足的情況。他說：

> 夫地力之生物有大數，人力之成物有大限。取之有度，用之有節，則常足；取之無度，用之無節，則常不足。生物之豐敗由天，用物之多少由人，是以聖王立程，量入為出，

五　詳見威廉史考特（William A. Scott）著：《經濟思想史》（台北，三民書局，一九六〇年），頁七〇。

六　陸贄撰、郎曄注：《評註陸宣公集》（台北，臺灣中華書局，一九七七年），卷十四，〈均節賦稅恤百姓六條，其一論兩稅之弊須有釐革〉，頁一二六。

雖遇災難，下無困窮。[七]

宣公有感於德宗時，政府財政收支不能平衡，而人民所擔負的賦稅苛重，長此以往，前途堪慮。所以說：

陛下初膺寶位，思致理平，誕發德音，哀痛流弊。全徵役之頻重，憫烝黎之困窮，分命使臣，敷揚惠化。誠宜損上益下，嗇用節財，窒侈欲以盪其貪風，息冗費以紓其厚斂。[八]

國家制定的財務政策，本來是以達到收支平衡爲基本原則，必要時固然可以開闢財源，但不宜過度增加人民的負擔。所以切實有效的方法，就是緊縮政府支出，即節流以降低財政赤字，使收支逐漸平衡。

二、論兩稅法弊端及釐革之方

唐高祖武德二年（六一九年），曾頒布詔令，每丁租二石，絹二丈，綿三兩。自茲之外，不得橫有調斂。[九]這說明了租庸調的稅制，是以人丁爲基準的。武德七年（六二四年），採行

七 同註六，〈均節賦稅恤百姓六條，其二請兩稅以布帛爲額不計錢數〉，頁一三二。

八 同註六。

九 王溥：《唐會要》（台北，臺灣商務印書館，一九六八年）卷八三，〈租稅上〉，頁一五三〇。

均田制，同時規定租庸調額，「凡天下丁男，給田一頃，篤疾廢疾，給四十畝，寡妻妾三十畝。若爲戶者，增二十畝。所授之田，十分之二分爲世業，餘以爲口分。世業之田，身死則承戶者授之；口分則收入官，更以給人。」[一〇]這是租庸調制度下的授田方法，其用意「在爲民制產，務使大家有田地，自可向國家完糧。」[一一]其次，賦役之法，即爲「每丁歲入粟二石，調則隨鄉土所產，綾絹絁各二丈，布加五分之一。輸綾絹絁者，兼調綿三兩；輸布者，麻三觔。凡丁歲役二旬，若不役，則收其庸，每日三尺。有事而加役者，旬又五日免其調，三旬則租調並免。通正役不過五十日者。若嶺南諸夷獠之戶，皆從半稅。」[一二]這個制度的用意，「在使有身者，同時必有田有家，於是對政府徵收些微的稅額，將會覺得易於負擔，不感痛苦。」[一三]所以租庸調法，可謂輕徭薄賦的制度。當然，這個稅制能否順利推行，有賴於版籍清楚與否。但是後來，安史之亂，藩鎮爲禍，烽火徧地，百役並作，加上飢荒疾癘之災，人口凋亡，田產易手，版籍於是大壞。這時，人民要負擔龐大的軍費，苛徵不止，無處申告的平民，只有走向逃亡一途了。故以人丁爲基礎的租庸調法，不得不改弦更張。

德宗即位後三個月（七七九年八月），宰相楊炎上疏，請行兩稅法。其內容爲：

一〇　同註九，頁一五三〇—一五三一。

一一　錢穆：《中國歷代政治得失》（台北，東大圖書公司，一九七七年），頁五八。

一二　同註九。

一三　同註一一。

凡百役之費，一錢之斂，先度其數，而賦於人，量出以制入；戶無主客，以見〔現〕居為簿；人無丁中，以貧富為差。不居處而行商者，在所郡縣稅三十之一，度所與居者均，使無僥利。居人之稅，秋夏兩徵之，……其田畝之稅，率以大曆十四年（七七九年）墾田之數為準而均徵之，夏稅無過六月，秋稅無過十一月。[一四]

這兩稅法，若單從財政理論來看，的確有不少優點，如稅制簡單、合乎租稅公平的原則、合乎租稅便民的原則、合乎租稅普及的原則、以定額現錢繳納（由實物經濟走向貨幣經濟）、推行了因出制入的措施，符合現代公共經濟的原理。[一五]然而，這個稅法草創之初，法令不夠周延，故德宗貞元元年（七八五年），即下詔整頓戶稅。[一六]而李翺也主張薄賦斂以培養稅源，納稅人增加，則稅收亦可增加，否則稅收便減少。[一七]獨孤郁也認爲，戶稅既以資產爲依據，則資產之造成與破散，都會使戶稅與納稅人的能力隨時變動，若不能加以整頓核實，必然弊端

一四　同註四，卷一一八，〈楊炎傳〉，頁九二五。

一五　詳參錢公博：《中國經濟發展史》（台北，文景出版社，一九八四年）第五篇，頁二三七。

一六　陸贄：《陸宣公全集》（台北，河洛出版社，一九七八年），卷二，〈冬至大禮大赦制〉，頁一一：「自立兩稅，經今百〔應爲五或六〕年，或初定之時，已有偏併；或戶口減耗，舊額猶存；輕重不均，流亡轉甚。委度支即折衷條理，以卹困難。」

一七　詳參李翺：《李文公集》〔景印文淵閣四庫全書，臺灣商務印書館〕集部十七，卷三，〈平賦書序〉，頁一〇七二—一一二：「重斂則人貧，人貧則流者不歸，而天下之人不來，由是土地雖大，有荒而不耕者。……輕斂則人樂其生，人樂其生，則居者不流，而流者日來，居者不流而流者日來，則土地無荒，桑柘日繁，盡力耕之，地有餘利。」

百出。[一八]由此可知，當時對於兩稅法的弊端，已經有許多人明確指出，甚至提出改進的辦法了。

其實，陸宣公所指出的兩稅法弊端，並不是稅制本身的缺點，而是稅務行政上的流弊。他指出該法的缺點，卻不主張廢除這個稅法，只需修訂一番即可。因爲他知道兩稅法的實施，是基於適應客觀經濟情勢而不得不然。在〈均節賦稅恤百姓六條〉的第一奏議，〈論兩稅之弊端須有釐革〉中，他一針見血地指出兩稅法有七項弊端。其大意爲：

甲、兩稅法課稅，雖以大曆十四年墾田之數為準；但是以前地方官吏徵稅，有先多課再退稅的現象，到了實施兩稅法時，稅率一畫定就偏重了。

乙、兩稅法的稅率，既已比租庸調舊制重，又因征戰連年，軍費不足而加重人民稅負。可是息兵之後，所加稅率並未停徵。

丙、兩稅法定稅之數，都是以緡錢計算，納稅時卻用綾絹，以前綾絹折價較高，後來折價不到一半，無形中加重人民的負擔。

丁、各州所收稅物，送達京師後，度支須給群司，依例把稅物價格提高，又予以折價，

一八　董誥等編：《欽定全唐文》（台北，經緯書局，一九六五年）卷六八三，獨孤郁〈對才識兼茂明於體用策〉，頁八八五四：昔嘗有人有良田千畝，柔桑千本，居室百堵，牛羊千蹄，奴婢千指，其稅不下七萬錢矣。然而不下三、四年，桑田爲墟，居室崩壞，羊犬奴婢十不餘一，而公家之稅曾不稍蠲，督責鞭笞，死亡而後已。

遂使姦吏行侵奪之實，朝廷所得少而擾民多。

戊、稅法之外，又有俸進、宣索等名目，節度依慣例不敢闕供，於是以雇用、和市為名，行多課稅少付工資之實。

己、大曆年間，非法的賦斂（急備供軍、折估、宣索、進奉之類）已經併入兩稅中，後來在兩稅以外，仍有非法的課徵。

庚、因戰爭、水旱災、瘟疫流行種種原因，導致田畝荒無，戶口減少，地方官為逃避責任而不上報，稅務人員只知課徵定額，於是那些逃亡、死亡者的稅額，又加在當地苦難的百姓身上。

兩稅法的種種流弊已如上述，[一九]宣公遂提出五項改革辦法。

（一）賦稅求均平

孔子曾說：「丘也聞有國家者，不患寡而患不均，不患貧而患不安。蓋均無貧，和無寡，安無傾。」[二〇]這個均產思想，在我國歷史上一直居於重要的地位。當然，財貨的平均分配固然是理想，而要達到這個目標的有效方法，就是賦稅的均平了。陸宣公認爲：

一九　陸宣公在未提出改革兩稅法的計畫前，即能指出種種弊病，確屬難得。然而，在丁項中，視官吏的斂求爲兩稅法之弊則不甚妥當。因兩稅法規定禁止貪斂，而官吏偏要違犯，如此只能歸咎於執行者不奉公守法，不可謂兩稅法本身之弊端。

二〇　《論語注疏》（台北，新文豐出版公司，一九七七年），卷第十六，〈季氏〉，頁一四六。

> 國朝著令，賦稅之法有三，一曰租，二曰調，三曰庸。……其立意也深，其斂財也均，……有田則有租，有家則有調，有身則有庸。……兩稅之立，……唯以資產為宗，不以丁身為本。資產少者則其稅少，資產多者則其稅多。曾不悟資產之中，事情不一，有藏於襟懷囊篋，物雖貴而人莫能窺；有積於場圃囷倉，直〔值〕雖輕而眾以為富；有流通蕃〔繁〕息之貨，數雖寡而計日收贏；有廬舍器用之資，價雖高而終歲無利。……一概計估算緡，宜其失平長偽。[21]

租庸調法，以丁夫爲課稅的基礎，立意客觀公平，但是因爲動亂之後而無法繼續施行，遂改行以資產爲基礎的兩稅法。但是資產的價值本來就不易評估，所以必須先克服這層困難，才可以達到賦稅公平的目標。

(二) 徵稅求便民

人民固然有納稅的義務，但是徵稅期限如果過於迫促，造成人民無法如期繳納，這樣國庫收入並未增加，徒然滋生苛擾民眾的惡果，故值得注意改進。陸宣公說：

> 建官立國，所以養人也；賦人取財，所以資國也。明君不厚其所資，而害其所養。故必先人事而借其暇力，先家給而斂其餘財。遂人所營，恤人所乏；借必以度，斂必以時。有度則忘勞，得時則易給。是以官事無闕，人力不殫。公私兩全，上下交愛。古

二一　同註六，頁一二五—一二七。

> 之得眾者，其率用此歟。法制或虧，本末倒置，但務取人以資國，不思立國以養人；非獨徭賦繁多，夐無蠲貸。至於徵收迫促，亦不矜量。蠶事方興，已輸縑稅，農功為艾，遽斂穀租。上司之繩責既嚴，下吏之威暴愈促。有者急賣而耗其半直（值），無者求假而費其倍酬。所繫遲速之間，不過月旬之異。一寬稅限，歲歲相承，遲無所妨，速不為益。……頃緣定稅之初，期約未甚詳悉，旋屬征役多故，復令先限量徵。……望委轉運使與諸道觀察使商議，更詳定徵稅期限聞奏，各隨當土風俗所便，時候所宜，務於紓人，俾得辦集，所謂惠而不費者，則此類也。[二二]

徵稅期限迫促，徒然造成不便，而國家稅收並未增加，由於「有者急賣而耗其半直，無者求假而費其倍酬」，故人民損失極為慘重，必須衡量適當時機徵收，這就是惠而不費的做法。其次，預繳稅額，雖可紓解國家財政的困境，在非常時期不妨實施，若已無必要仍行此陋規，勢必大失人心，為政者怎能不三思呢？

（三）授田（為民制產）

租庸調法，每夫授田若干，不失為民制產之意；後來施行兩稅法，廢除授田制度，土地遂由富人兼併，使貧者無立錐之地。近人黃君默先生認為：

> 唐代的田賦，可以說是由社會群體而負擔，因為那時的「永業田」和「口分田」是直

二二 同註六，卷十五，〈均節賦稅恤百姓六條，其四論稅期限迫促〉，頁一三七。

接由國家分給的，當然不容第三階級的地主階級存在。……後來經過社會的大亂，田制崩壞以後，田畝可以互相買賣，豪強又可向貧戶兼併，莊園制度因之而興。於是多數耕田落在地主和豪強階級之手，而田賦也隨而轉嫁在地主和豪強階級身上了。[二三]

針對此種現象，陸宣公評論道：

> 古先哲王疆理天下，百畝之地，號曰一夫。蓋以一夫授田，不得過於百畝也。……是以貧弱不至竭涸，富貴不至奢淫。法立事均，斯謂制度。今制度弛紊，……富者兼地數萬畝，貧者無容足之居，依託強豪，以為私屬，貸其種食，賃其田廬，終年服勞，無日休息。罄輸所假，常患不充，有田之家，坐食租稅，貧富懸絕，乃至於斯。……今京畿之內，每田一畝，官稅五升，而私家收租，殆有畝至一石者，是二十倍於官稅也。……昔之為理者，所以明制度而謹經界，豈虛設哉？斯道浸亡，為日已久，頓欲修整，行之實難。革弊化人，事當有漸。望令百官集議，參酌古今之宜，凡所占田，約為條限。裁減租價，務利貧人。法貴必行，不在深刻。……微損有餘，稍優不足。損不失富，優可賑窮。此乃古者安富恤窮之善經，不可捨也。[二四]

在農業社會裏，人力與田疇爲生產的要素，假使田無曠耕，人無廢業，則民生問題就不難解決。然而由於當時田制紊亂，兼併之風大行，貧富益加懸殊，於是一般農民依賴豪強爲生，

二三　見黃君默：〈唐代租稅論〉（食貨半月刊第四卷第十二期，民國二十五年出版），頁一五。

二四　同註二二，〈均節賦稅恤百姓六條，其六論兼併之家私斂重於公稅〉，頁一三九—一四〇。

繳交一、二十倍於官稅的田租，遂淪爲農奴。宣公認爲要改善人民生計，首先要抑制兼併之風，並調整租稅，「凡所占田，約爲條限，並裁減田租，務利貧人。」他強調「法貴必行，不在深刻」，「微損有餘，稍優不足」的重要，由此可知這是溫和漸進的民生政策。這個政策，與 國父民生主義中「耕者有其田」的主張，精神非常接近。

(四) 增戶減稅

由於當時政府以增戶、加稅、闢田，爲考核、獎賞地方官吏的依據，同時也造成了許多流弊。例如官吏爲了增加戶口，以苛法令百姓分家，而得到封賞，結果讓分家的人加重負擔，甚至四處流亡。又如發動百姓開墾田野，約定年限，免除地租，雖有鼓勵增產的美意，但是若農夫人數不增加，就算費盡心血，開闢許多良田，原來的田畝反而荒蕪，可謂得不償失。又如人口眾多，物產富饒，則稅收總額自然增加，否則人窮財盡，仍一意苛徵暴斂，以取悅上司，好替自己的前程鋪路，則行徑顯然卑鄙可恥。陸宣公主張：

宜申命有司，詳定考績；往貴於加者，今務於減焉。假如一州之中，所稅舊有定額；凡管幾許百姓，復作幾等差科，每等有若干人，每戶出若干稅物；各令條舉都數，年別一申使司。使司詳覆有憑，然後錄報戶部。若當管之內，人益阜殷，所定稅額有餘；任其據戶均減，率計減數多少，以為考課等差。其當管稅物，通比較每戶十分減三分

> 者為上課，十分減二分者次焉，十分減一分者又次焉。[25]

由於官吏爲了迎合上司的脾胃，所以奸僞百出，而受苦的卻是百姓。宣公建議，若遇戶數增加，應當酌減每戶所負擔的稅，只要能維持原來的稅額即可，這是針對當時的弊病而提出來的有效對策。清人馬傳庚評道：「增戶、闢田、加稅、先納，豈非美事？無如悉屬浮僞，長吏藉以邀功，重困疲甿，傾奪鄰境，利且未見，害已甚焉。今欲救時挽弊，在乎去僞歸真。往日責加，今務從減，即以此爲考課法程，庶乎人務實而政亦平焉。」[26]這段評論可謂公允之至，是宣公千載以下的知音。

（五）課稅以布帛爲額

兩稅法的課徵，雖以實物爲準，但徵收時須折合成貨幣，而物價與幣值隨時在變動，不一定是均衡的。例如：在初定兩稅制時，人民納稅一疋折錢三千二、三百文，一萬錢大概可以換絹三疋多；但是後來，人民納絹一疋，折錢一千五、六百文，則一萬錢約可換絹六疋多。如此，物價已經跌了一倍，而幣值則漲升一倍，可是人民仍須繳交折合萬錢的絹數，其蒙受的損失當然很大。[27]

其實，徵收錢幣並非從楊炎的兩稅法開始。據《唐會要》記載，代宗時也實行過以畝稅

二五　同註六，卷十五，〈均節賦稅恤百姓六條，其三論長吏以增戶加稅闢田爲課績〉，頁一三六。
二六　同註六，卷十五，頁一三六—一三七。
二七　詳參黃君默：〈陸贄的經濟思想〉〔中國經濟第五卷第七期，民國二十五年出版〕頁七〇。

錢，說「錢十五，秋苗方青則徵之，號青苗錢。又有地頭錢，畝二十。」可知由來已久。不過，因為楊炎不能深入瞭解當時社會經濟狀況，所以導致穀帛價格日輕，幣值卻日重，此乃一大失策。[二八]詩人白居易以為：「私家無錢鑪，平地無銅山。胡為秋夏稅，歲歲輸銅錢。錢力日以重，農力日以殫。賤糴粟與麥，賤貿絲與綿。歲暮衣食盡，焉得無飢寒？吾聞國之初，有制垂不刊。庸必算丁口，租必計桑田。不求土所無，不強人所難。量入以為出，上足下亦安。兵興一變法，兵息遂不還。使我農桑人，顦顇畎畝間。惟能革此弊，待君秉利權。復彼租庸法，令如貞觀年。」[二九]針對這個流弊，宣公遂提出補救方案。說：

宜令所司勘會諸州府初納兩稅年絹布疋定估，比類當今時價，加賤減貴，酌取其中。總計合稅之錢，折為布帛之數，仍依庸調舊制，各隨鄉土所宜。某州某年，定出稅布若干端；某州某年，定出稅絹若干疋；其有絁綿雜貨，亦隨出定名；勿更計錢，以為稅數。如此，則土有常制，人有常輸；眾皆知上令之不遷，於是一其心而專其業；應出布麻者，則務於紡績；供綿絹者，則事於蠶桑；日作月營，自然便習。……物甚賤而人之所出不加，物甚貴而官之所入不減，是以家給而國足。[三〇]

用布帛繳稅，不但可以免去官吏的苛擾，也可以減少錢帛折價的麻煩。其實，這個徵稅方法，

二八　同註二三，頁四三。
二九　白居易：《白香山詩集》（台北，臺灣中華書局，一九八八年）卷二，〈贈友五首〉，頁五。
三〇　同註七，頁一三〇—一三一。

是唐初以來租庸調制度就有的，宣公眼見兩稅法徵收錢幣的缺失，所以建議恢復舊制罷了。

三、棄絕聚斂，藏富於民

在君主專權體制之下，國君所需，依例有常供，本來不必另外聚斂。但由於慾望太強、奢侈無度，往往預先搜括脂膏，以滿足個人私慾。其次，有些臣子爲了迎合君主的旨意，多方聚斂，遂造成法度廢弛，民困國窮的結局。孔子曾說過：「百姓足，君孰與不足？百姓不足，君孰與足？」[三一]可知君民一體，休戚與共的關係，也揭示了藏富於民的理念。法國重農派經濟家也認爲：「農民窮困則政府窮困；政府窮困則國君窮困。」[三二]此說與前者不謀而合。

德宗即位之初，躬行節儉，甚至生日也拒收供獻。可是自從朱泚作亂後，進奉的名目漸多，除了加重一般稅負外，像間架稅、設備稅、商業稅等等的徵收，不一而足。聚斂之臣逢迎阿附，額外貢獻，藉此邀得國君歡心，以獵取高官厚祿，形同君臣勾結，魚肉良民，政治腐化，財經制度淪喪，民怨四起，皆肇因於德宗聚斂成性，不明白藏富於民的原理所致。宣公深知聚斂之害，所以一再慷慨陳詞，希望德宗能及時醒悟。他說：

> 務鳩斂而厚其帑櫝之積者，匹夫之富也；務散發而收其兆庶之心者，天子之富也。天

三一　同註二〇，卷第十二，〈顏淵〉，頁一〇七。
三二　唐慶增：《中國上古經濟思想史》（台北，古亭書屋，一九七五年）頁七七。

子所作，與天同方，生之長之，而不恃其為；成之收之，而不私其有。付物之道，混然忘情，取之不為貪，散之不為費。以言乎體則博大，以言乎術則精微。亦何必撓廢公方，崇聚私貨；降至尊而代有司之守，辱萬乘以效匹夫之藏？虧法失人，誘姦聚怨，以斯制事，豈不過哉？[三三]

又說：

供御之物，各有典司；任土之宜，各有常貢。過此以往，復何所須。假欲崇飾燕居，儲備賜與；天子之貴，寧憂乏財。但勑有司，何求不給？豈必旁延進獻，別徇營求？減德示私，傷風敗法；因依縱擾，為害最深。[三四]

此處就維繫君主權威、政治風氣、財經制度三方面立說，其眼光可謂銳利，思慮可謂周詳。只可惜德宗有私蓄之心，臣子中有揣度上意的，例如裴延齡就是最著名的一個例子。陸宣公說：

延齡險猾售姦，詭譎求媚。遂於左藏之內，分建六庫之名，意在別貯贏餘，以奉人主私欲。曾不知王者之體，天下為家；國不足則取之於人，人不足乃資之於國，在國為官物，在人為私財。何謂贏餘，復須別貯？是必巧詐以變移官物，暴法以刻斂私財。[三五]

三三　同註一六，卷四，〈奉天請罷瓊林大盈二庫狀〉，頁二四—二五。
三四　同註六，頁一二九。
三五　同註六，卷十二，〈論裴延齡姦蠹書一首〉，頁一一〇。

又說：

藏於天下者，天子之富也；藏於境內者，諸侯之富也；藏於囷倉篋匱者，農夫商賈之富也。奈何以天子之貴，海內之富，而猥行諸侯之棄德，躛守農商之鄙業哉？三六

以天子之尊，據有海內之富，若不能明辨大體，處處壓榨百姓，又受奸臣蒙蔽，必定會大失人心，豈不可嘆又可笑。其次，由於鑽營風氣盛行，賞罰遂有失公平。宣公說：

夫貨賄上行，則賞罰之柄失；貪求下布，則廉恥之道衰。何者？善惡不分，功過無辨。以貨賄之多少，為課績之重輕。守道闕供，或時致怨招累；求得當欲，可以釋罪賈榮。忍行刻剝者，見謂公忠；巧飾玩好者，獲稱才智。此謂賞罰之柄失也。上好利則下思聚斂，上求賄則下肆侵蝨。不懷愧心，但逞私欲，遞相企效，習以成風。閭閻日殘，紀綱日壞。不可以禮義勸，不可以刑法懲。此由廉恥之道衰也。三七

語云「君子愛財，取之有道。」況身爲一國之君，對財物的取得，豈能苟且呢？因爲如果他有好利求賄的念頭，公正公平的原則即會大打折扣，而賞罰必定會出現不公，善惡功過也就不能分辨了。如此，要想政治清明，民生樂利，豈非緣木求魚嗎？

三六　同註三五，頁一一五。
三七　同註六，卷八，〈論謝密旨因論所宣事狀〉，頁七八—七九。

四、設置義倉，儲糧備荒

孟子說：「明君制民之產，必使仰足以事父母，俯足以畜妻子；樂歲終身飽，凶年不免於死亡；然後驅而之善，故民之從之也輕。」[三八]可知立國必先養民，養民必先足食，足食必先備災，這是千古不變的道理。

唐初設義倉，儲積糧食以備不時之需。太宗時，置常平倉於洛、相、幽、徐、齊、并、秦、蒲諸州。粟藏九年，米藏五年。高宗以後，逐漸借用義倉以支付他費，至神龍年間已耗盡。玄宗即位，又設置。後來戰爭頻仍，常平倉廢，三十年間，因凶荒使人民餓死，多到不可勝數。德宗時，天災屢降，蝗旱爲禍，民不聊生。關中糧食，仰給江淮，然而漕運困難，補給不易。貞元八年，江淮米貴，每斗一百五十錢；關輔以穀賤傷農，每斗糴三十七錢。宣公則提議裁減糧食疏運關中以調節，而收節省運費之利。

爲了救災備荒，宣公建議恢復太宗時的義倉制度。他說：

> 臣聞仁君在上，則海內無餓殍之人，…蓋以慮得宜，制得其道，致人於歉乏之外，設備於災沴之前。是以年雖大殺，衆不恇懼。…故〈王制〉記虞夏殷周四代之法，乃云

三八　《孟子注疏》（台北，新文豐出版公司，一九七七年）卷第一下，〈梁惠王上〉，頁二四。

> 國無九年之蓄曰不足，無六年之蓄曰急，無三年之蓄曰國非其國也。……王制既衰，雜以權術。魏用平糴之法，漢置常平之倉，利兼公私，頗亦為便。隋氏立制，始創社倉，終於開皇，人不饑饉。貞觀初，戴冑建積穀備荒之議，太宗悅焉，因命有司詳立條制，所在貯粟，號為義倉，豐則斂藏，儉則散給。……是知儲積備災，聖王之急務也。記所謂雖有凶旱水溢，人無菜色，良以此也。[三九]

水旱凶災，在所難免，只要未雨綢繆，就能安度難關。宣公認為，如能趁糧食豐收時儲存，年荒時糶給人民，政府居間操縱，則可平準穀價，以免被富家囤積牟利，而使貧者受害。如此，既可收平準穀價之效，又兼具救饑賑災之功，所謂民生為政治之本，於此可見。

五、議減鹽價，以裕民生

唐初的鹽稅，有兩種方式：一種是設鹽屯，屯丁輸鹽。輸鹽的標準，與屯田之輸粟相似。這種鹽屯，只限於內陸的鹽池。至於海岸的鹽則沒有特別的稅，人民可以用鹽折抵租稅。另一種形式，是四川的鹽井，每井有定額徵課，近於唐初各地的礦稅。[四〇]天寶、至德年間，鹽

三九 同註六，卷十五，〈均節賦稅恤百姓六條，其五請以稅茶錢置義倉以備水旱〉，頁一三七—一三八。

四〇 同註二三，頁二四。

稅每斗十錢。[四一]肅宗乾元元年，鹽鐵鑄錢使第五琦初變鹽法，鹽稅率於是增至十一倍。自兵亂開始，流庸未復稅，政府每歲入不敷出，財政形成了赤字。鹽鐵使劉晏以爲因民所急而稅之，則國用可足，於是上鹽法輕重之宜。以爲鹽吏多，則州縣不免騷擾；但於出鹽區域設置鹽官，收鹽工所煮的鹽，轉糶於商人，寓鹽稅於糶價，商人得鹽後，可以自由運銷。[四二]

當劉晏制鹽稅之始，每年僅得四十萬緡，至代宗大曆末年，已增加到六百萬緡，天下之賦，鹽稅居半。自劉晏死後，鹽法始壞，掌管鹽鐵的，不求節約及徵收之方，只以增稅爲能事，德宗時實行增稅。[四三]宣公認爲鹽是民生必需品，假使課稅過重，必定會影響人民生計，所以主張裁減鹽稅以平抑鹽價。他說：

> 三代立制，山澤不禁，天地材利，與人共之。王道寖（漸）微，強霸爭騖；於是設祈望之守，與榷管之法；以佐兵賦，以寬地征。公私之間，猶謂兼澤；歷代遵用，遂為典常。自頃寇難荐興，已三十載；……人多轉徙，田畝汙萊；乃專煮海之利，以為贍國之術；度其所入，歲倍田租。近者軍費日增，榷價日重；至有以穀一斗易鹽一升。本末相踰，科條益峻。念彼貧匱，何能自滋？五味失和，百疾生害，以茲夭斃，實為

四一　同註三，卷五十四，〈食貨志四〉，頁三七七。
四二　同註二三，頁二五。
四三　同註三，卷五十四，〈食貨志四〉，頁三七七：貞元四年，淮南節度使陳少游奏加民賦。自此江淮鹽每斗亦增二百，爲錢三百一十，其後復增六十，河中兩地，鹽每斗爲錢三百七十。

痛傷！…應江淮并峽內榷鹽，宜令中書門下及度支，商議裁減沽價，兼釐革利害，速具條件聞奏。削去苛刻，止塞姦訛，務於利人，必稱朕意。[四四]

宣公乃一務實的政治家，他不但對經緯萬端的政務瞭若指掌，即使如鹽稅、鹽價的瑣細事情，也能用心思考，提出改革方案，以照顧人民生活，其悲憫胸懷不難想見。

六、管理通貨，穩定物價

我國古代對貨幣的研究向來缺乏，像孔、孟、荀、墨、商的言論，雖涉及經濟民生層面，但獨缺通貨問題的探討。只有《管子》一書中留下有關貨幣的少數資料。例如：

五穀食米，民之司命也；黃金刀幣，民之通施也。故善者執其通施以御其司命，故民力可以得而盡也。[四五]

由此可知，要提振國民的財富能力，須善於操縱貨幣和食物。又如：

凡輕重之大利，以重射輕，以賤泄平。萬物之滿虛，隨財准平而不變，衡絕則重見。人君知其然，故守之以准平，使萬室之都，必有萬鍾之藏，藏鏹千萬；使千室之都，必有千鍾之藏，藏鏹百萬。春以奉耕，夏以奉耘，耒耜械器種饟糧食，畢取贍於君，

四四　同註一六，卷四，〈議減鹽價詔〉，頁二一一—二一二。

四五　《管子》（台北，臺灣中華書局，一九八八年）卷二十二，〈國蓄〉，頁四。

故大賈蓄家不得豪奪吾民矣。[四六]

他認爲市面上流通的金錢之多寡，與人民生活關係密切，所以主張干涉政策，不讓豪富之家所壟斷。又如：

黃金者，用之量也。辨於黃金之理，則知侈儉，知侈儉則百用節矣。故儉則傷事，侈則傷貨。儉則金賤，金賤則事不成，故傷事；侈則金貴，金貴則貨賤，故傷貨。[四七]

黃金價格高漲，則貨物價格必然跌落，物價低則貨主將蒙受損失。由此可知，貨幣價値的大小，與物價的高下恰成反比。上述管子貨幣學說，雖屬草創，然其精密程度，與同時期的西洋經濟思想家相較，毫不遜色。可惜後世的學者少能發揚光大，致未能在世界經濟思想史上佔有一席之地。

陸宣公生當中唐多事之秋，眼見軍費浩繁，民生凋蔽，而財富分配也不公平，遂提出許多挽救時弊的政策，其詳情已如上述。接著，他發現「往者初定兩稅之時，百姓納絹一疋，折錢三千二三百文，大率萬錢爲絹三疋，價計稍貴，數則不多。……近者百姓納絹一疋折錢一千五六百文，大率萬錢爲絹六疋，價既轉賤，數則漸加。向之蠶織不殊，而所輸尙欲過倍，此所謂供稅多而人力不給者也。」[四八]物價下跌時，貨幣的價値相對提高，此時若以布帛折錢

四六　同註四五，頁六。
四七　同註四五，卷一，頁一九。
四八　同註七，頁一三〇。

納稅，人民一定損失慘重。而物價下跌的原因是「物賤由乎錢少，少則重；……物貴由乎錢多，多則輕。……是乃物之貴賤，繫於錢之多少。」[四九]此說的重點，在於貨幣的增減，與物價的漲跌有密切關聯，所以他又主張，在物價下跌時增鑄錢幣；反之，物價上漲時設法收縮貨幣。此外，又進一步提出具體的方案。其辦法爲：

宜廣即山殖貨之功，峻用銅為器之禁，苟制持得所，則錢不乏矣。[五〇]

此處建議開採銅礦，並限制其使用範圍，以增加貨幣的數量。至於收縮貨幣時，他主張：

有糴鹽以入其直（值），有榷酒以納其資；苟消息合宜，則錢可收矣。[五一]

因爲酒和鹽爲民生必需品，其稅收應佔當時賦稅中頗高的比率，所以可從糴鹽、榷酒兩方面著手，以收實效。其次，貨幣的伸縮應由官吏管理。他說：

錢可收，固可以斂輕為重；錢不乏，固可以散重為輕；弛張在官，何所不可？[五二]

由於時勢變遷，陸宣公適時提出管理貨幣的辦法，即著眼於穩定物價，有利於生產及一般社會經濟的需要，其見識卓越，與後世的貨幣數量說相似。[五三]可見我國先賢之中，不乏睿智之

四九　同註七，頁一三一。
五〇　同註七。
五一　同註七。
五二　同註七。
五三　例如：英國古典學派經濟學家約翰斯圖亞特彌爾（John Stuart Mill）主張貨幣的價值，亦即它的購買力，「是跟一般的價格相反的，後者跌則前者漲，而後者漲則前者跌。」又「貨物及交易的數目相同時，貨幣的價

士，惜後人未能繼續探究，否則貨幣數量與管理早就在我國實行，其福國利民，貢獻必定不小。

七、端正官箴，發展貿易

欲改善財政狀況，固然可以從節流著手，而開源亦不容忽視，拓展國際貿易即爲開源的手段之一。有唐之世，由於水陸交通便利，長安、洛陽、揚州、泉州、廣州……等地蔚爲商業中心；其中以揚州最爲發達，而廣州則爲國貿的總樞紐。當時在廣州、泉州、杭州諸港口，均設有市舶司，以專掌其事。玄宗天寶十年，置安南管內經略使，領交陸峰愛驩長福祿芝武莪演武安十一州，治交州。德宗時，船舶大多往安南交易，嶺南節度經略使奏請於安南置市舶使。宣公以爲不可，上奏力辯其非：

> 遠國商販，唯利是求，綏之斯來，擾之則去。廣州地當要會，俗號殷繁，交易之徒，素所奔湊。今忽捨近而趨遠，棄中而就偏，若非侵刻過深，則必招懷失所……書曰：「不貴遠物，則遠人格。」今既徇欲如此，宜其殊俗不歸。況又將蕩上心，請降中使；示貪風於天下，延賄道於朝廷；黷污清時，虧損聖化；法宜當責，事固難依。且嶺南安

值跟它因流動速率而增加的數成爲反比例。」詳見同註五，頁三五五—三五六。

南，莫非王土；中外使者，悉是王臣。若緣軍國所須，皆有令式恆制，人思奉職，孰敢闕供？豈必信嶺南而絕安南，重中使以輕外使，殊失推誠之體，又傷賤貨之風。望押不出。[五四]

國際貿易，本來就是互通有無，而從事貿易者，無不以牟利爲目的，如今「捨近求遠，棄中就偏」，若非官吏侵刻過深，即爲未能招撫遠人所致。凡此，對於國家聲譽與財經發展，均有不利影響，宣公能洞悉情勢，所以義正詞嚴，極力反對，實非無因。如果能從防患貪賄風氣著手，使主管貿易的官吏發揮專業能力，這樣，必定會增加國庫收入，使國家財政獲得相當程度的改善。

五四　同註六，卷七，〈論嶺南請於安南置市舶中使狀〉，頁七三—七四。

第四節　軍事思想

《孫子兵法》說:「兵者,國之大事,死生之地,存亡之道,不可不察也。」[一]因爲構成一個國家的要素,除了土地、人民外,就是主權,而維繫主權於不墜的即爲武力。而「用兵之道,在於人和,和則不勸而自戰矣。若人吏相猜,士卒不服,忠謀不用,群下謗議,讒慝互生。雖有湯武之智,而不取勝於匹夫,況其眾者乎?」[二]這是強調國防爲內政的延伸;如果內政出現問題,國家的總體戰力就會大打折扣。所以一位政治家,除了充分瞭解政治和軍事的密切關係外,儘管並非出身軍旅,卻不能全然不懂軍事,否則在制定政策時,難免會忽略國家的安全,甚至危及人民的生命財產。

陸宣公雖係一介書生,自認爲「性孱昧,不習兵機,但以人情揆之,時亦偶有所得。」[三]

一　孫武撰、曹操等注:《十一家注孫子》(台北,華聯出版社,一九六六年)卷上,〈計篇〉,頁一。
二　諸葛亮:《諸葛武侯心書》(上海古籍出版社,《續修四庫全書》)子部兵家類,〈和人第四十三〉,頁二〇三。
三　陸贄撰、郎曄注:《評註陸宣公集》(台北,臺灣中華書局,一九七七年),卷五,〈興元賀吐蕃尚結贊抽軍迴歸狀〉,頁四八。

今觀察其翰苑集、奏議中所論，無不鞭辟入裡，有獨到的觀點，絕非「不習戎事」[四]的書生之見。而宣公談論兵法，一切是由人情出發，立論也切實可行。他說：

兵法者無他，人情而已。見其情而通其變，則得失可辯，成敗可知。古人所以坐籌樽俎之間，制勝千里之外者，得此道也。[五]

底下分爲：除暴安民，用兵之義；用兵六失，痛切檢討；強幹弱枝，以利節制；掌握敵情，出奇制勝；擇將得人，練兵得法；將專其謀，君勿遙制；移民屯墾，鞏固邊防；修養武德，積學勵行等八項，逐一申論，以說明陸宣公的軍事思想。

一、除暴安民，用兵之義

自有人類以來，戰爭就不曾真正停止過；無論是規模的大小，歷時的長短，形式的改變，其爲害生靈則一。老子說：「兵者，不祥之器，非君子之器，不得已而用之，恬淡爲上。勝而不美，而美之者，是樂殺人。夫樂殺人者，則不可得志於天下矣。」[六]武力造成的禍害，是老子反戰思想的基調。即使爲了除暴救民而用兵，獲勝之後更不可得意洋洋，否則就是窮兵黷

四　同註三，卷一，〈論兩河及淮西利害狀〉，頁六。
五　同註四。
六　陳鼓應：《老子今註今譯及評介》（台北，臺灣商務印書館，一九八六年）第三十一章，頁一三一。

武的心態，是不足為訓的。

孔子的思想以「仁」為中心，在政治上則為「王道」思想。而為了確保國家的主權，民眾的生命、財產的安全，所以不能忽視武力。他說：「有文事者，必有武備；有武事者，必有文備。」[七]又說：「不教民戰，是謂棄之。」[八]「善人教民七年，亦可即戎矣。」[九]當然，孔子並非迷信武力可以解決一切政治、人生的問題，但是一個沒有設防的國家，如何能生存在這個世界上呢？戰爭時又怎能避免慘重的犧牲呢？所以以戰止戰，乃勢所必至，理所當然。

陸宣公生平最服膺孔、老之學，其軍事思想的最高境界，即為消弭兵禍。他認為「非德無以化要荒，……非兵無以服凶獷，……德不修，則兵不可恃也。」[一〇]此處強調德與兵相輔相成，不得偏廢，而「德」字，即是仁民愛物、不輕用武力之義。他又說：「聖王之敷理道，服暴人，任德而不任兵。」[一一]由於唐德宗時，河朔青齊各地軍閥擁兵自立，視朝廷如無物。朝廷為了伸張王權，於是勞師耗財加以討伐，遂使兩河戰爭連年，幾乎動搖國本，所幸賊寇尚知收斂，王師克復河中。當時，不僅德宗以興兵為得計，群臣也認為賊寇未滅，不應減兵。唯獨宣公力排眾議，恐怕德宗因此好戰，兵連禍結，民不聊生，遂大倡弭兵之議，勉德宗修文德、安

七　王肅注：《孔子家語》（台北，臺灣中華書局四部備要，一九八八年）卷一，〈相魯第一〉，頁一。

八　《論語注疏》（台北，新文豐出版公司，一九七七年）卷十三，〈子路〉，頁一二〇。

九　同註八，頁一一九。

一〇　同註三，卷十，〈論沿邊守備事宜狀〉，頁九三。

一一　同註三，卷六，〈收河中後請罷兵狀〉，頁六一。

百姓、服遠人，才是根絕禍患的根本，其見識何等深遠啊！蘇東坡說：「德宗好用兵而贄以消兵爲先」，[一二]就是這個意思。

興元元年，宣公代德宗草詔，云：

> 自去歲遭變，再經播遷，歷山川之險艱，知軍旅之勞苦，惟省前過，悔恨盈懷。追遠事而不及，庶後圖之可補。以九廟為重，而不憚屈身；以百姓為心，而不專私欲。苟可以保安社稷，休息甲兵，宏濟蒼生，蠲省徭役，含垢忍恥，予無難焉。[一三]

由此可知，宣公主張不宜輕起戰端，尤其對於藩鎮所造成的內亂，若能以安撫的方法解決，不一定非使用武力不可。如果對方執迷不悟，則「撥亂拯物，不得已而用之」，[一四]爲了確保朝廷安全，宣公對於整軍經武從未忽略。他說：

> 三代之際，……文武並興，農戰兼務；故能居則足食，動則足兵。兵足則威，食足則固；威則暴亂息，固則教化行。理國之本，實在於此。[一五]

至於外來的侵略，宣公另有一套辦法應付，留待底下細論。

一二　同註三，卷首，蘇軾：〈進呈唐陸贄集劄子〉，頁一五。
一三　陸贄：《陸宣公全集》（台北，河洛出版社，一九七八年），卷五，〈授王武俊李抱真官封并招諭朱滔詔〉，頁二七。
一四　同註三，卷一，〈論關中事宜狀〉，頁一。
一五　同註一三，卷六，〈策問識洞韜略堪任將帥科〉，頁三七。

二、用兵六失，痛切檢討

唐朝的邊患，誠如第三章第五節所述，主要來自突厥、回紇、吐蕃、南詔，而這些外族大多「以水草爲邑居，以射獵供飲茹，多馬而尤便馳突，輕生而不恥敗亡」。[一六]外族的長處，正好就是唐朝的短處，難怪唐朝的邊患會不斷了。宣公從政治、經濟、指揮、賞罰、軍紀等觀點，剴切地陳述德宗用兵的六項缺失，冀望國君能明察敵我情勢，然後擬定適切的對策。此即兵法上所謂「知己知彼者，百戰不殆」的意思。[一七]宣公本文，詳見其所著〈論沿邊守備事宜狀〉，因恐引文過長，底下摘錄近人薩孟武先生「行軍六失」的要點如次：

㈠措置乖方，中原之兵不習邊事，令其往戍，人地已經不甚相宜，而旄帥身不臨邊，復選壯銳自隨，其疲羸者方配諸鎮，以守要衝，何怪寇戎每至，勢不能支。

㈡是課責虧度，人主所恃以治理天下者為刑賞二柄。唐在中葉以後，對於武將，專以姑息為政，有功而不敢賞，因慮無功者反側；有罪而不敢罰，因慮同惡者憂虞。凡有敗衄，將帥以資糧不足為詞，有司復以供給無闕為解，朝廷每為含糊，未嘗窮究曲直，馭眾如斯，何怪士氣不振？

一六　同註一〇，頁九五。
一七　同註一，卷上，〈謀攻篇〉，頁五一。

㈢是財匱於兵眾，虜來寇邊，常可越境橫行，若涉無人之境，守鎮者欲推諉責任，每虛張賊勢，謂為兵少不敵，朝廷不察，惟務徵發，邊兵日眾，供億日增，國家財政遂竭於事邊矣。

㈣是力分於將多，唐鑒方鎮作亂，乃於沿邊各地分鎮駐兵，各降中貴監臨，人得抗衡，莫相稟屬，邊書告急，方令計會用兵，統制不一，所以坐失戎機，無以應敵。

㈤是怨生於不均，禁軍安居無事，而稟賜甚厚，邊境戍卒終年勤苦，而其所得糧餉乃不足供其一家，兩相比較，懸殊太甚，他們忿恨在心，何肯協力同心，共攘寇難？

㈥是機失於遙制，朝廷選置戎臣，先求易制，而指揮邊軍去就，又由朝廷裁斷。戎虜來寇，守土者以兵寡不敢抗敵；分鎮者以無詔不肯出師。逗留之間，寇已奔迫，牧馬屯牛鞠椎剽矣，穡夫樵婦罄俘囚矣。[一八]

上述六失，只要犯了其中一項，在戰場上已經不易獲勝，何況德宗用兵連犯六項呢！所以薩先生說：「唐在貞觀永徽之時，能夠征服亞洲，建設一個大帝國，到了末年，雖僻處西南的南詔，也使唐疲於奔命，終至於民窮財匱，唐祚因之而亡，考其原因所在，固如陸贄所云。」[一九]

當然，這六項缺失並非德宗一人所造成，而是因爲經年累月下來，唐朝內政不綱，君臣自顧不暇，少能針對時弊提出興革意見，並力行不懈所致。由此可知，能痛切檢討，毫不掩

一八　薩孟武：《中國政治思想史》（台北，三民書局，一九六九年）頁三一二—三一五。

一九　同註一八，頁三一五。

飾，才是革新圖強的先決條件，只可惜德宗缺乏遠見，不能盡納宣公的策略，所以難收振衰起弊之功。

三、強幹弱枝，以利節制

唐代因邊防的需要，設置節度使，其後導致藩鎮之亂，詳見第三章第一節所述。經過屢次戰亂，唐朝元氣已大傷，其中藩鎮爲禍最烈的，即在德宗朝。究其主因，乃外重內輕之故。陸宣公深感攘外（吐蕃、回紇的侵略）必先安內（跋扈的藩鎮），遂提出強幹弱枝的策略，以收回兵權，集中意志，然後合力對外。他說：

> 國家之立也，本大而末小，是以能固；……前代之制，轉天下租稅，委之京師；徙郡縣豪傑，處之陵邑；選四方壯勇，實之邊城。其賦役，則輕近而重遠也；其惠化，則悅近以來遠也。太宗文皇帝，既定大業，萬方底乂，猶務戎備，不忘慮危，列置府兵，分隸禁衛，大凡諸府，八百餘所，而在關中者，殆五百焉。舉天下不敵關中，則居重馭輕之意明矣。[二〇]

由唐初兵力配備，可知偏重中央的控制權，與帝制時代統治者的精神毫無二致。其實，陸宣

二〇 同註一四，頁一—二。

公這種主張，除了受上述條件影響之外，更因當時有許多藩鎮，幾乎處在半獨立或與朝廷敵對的狀態，而中央政府又窮於應付，處處妥協讓步，威權漸失。難怪他要憂心忡忡地說：

> 承平漸久，武備寖微，雖府衛具存，而卒乘罕習，故祿山竊倒持之柄，乘外重之資；一舉滔天，兩京不守。尚賴經制，頗存典刑，彊本之意則忘，緣邊之備猶在。加以諸牧有馬，每州有糧，故肅宗得以為資，中復興運。乾元以後，大憝初夷，繼有外虞，悉師東討。邊備既弛，禁戍亦空，吐蕃乘虛，深入為寇，故先皇帝莫與為禦，避之東遊。是皆失居重馭輕之權，忘深根固柢之慮。[二一]

此處強調，由於中央政府疏於練兵，而使府衛名存實微，藩鎮乘機坐大，導致兩京淪陷。這不是制度出問題，而是屬於人謀不臧。其次，肅宗依賴地方上的武力（郭子儀、李光弼亦屬藩鎮），剿平安、史叛軍。表面上有些藩鎮尚忠於朝廷，可做中央政府的屏障，實則中央若無強而有力的領導者，以及相當的武力爲後盾，難保藩鎮不各自爲政，而國家的整體意志又如何形成呢？接著，外侮隨之而來，國家安全豈不受到嚴重考驗嗎？所以謀國者，不應忘記「居重馭輕」的道理。

四、掌握敵情，出奇制勝

二一　同註一四，頁二一。

戰爭，乃敵我雙方以角力鬥智爲手段，企圖屈服對方意志，獲取實質利益爲目的。在現實又殘酷的戰爭中，如何發揮最有效的戰力，給敵人致命一擊；或在敵眾我寡的情勢下，仍能發揮奇襲作戰之效，而扭轉劣勢等等，均有賴深思熟慮，謀定而後動。《管子》說：

> 凡攻伐之為道也，計必先定於內，然後兵出乎境。…故不明於敵人之政，不能加也；不明於敵人之情，不可約也；不明於敵人之將，不先軍也；不明於敵人之士，不先陣也。[二二]

此處所謂「敵人之政」、「敵人之情」、「敵人之將」、「敵人之士」，即廣義的敵情，包含敵國的所有情況，像政略、戰略、戰術、訓練、後勤補給等資料，都要儘量蒐集，仔細研判，然後決定方略，擬定對敵計畫。《孫子》也說：

> 明君賢將，所以動而勝人，成功出於眾者，先知也。先知…必取於人，知敵之情者也。[二三]

惟有充分掌握敵情，才能制敵先機，此即《孫子》所謂「攻其無備，出其不意。」[二四]陸宣公說：

> 夫制敵行師，必量事勢，勢有難易，事有先後。力大而敵脆，則先其所難，是謂奪人之心，暫勞而永逸者也。力寡而敵堅，則先其所易，是謂固國之本，觀釁而後動者也。

二二　《管子》（台北，臺灣中華書局，一九八八年）卷二，〈七法〉，頁五—六。
二三　同註一，卷下，〈用間篇〉，頁二二四—二二五。
二四　同註一，頁一七。

[25]克敵制勝的關鍵，不僅是有形的人力物力，而謀略的運用更不容忽視。前面所述，即審視敵方虛實，衡量己方實力，做恰如其分的處置。

其次，談到「勢」的運用，《孫子》說：「戰勢不過奇正，奇正之變不可勝窮也。」[26]尉繚子也認爲「正兵貴先，奇兵貴後」。[27]宣公深諳此理，所以說：「兵以奇勝。」[28]「兵家之法，方務出奇。」[29]當然，奇正之爲用，其變化無窮，但這不僅是一句口號而已。例如：朱泚謀反，李懷光奉詔勤王，先破朱泚叛軍，解除奉天之圍。此時，奸相盧杞與懷光有隙，因請德宗命懷光乘勝直取長安，德宗不知是盧杞藉此阻止懷光入覲之計，下詔懷光領軍駐紮在長安城西，又派遣李晟、李建徽、楊惠元帶兵助攻。後來，李懷光上疏痛論盧杞奸狀，杞遂被貶。接著，德宗想親率禁軍至咸陽，督導眾將攻打長安。懷光畏懼這是漢高祖僞裝出遊雲夢，生擒韓信之策。[30]遂反叛朝廷，且呑併李建徽、楊惠元兩支軍隊。所幸李晟數日前已移

二五　同註一〇，頁九五。

二六　同註一，卷中，〈勢篇〉頁六九。

二七　舊題尉繚子：《尉繚子》〔臺灣商務印書館景印文淵閣四庫全書〕子部三二，兵家類，卷三，〈勒卒令第十八〉，頁七二六—八四。

二八　同註三，卷五，〈興元奏請許渾瑊李晟等諸軍兵馬自取機便狀〉，頁五〇。

二九　同註一五。

三〇　司馬遷：《史記》（台北，鼎文書局，正史全文標校讀本，一九七九年）卷八，〈高祖本紀〉，頁一〇一：（六年）十二月，人有上變事告楚王信謀反，上問左右，左右爭欲擊之。用陳平計，乃僞遊雲夢，會諸侯於陳，

兵東渭橋（陝西咸陽縣），保存一股實力。而早在李懷光謀叛之前，陸宣公即上書。說：

> 李晟見機慮變，先請移軍就東。建徽、惠元，勢轉孤弱，為其吞噬，理在必然。他日雖有良圖，亦恐不能自拔。拯其危急，惟在此時。今因李晟願行，便遣合軍同往，託言晟兵素少，慮為賊泚所邀。藉此兩軍，迭為犄角，仍先諭旨，密使促裝，詔書至營，即日進路；懷光意雖不欲，然亦計無所施。是謂先人有奪人之心，疾雷不及掩耳者也。[三一]

此處雖是說如何使李晟等全軍而退，與兵法上所謂「出奇制勝」不完全相干，但是宣公能見機於未兆，料敵如神，且想出這冠冕堂皇的脫身之計，正是「出人意表」、「出奇制勝」的運用。

五、擇將得人，用兵得法

戰爭固然是敵對雙方總體力量的對決，但是戰場上瞬息萬變，其指揮官是否能掌握形勢，主導戰局，關係著成敗的命運。《孫子》說：「夫將者，國之輔也，輔周則國必強，輔隙則國

楚王信迎，即因執之。

三一　同註三，卷四，〈奉天奏李建徽楊惠元兩節度兵馬狀〉，頁三六。

必弱。」[三二]將帥乃國君的親密助手，兩者關係密切，則國家強盛，反之則衰弱，所以如何擇將授任，國君不可不慎。《吳子》也說：「凡戰之要，必先占其將，而察其才，因形用權，則不勞而功舉。」[三三]足見將帥在戰爭中的重要性。古人選擇將領的條件到底如何呢？根據《六韜》記載：

> 武王問太公曰：「論將之道奈何？」太公曰：「將有五材十過。」武王曰：「敢問其目？」太公曰：「所謂五材者，勇智仁信忠也。勇則不可犯，智則不可亂，仁則愛人，信則不欺，忠則無二心。所謂十過者，有勇而輕死者，有急而心速者，有貪而好利者，有仁而不忍者，有智而心怯者，有信而喜信人者，有廉潔而不愛人者，有智而心緩者，有剛毅而自用者，有怯而喜任人者。」[三四]

姜太公所謂「五材」，就是勇、智、仁、信、忠，與《孫子》智、信、仁、勇、嚴「五德」的說法相較，除了順序有別外，只差了一個字。關於軍人的武德，留待第八小節再詳細探討。至於「十過」部分，則屬於負面陳述，表示有這十項缺點的就不適合擔任將領。這些缺點中，「勇而輕死」、「急而心速」、「剛毅而自用」可以歸爲一類；「怯而喜任人」則與上一類相反；

三二　同註一七，頁四五。
三三　吳起：《吳子》（台北，臺灣中華書局，一九八八年）卷下，〈論將〉，頁一。
三四　舊題呂望：《六韜》〔臺灣商務印書館景印文淵閣四庫全書〕子部三二一，兵家類，卷三〈龍韜〉，論將第十九，頁七二六—二一。

「智而心怯」、「智而心緩」可以歸爲一類；「仁而不忍」、「信而喜信人」則各爲一類；「貪而好利」與「廉潔而不愛人」則爲相對的性質，都是不忠的行爲，可以歸爲一類。所以「十過」實際上可以歸納成五大類，而和上述「五材」相互對照。

陸宣公認爲：

> 剋敵之要，在乎將得其人；馭將之方，在乎操得其柄。將非其人者，兵雖眾不足恃；操失其柄者，將雖材不為用。兵不足恃，與無兵同；將不為用，與無將同。將不能使兵，國不能馭將，非止費財翫寇之弊，亦有不戢自焚之災。[三五]

此處說明選用優秀的將才，又能貫徹在位者的意志，則用兵如有神助；若在位者無法統馭將帥，將帥也無法指揮士兵，則有不測之災。然而如何使「將得其人」、「操得其柄」呢？宣公說：

> 凡欲選任將帥，必先考察行能，然後指以所授之方，語以所委之事，令其自揣可否，自陳規模；須某色甲兵，藉某人參佐，要若干士馬，用若干資糧，某處置營，某時成績，始終要領，悉俾經綸。於是觀其計謀，校其聲實。若謂材無足取，言不可行，則當退之於初，不宜貽慮於其後也。若謂志氣足任，方略可施，則當要之於終，不宜掣肘於其間也。夫如者則疑者不使，使者不疑，勞神於選才，端拱於委任；既委其事，

三五　同註四。

> 既足其求，然後可以覈其否臧，行其賞罰。三六

這裡指出，選拔將帥，要先瞭解其性情、才幹，再加以面試，出狀況讓他處置，然後看他的謀略和聲望是否相符。其次，經仔細挑選後，有不堪大任的，就不該濫竽充數；若確屬大將之才，就應善加任用，使他建立功勳，報効國家。而且要牢記「用人不疑」之理，千萬不可信任於前，狐疑於後，否則難以使人盡其才，擇將又如何得人呢？

選任將帥既已得人，則用兵之法，理應在其中，但將帥與士兵的關係，也影響著作戰的成敗。宣公認為：

> 將貴專謀，軍尚氣勢。訓齊由乎紀律，制勝在於機權。是以兵法有分閫之詞，有合拳之喻，有進退如一之令，有便宜從事之規。……出則同力，居則同心，患難相交，急疾相赴。兵之奉將，若四支〔肢〕之衛頭目；將之守境，若一家之保室廬。然後可以扞〔捍〕寇讎，護甿庶，蕃畜牧，闢田疇。天人惟務擇人而任之，則高枕無憂矣。三七

善於帶兵的將帥，懂得以身作則，與士兵共甘苦，所以平時注重訓練，務使軍紀嚴明，戰技精湛；戰時意志集中，力量集中，則無堅不摧，無敵不克。兵法上說：「上下同欲者勝。」三八即是將帥與士兵同心協力，克敵制勝的道理。

三六　同註一〇，頁九九—一〇〇。
三七　同註三，卷九，〈請減京東水運收腳價於緣邊州鎮儲蓄軍糧事宜狀〉，頁八五。
三八　同註一七，頁四九。

六、將專其謀，君勿遙制

用兵之道，除了慎選將帥，訓練士兵外，號令、指揮權的運用，仍屬不容忽視的課題。尤其在君主專制時代，常因國君信任不專，或其他臣子所進的讒言，而使坐鎮前方的將領，得不到應有的支持，甚至遭受中傷、排擠，導致指揮權旁落，而貽誤軍機，造成國家莫大的損失。所以《黃石公三略》說：「出軍行師，將在自專；進退內御，則功難成。」[三九]就是這個意思。

陸宣公以爲要避免上述害處，在於對將帥充分授權，且不妄加干涉，好讓將帥儘量發揮才華，國君只要在一旁考核，事後行賞罰即可。如此，則將帥能專其謀，有利於號令統一，掌握更大的勝算。他說：

> 將貴專謀，兵以奇勝，軍機遙制失變，戎帥稟命則不威。是以古之賢君，選將而任，分之於閫，誓莫干也；授之以鉞，俾專斷也。夫然，故軍敗則死眾，戰勝則策勳，不用刑而師律貞，不勞慮而武功立。其於委任之體，豈不博大哉？其於責成之利，豈不精覈哉？自昔帝王之所以夷大艱、成大業者，由此道也。其或疑於委任，以制斷由己

三九　舊題黃石公：《黃石公三略》（臺灣商務印書館景印文淵閣四庫全書）子部三二，兵家類，卷中，頁七二六—九五。

為大權，昧於責成。以指麾順旨為良將；鋒鏑交於原野，而決策於九重之中；機會變於斯須，而定計於千里之外。違令則失順，從令則失宜；失順則挫君之嚴，失宜則敗君之眾。用捨相礙，否臧皆凶。上有掣肘之譏，下無死綏之志，其於分畫之道，豈不兩傷哉？其於經綸之術，豈不都謬哉？自昔帝王之所以長亂繁刑，喪師蹙國者，由此道也。[四〇]

戰場上瞬息萬變，即使有過人的智慧，若不能當機立斷，仍然難以奏功。何況身在千里之外，居於九重之中的君主，又如何能替陣前的將帥決策定計呢？所以宣公勸德宗應行「委任」、「責成」之理，切莫獨攬、遙控指揮大權，否則後果堪慮。他又說：

軍容不入國，國容不入軍。將在軍，君命有所不受。誠謂機宜不可以遠決，號令不可以兩從。未有委任不專，而望其剋敵成功者也。[四一]

當然，所謂「將在軍，君命有所不受。」並非恃寵而驕，或囂張跋扈，而是指將帥在陣前觀察、研判敵情，然後下定決心，發號司令，其間不容髮，所以不能等候君命，坐失良機。而且：

統帥專一，則人心不分；人心不分，則號令不貳；號令不貳，則進退可齊；進退可齊，則疾徐如意；疾徐如意，則機會靡愆；機會靡愆，則氣勢自壯。斯乃以少為眾，以弱

四〇 同註二八。

四一 同註一〇，頁一〇〇。

為強，變化翕闢，在於反掌之內。是猶臂之使指，心之制形。若所任得人，則何敵之有？夫節制多門，則人心不一；人心不一，則號令不行；號令不行，則進退難必；進退難必，則疾徐失宜；疾徐失宜，則機會不及；機會不及，則氣勢自衰。斯乃勇廢為尫，衆散為弱，逗撓離析，兆乎戰陣之前。是猶一國三公，十羊九牧，欲令齊肅，其可得乎？[四二]

宣公以「統帥專一」和「節制多門」相比較，其利弊得失顯而易見，成敗自然不在話下。

七、移民屯墾，鞏固邊防

中唐以後，外患頻仍，詳見第三章第五節所述。德宗貞元八年，陸宣公爲中書侍郎參知政事，因河隴陷蕃，西北曾用重兵守備，皆來自河南江淮諸鎮之軍，更番往來，疲於戎役，於是上〈論沿邊守備事宜狀〉。其重點在分析敵我形勢，並因時制宜，且欲鞏固邊防，必先練兵。而訓練鎮守之兵，與鼓勵農業生產，更是禦戎固疆的根本大計。宣公說：

夫欲備封疆，禦戎狄，非一朝一夕之事，固當選鎮守之兵以置焉。古之善選置者，必量其性習，辨其土宜，察其技能，知其欲惡。……而又類其部伍，安其室家，然後能使

四二 同註一〇，頁九八。

之樂其居，定其志，奮其氣勢，結其恩情。撫之以惠，則感而不驕；臨之以威，則肅而不怨。……故出則足兵，居則足食，守則固，戰則強。[四三]

可見足食足兵乃安邊的基本策略，而兩者的關係又如何呢？宣公說：「水旱流行，固宜有備；戎狄爲患，可不爲虞？將欲安邊，先宜積穀。」[四四]又說：「兵之所屯，食最爲急，若無儲蓄，是棄封疆，自昔敗亂之由，多因餽餉不足。」[四五]故即使有堅固的城壘，眾多的守兵，一旦糧餉斷絕，就註定了潰敗的命運。

其次，戍守邊疆的中原士兵往來更替，戰鬥力固然打了折扣，加上邊城所儲備的軍糧，大多從京東水運而來，也經常緩不濟急。所以宣公建議：

宜罷諸道將士番替防秋之制，率因舊數而三分之。其一分，委本道節度使募少壯願住邊城者以徙焉。其一分，則本道但供衣糧，委關內河東諸軍州募蕃漢子弟願傳邊軍者以給焉。又一分，亦令本道但出衣糧，加給應募之人，以資新徙之業。又令度支散於諸道，和市耕牛，雇召工人，就諸軍城，繕造器具，募人至者，每家給耕牛一頭，又給田農水火之器，皆令充備。初到之歲，與家口二人糧，并賜種子，勸之播殖，待經一稔，俾自給家，若有餘糧，官為收糴，各酬倍價，務獎營田。既息踐更徵發之煩，

四三　同註一〇，頁九六。
四四　同註三，卷十一，〈論邊城貯備米粟等狀〉，頁一〇七。
四五　同註四四。

且無幸災苟免之弊。寇至則人自為戰，時至則家自力農，是乃兵不得不強，食不得不足，與夫倏來忽往，豈可同等而論哉？[四六]

這種兵農合一的策略，不但可以免去將士遠道調動之苦，同時在補給上也可以自給自足，形成堅強的戰鬥體，確實爲提高戰力的有效方法。

八、修養武德，積學勵行

古語有云：「三軍易得，一將難求。」可見戰爭中，卓越的指揮官何等重要！歷代有許多名將治軍，能使「三軍服威，士卒用命，則戰無強敵，攻無堅陣矣。」[四七]而這些名留青史的將領們，難道個個只是天賦過人，或一時僥倖，就能寫下一頁頁輝煌的戰史嗎？其實，在他們運籌帷幄之中，決勝千里之外的背後，仍然有一股力量在推動著，簡言之，即是「武德」。[四八]易言之，則爲智慧、學識、志節三者所構成。《孫子》卷上〈計篇〉何氏注：

非智不可以料敵應機；非信不可以訓人率下；非仁不可以附眾撫士；非勇不可以決謀合戰；非嚴不可以服強齊眾。全此五才，將之體也。

四六　同註一〇，頁一〇一。
四七　同註三三，〈應變〉，頁四。
四八　同註一，卷上，〈計篇〉，頁七：將者，智信仁勇嚴也。

同篇王晳注：

智者，先見而不惑，能謀慮，通權變也；信者，號令一也；仁者，惠撫惻隱，得人心也；勇者，徇義不懼，能果毅也；嚴者，以威嚴肅眾心也。五者相須，闕一不可。

綜上所述，能料敵機先，通權達變，做縝密思慮工夫，而不受事物表象所迷惑，即為「智」者了。

其中權、變之道，就是行軍用兵時高度智慧的表現。而《孫臏兵法》認為：

凡兵之道四，曰陳〔陣〕，曰埶〔勢〕，曰變，曰權。察此四者，所以破強適取孟〔猛〕將也。四九

而《太白陰經》也說：

有國家者，未有不任智謀而成王業者也。故曰：將軍之事，以靜正理，以神察微，以智役物。見福於重關之內，慮患於杳冥之外者，將之智謀也。五〇

君主任用足智多謀的將帥，能運籌帷幄，決勝千里，然後可以締造王業。

陸宣公說：

夫制軍馭將，所貴見情，離合疾徐，各有宜適；當離者合之則召亂，當合者離之則寡

四九　孫臏：《孫臏兵法》（上海古籍出版社景印《續修四庫全書》）子部兵家類，頁一三四。

五〇　李筌：《太白陰經》（臺灣商務印書館景印文淵閣四庫全書）子部三二，兵家類，卷一，〈人謀上〉，頁七二六——一六八。

> 功，當疾而徐則失機，當徐而疾則漏策。得其要，契其時，然後舉無敗謀，措無危勢。五一

這用兵時的「離合疾徐」，其實就是謀定而後動，見機於未兆的做法，正是高度明智的表現。其次，要使軍中上下一心，肝胆相照，不光是命令權威就能奏效，誠與信千萬不容忽視。所謂「不誠無物」、「無信不立」，可見二者乃溝通上下意志，消弭彼此隔閡於無形的法寶，故能各盡職責，號令自然容易貫徹。宣公說：

> 人之所助在乎信，信之所立由乎誠。守誠於中，然後俾眾無惑；存信於己，可以教人不欺。一不誠則心莫之保，一不信則言莫之行，故聖人重焉，以為食可去，而信不可失也。傳曰：「誠者，物之終始，不誠無物。」五二

謹守誠道，才可以取信於人，使官兵互信、互愛，精誠團結，形成堅強的戰鬥體，進攻退守，收放自如。

至於國君、將領，雖握兵權，非不得已不輕易使用武力，誠如本節第一小節「除暴安民，用兵之義」所述，興仁義之師，討伐殘賊，遏止外患，安定社稷，則三軍用命，死仁義而不顧。這就是「仁」德的極致。

再者，戰爭關係著人民的生死，國家的存亡，身爲統帥者，應具備臨危不懼，慎謀能斷

五一　同註三一。

五二　同註三，卷三，〈奉天請數對群臣兼許令論事狀〉，頁二五。

的素養，此即前述「徇義不懼」、「決謀合戰」的勇武精神。宣公說：

> 勵精剛之操，體博大之德；適時通變，而大節大奪；虛受廣納，而獨斷自明；奉法以身，推功以下；眾無犯命，人用樂從；懷德畏威，令行禁止。誓群帥於危疑之際，駐孤軍於版〔板〕蕩之中；氣凌風雲，誠動天地；一鼓而兇徒懾北，再駕而都邑廓清；師皆如歸，人不知戰；再安社稷，功格皇天。[五三]

可知宣公治兵理念，務使人人培養浩然正氣，砥礪精剛之操，則必能發揮勇猛制敵之效，臨難不可奪節，此即武「勇」之德。

最後，治兵而不重紀律，則禍患無窮，輕則擾民生事，重則犯上作亂，故身為統帥者，應有威嚴，方能「服強齊眾」。宣公為德宗擬詔書，道：

> 朕越在郊坰，偪〔逼〕於凶醜；授之師律，式是戎昭；侍衛增嚴，斥候無爽；檢身齊眾，同士伍之勞苦；敦陣整旅，壯行列之威容。靜以伐謀，動而制勝；臨危勵節，予有賴焉。[五四]

綜上所述，可知宣公論軍人修養，離不開《孫子》所說的「武德」。合此五德，則發謀、賞罰、附眾、果斷、立威，無一不輕而易舉，克敵制勝，又有何難？宣公所以能在國家存亡之際，立平亂收京之功，應該就是發揮這五德所致。

五三　同註一三，卷八，〈李晟鳳翔隴西節度兼涇原副元帥制〉，頁四八。

五四　同註一三，卷九，〈渾瑊京畿金商節度使制〉，頁四九。

第五節　文學思想

陸宣公以文章成相業，權德輿說：「朱泚之亂，（贄）從幸奉天，時車駕撥遷，詔書旁午，公灑翰即成，不復起草，初若不經思慮，及成而奏，無不曲盡事情，中於機會，……故行在詔書始下，雖武人悍卒，無不揮涕激發。議者以德宗克平寇亂，不惟神武之功，爪牙宣力，蓋亦資文德服心之助焉。」[一]由此可見，宣公文學造詣極深，所以倉促之間草擬詔書，仍能感動人心，扭轉劣勢。近人張仁青先生說：「中唐之世，以文章而成相業，以忠懇而導中興，上承燕、許以散文之氣勢運偶句，下開晚唐、趙宋四六文先河。義理之精，足以比隆濂、洛；氣勢之盛，亦堪方駕韓、蘇。接軫典謨，垂範百世者，自陸贄外，指難再屈矣。」[二]則對宣公文章推崇備至，評價極高。

唐初文風，仍沿襲六朝餘習，以華麗絢爛的辭藻見長，遠離現實社會人生，而追求逸樂、浪漫的唯美格調，其中以王勃、楊炯、盧照鄰、駱賓王為代表。他們的駢文，措辭綺麗，對

一　陸贄撰、郎曄注：《評註陸宣公集》（台北，臺灣中華書局，一九七七年）卷首，權德輿：〈陸宣公翰苑集序〉，頁一一。

二　張仁青：《駢文學》（台北，文史哲出版社，一九八四年）頁五〇四。

仗工整，大多採用四六句法。盛唐時張說（封燕國公）、蘇頲（封許國公）崇雅絀浮，以雄駿之氣，鴻麗之辭，逐漸改變齊梁風尚，而以氣格爲主。同時人陳子昂以雅正精切，張九齡以典厚渾成著稱，和燕、許齊名。中唐以後，駢文因爲受韓、柳古文運動的影響，曾一度中衰，純粹抒寫性靈的作品極爲少見，而以箋奏制令等應用文爲主。在陸宣公之前，有常袞、楊炎、于邵等；之後，有權德輿、元稹、白居易、劉禹錫等，他們的作風類似燕、許，都是臺閣體的宗匠。陸宣公的駢文，「受古文之影響，明白曉暢，切於實用，縷析條分，真意篤摯，純任自然，一掃用典浮夸之習。其氣勢之盛，與散文相埒。駢文原爲美文，陸宣公卻使之成爲極切實用之應用文。」[三]到了晚唐，溫庭筠、李商隱才氣縱橫，以博麗爲主，雄厚超越六朝，而雅麗自然，卻顯得比較不足。以上所述，爲唐代駢文流衍的概要，同時也可以顯示出宣公在當代文壇的地位。

至於陸宣公的文學思想，約可分爲下列數端：鎔鑄經史子集、文與質並重說、駢文可經世說、修辭以立誠說、用典增文氣說、說理務求曉暢、開四六文先河。現在依照順序論述如下：

一、鎔鑄經史子集

三　江菊松：《宋四六文研究》（台北，華正書局，一九七七年）頁一三。

宣公學問淵博，思慮甚爲周密，文章十分雅麗，不但切於政治原理，文辭也都符合實際，而顯得文采斐然，追溯其本源，就是博觀經史子集而約取所成。首先，經書所記載的，是恆久的至道，聖人的微義，具有指導人生社會的價值，歷來極受重視。劉勰說：「論說辭序，則易統其首；詔策章奏，則書發其源；賦頌歌讚，則詩立其本；銘誄箴祝，則禮總其端；紀傳移檄，則春秋爲根。」[四]宣公行文時，常引經書爲立意的根源，例如：

> 允乎發斂之術，且叶變通之規。〈賑恤諸道將吏百姓等詔〉——變通配四時。《周易．繫辭上》
>
> 修己以立，自明而誠；體賢人可大之規，用君子時中之道。〈劉滋崔造齊映平章事制〉——可大則賢人之業。《周易．繫辭上》
>
> 涉道猶殘，燭理未明；文闕於化成，武乏於定亂。〈普王荊襄江西道兵馬都元帥制〉——觀乎人文，以化成天下。《周易．賁卦彖傳》
>
> 君子慎初，聖人存戒。知幾者，所貴乎不遠而復，制理者必在於未亂之前。〈興元論解姜公輔狀〉——不遠復，无祇悔。《周易．復卦初九》
>
> 力不足以自保，勢不足以出攻，安得不設險以固軍，訓師以待寇。〈論沿邊守備事宜狀〉——王公設險以守其國。《周易．習坎卦象傳》

四 劉勰撰、黃叔琳注：《文心雕龍注》（台北，臺灣開明書店，一九七一年）卷一，〈宗經〉，頁四。

以上爲引據易經的例子，可見宣公深通易道，能活用內容，且言之成理，而不露斧痕。

諭之不變，責之不懲，而得不取亂推亡，息人固境也。〈論沿邊守備事宜狀〉──兼弱攻昧，取亂侮亡，推亡固存，邦乃其昌。《尚書．商書．仲虺之誥》

一夫不獲，辜實在予。〈優恤畿內百姓並除十縣令詔〉──一夫不獲，則曰時予之辜。《尚書，商書．說命下》

實賴股肱心膂，勵從戎之節；方岳將校，集勤王之師。〈賜將士名奉天定難功臣詔〉──今命爾予翼作股肱心膂。《尚書．周書．君牙》

大雅有詢于芻蕘之言，洪範有謀及庶人之義。〈奉天請數對群臣兼許令論事狀〉──女則有大疑，謀及乃心，謀及卿士，謀及庶人。《尚書．周書．洪範》

古先哲王，東征西怨，顧予不德，重以勞人。〈重優復興元府及洋鳳州百姓等詔〉──東征西夷怨，南征北狄怨，曰：奚獨後予？《尚書．商書．仲虺之誥》

武丁賢君也，傅說賢相也。而武丁引金作礪，以命其相；傅說喻木從繩，以戒其君。〈興元論解姜公輔狀〉──若金用汝作礪。《尚書．商書．說命上》惟木從繩則正。《尚書．商書．說命上》

以上爲引據書經的例子，其效果在使詔策章奏有本有源，更具有說服力量，足證宣公鎔鑄的能耐。

明發永懷，慶感斯集，純嘏所錫，豈惟朕躬。〈貞元九年冬至大禮大赦制〉──明發不寐，

有懷二人。《詩經・小雅節南山之什・小宛》純嘏爾常矣。《詩經・大雅生民之什・卷阿》

既明且哲，以保其身，求之昔賢，鮮克全備。〈李澄贈司空制〉——既明且哲，以保其身。《詩經・大雅蕩之什・烝民》

罔極之慕，何心自安？〈答百寮請停大禮第二表〉——欲報之德，昊天罔極。《詩經・小雅谷風之什・蓼莪》

所重者信誠，所輕者財利；思舉率土，同臻大和。〈賜吐蕃將書〉——率土之濱，莫非王臣。《詩經・小雅谷風之什・北山》

寡恕則重臣懼禍，反側之釁易生。〈論敍遷幸之由狀〉——輾轉反側《詩經・周南・關雎》

乃至求謗言，聽輿誦，葑菲不以下體而不採，故英華靡遺；芻蕘不以賤品而不詢，故幽隱必達。〈興元論解姜公輔狀〉——采葑采菲，無以下體。《詩經・邶風・谷風》

以上爲引據詩經的例子，詩本自然，音律鏗鏘，質樸敦厚，曲盡人情，宣公深通詩教，所以能運用自如。

臣聞立國之本，在乎得眾，得眾之要，在乎見情。故仲尼以謂「人情者，聖王之田」，言理道所由生也。〈奉天論前所答奏未施行狀〉——聖王脩義之柄，禮之序，以治人情，故人情者，聖王之田也。《禮記・禮運》

古者天子巡狩之義，以考國典，以觀民風。〈奉天遣使宣慰諸道詔〉——命太師陳詩，以

觀民風。《禮記．王制》

奉三無私，以壹有眾，人或不率，於是用刑。〈奉天請罷瓊林大盈二庫狀〉——天無私覆，地無私載，日月無私照，奉此三者，以勞天下，此之謂三無私。《禮記．孔子閒居》

是捨繩墨而意裁曲直，棄權衡而手揣重輕。〈論朝官闕員及刺史等改轉倫敍狀〉——禮之於正國也，猶衡之於輕重也，衡之於曲直也，故衡誠縣不可欺以輕重，繩墨誠陳不可欺以曲直。《禮記．經解》

王者所至，四方會同。〈改梁州為興元府升洋州為望州詔〉——時見曰會，殷鑑曰同。《周禮．春官宗伯》

其於昭德塞違，恐不止當今所急也。〈奉天論奏當今所切務狀〉——君人者，將昭德塞違，以臨照百官。《左傳桓公二年》

秦穆不以一眚而掩德，故能復九敗之辱。〈論朝官闕員及刺史等改轉倫序狀〉——孤之過也，大夫何罪？且吾不以一眚掩大德。《左傳僖公三十年》

忠邪無辨，枉直莫分，薰蕕同藏，其臭終勝。〈論裴延齡姦蠹書一首〉——一薰一蕕，十年尚猶有臭。《左傳僖公四年》

夫國家之制賦稅也，必先導以厚生之業，而後取其什一焉。〈均節賦稅恤百姓第二〉——

宣公文章，能體國正俗，安上治民，而立論本於人情事理，修辭簡暢，立意恭敬，這都是得力於禮學的地方。

古者什一而藉，什一者，天下之中正也。《公羊傳宣公十五年》

勸戒之道，忠義攸先，褒貶之詞，春秋所重。〈請還田緒所寄撰碑文馬絹狀〉——一字之褒，寵踰華袞之贈，片言之貶，辱過市朝之撻。《穀梁傳．范甯序》

春秋之作，文約而旨博，上明治亂之跡，下通成敗之數，用字嚴謹，立意獨特。宣公行文，初若不經心，篇成莫不曲盡人情，切合於事理，這都是得力於春秋的地方。

至於取自史傳，當作借鏡的例子也不在少數，現在列舉如下：

前史數商紂之惡曰：「強足以拒諫，辯足以飾非。」言恥過也。〈奉天論前所答奏未施行狀〉——帝紂資辨捷疾，聞見甚敏，材力過人，手格猛獸，知足以拒諫，言足以飾非，矜人臣之能，高天下以聲，以為皆出己之下。《史記．殷本紀》

事苟安，則異類同心也；勢苟危，則舟中敵國也。〈論關中事宜狀〉——若君不脩德舟中之人，盡為敵國也。《史記．吳起傳》

膏澤將布而復收，渙汗已發而中廢。〈又答論蕭復狀〉——成王作頌，沐浴膏澤而歌詠勤苦。《史記．樂書》

今執事者先拔其本，棄重取輕，所謂倒持太阿，授人以柄。〈論關中事宜狀〉——倒持太阿，授楚其柄。《漢書．梅福傳》

臣聞國家之立也，本大而末小，是以能固。又聞理天下者，若身之使臂，臂之使指，則小大適稱而不悖焉。〈論關中事宜狀〉——今海內之勢，如身之使臂，臂之使指，莫不

制從。《漢書・賈誼傳》

陛下既闕慎于始，又失圖于中，收之西隅，唯在茲日。〈興元論續從賊中赴行在官等狀〉——始雖垂翅谿，終能奮翼黽池，可謂失之東隅，收之桑榆。《後漢書・馮異傳》

賊勝則往，我勝則來，其間事機，不容差跌。〈興元請撫循李楚琳狀〉——專必成之功，而忽蹉跌之敗。《後漢書・蔡邕傳》

議者咸謂漢文卻馬，晉武焚裘之事，復見於當今。〈奉天請罷瓊林大盈二庫狀〉——有獻千里馬者，詔曰：「鸞旗在前，屬車在後，吉行日五十里，師行日三十里。朕乘千里之馬，獨先安之？」於是還其馬，與道里費，而下詔曰：「朕不受獻也。」《漢書・賈捐之傳》太醫司馬程據獻雉頭裘，帝以奇伎異服，典禮所禁，焚之於殿前。敕內外：有犯者罪之。《晉書・武帝傳》

微臣所以屢屢塵黷，而不能自抑者。〈奉天請數對群臣兼許令論事狀〉——豈可復以朽鈍之質，塵黷清朝哉。《晉書・何琦傳》

夫致理之本，必在於親人；親人之任，莫切於令長。〈優恤畿內百姓并除十縣令詔〉——長吏之職，號曰親人。至於道德齊禮，移風易俗，未有不由之矣。《南史・循吏傳序》

古人所以坐籌樽俎之間，制勝千里之外者，得此道也。〈論兩河及淮西利害狀〉——千丈之城，拔之樽俎之間。《戰國策・齊策五》

至於匹夫片善，採錄不遺，庶士傳言，聽納無倦。〈奉天論奏當今所切務狀〉——召公諫

厲王有「庶人傳語」。《國語・周語》

以上有舉出史實來證明政事得失的；也有鎔萃前言來強化文章說服力的；甚至有的借鏡歷史以達到勸善懲惡的目的，這些都足以說明宣公通達史學，而且能夠靈活運用史料了。

至於引據諸子的例子也有很多，現在列舉如下：

臣之事君，有量力知止之道。〈姜公輔左庶子制〉——知足不辱，知止不殆。《老子・四十四章》

承祖宗之鴻烈，獲主神器，任大守重。〈策問博通墳典達於教化科〉——天下神器，不可為也。《老子・二十九章》

今上元統曆，獻歲發生，宜革紀年之號，式敷在宥之澤；與人更始，以答天休。〈奉天改元大赦制〉——聞在宥天下，不聞治天下也。《莊子・在宥篇》

雖窮其辭而未盡其理，能服其口而未服其心。〈奉天請數對群臣兼許令論事狀〉——能勝人之口，不能服人之心，辨者之宥也。《莊子・天下篇》

制勝以謀，兵無血刃。〈誅李懷光後原宥河中將吏并招諭淮西詔〉——兵不血刃，遠爾來集。《荀子・議兵篇第十五》

乃專煮海之利，以為贍國之術。〈議減鹽價詔〉——不籍而贍國，為之有道乎。《管子卷二十二・山國軌第七十四・輕重七》

當聖王開懷訪納之時，無昔人逆鱗顛沛之患。〈論兩河及淮西利害狀〉——夫龍之為蟲也柔，可狎而騎也，然其喉下有逆鱗徑尺，人有嬰之，則必殺人。人主亦有逆鱗，說之者能無嬰人主之逆鱗，則幾矣。《韓非子．說難第十二》

於是置敢諫之鼓，植告善之旌，垂戒慎之鞀，立司過之士。〈興元論解姜公輔狀〉——堯置敢諫之鼓。《淮南子．主術訓》湯有司過之士，武王有戒慎之鞀。《呂氏春秋．不苟論第四》

身所以能使臂者，身大於臂故也，臂所以能使指者，臂大於指故也。〈論關中事宜狀〉——五指之屬於臂，傳授攖捷，莫不如志，言以小屬於大也。《淮南子．主術訓》

伏以理國化人，在於獎一善，使天下之為善者勸；罰一惡，使天下之為惡者懲。〈謝密旨因論所宣事狀〉——聖人因民之所善而勸善，因民之所惡而禁姦，故賞一人而天下譽之，罰一人而天下畏之。《淮南子．氾論訓》

古所謂不戰而屈人之兵者，斯之謂歟？〈論朝官闕員及刺史等改轉倫序狀〉——百戰百勝，非善之善者也，不戰而屈人之兵，善之善者也。《孫子．卷上謀攻篇》

宣公熟諳諸子，徧察百家，上舉各例，都能審度形勢，篇篇合時，句句盡規，這就是所謂凝聚古今思想的精華，當作國家治亂的寶鑑。

至於章奏制誥引用各家詩文集的，現在列舉如下：

豺狼野心，曾不知感，翻受朱泚信使，意在觀變推移。〈興元賀吐蕃尚結贊抽軍迴歸狀〉——聖人不凝滯於物，而能與世推移。《楚辭．漁父》

鋒鏑交於原野，而決策於九重之中。〈興元奏請許渾瑊李晟等諸軍兵馬自取機便狀〉——君之門以九重。《楚辭・九辯》

擇人而任之，則高枕無虞矣。〈請減京東水運取腳價於沿邊州鎮儲畜軍糧事宜狀〉——堯舜皆有所舉任兮，故高枕而自適。《楚辭・九辯》

今上元統歷，獻歲發生，宜革紀年之號，式敷在宥之澤。〈奉天改元大赦制〉——獻春發歲兮，汩吾南征。《楚辭・招魂》

議制置，則強榦弱枝之術反；語綏懷，則悅近來遠之道乖。〈論關中事宜狀〉——強榦弱枝，隆上都而觀萬國。《班固・兩都賦》

蓋犬馬感恩思效之心，睠睠而不能自止者也。〈奉天論前所答奏未施行狀〉——思念郢路兮，環顧睠睠。《劉向・九歎》

祚屬殷昌，必時多濬乂，運鍾衰季，則朝乏英髦。〈論朝官闕員及刺史等改轉倫敘狀〉——吳王聖王之老成，明時之雋乂。《蔡琰・與周俊書》

有以無難而失守，有因多難而興邦。〈論敘遷幸之由狀〉——或多難以固邦國，或殷憂以啟聖明。《劉琨・勸進表》

虛襟坦懷，海納風行。〈興元論續從賊中赴行在官等狀〉——上則雲布雨施，下則山藏海納。《庾信・馬射賦序》

宣公的文章，多言而要中，文奇而濟用，因爲取材極廣，師其意而不師其辭，存其神而不存其膚，所以才能有這樣的成就。

以上所述，爲宣公鎔鑄經史子集以入文的證據。經書是立論的根基，言辭簡約而義理深切；史書是人群的龜鑑，旁徵佐證而益增可信；子書是群賢思想的精華，立論雖異而足以採摭；至於集部諸作，雄筆藻思，善加利用，就可以增加文氣暢達的效果。

二、文與質並重說

《四庫全書簡明目錄》云：「贄文多駢句，蓋當時之體裁，然真意篤摯，反覆曲暢，不復見排偶之跡。」這是說宣公的文章，雖然駢散夾雜著使用，而立意懇切真摯，所以讀者只覺得流暢自然，不會有對偶的拘泥感覺。現在舉數例如下：

> 臣本書生，不習戎事。竊惟霍去病，漢之良者也。每言行軍用師之道，顧方略何如耳，不在學古兵法。是知兵法者無他，人情而已。見其情而通其變，則得失可辯，成敗可知。古人所以坐籌樽俎之間，制勝千里之外者，得此道也。[5]

> 夫欲理天下，而不務於得人心，則天下固不可理矣。務得人心，而不勤於接下，則人心固不可得矣。務勤接下，而不辨君子小人，則下固不可接矣。務辨君子小人，而惡

五　同註一，卷一，〈論兩河及淮西利害狀〉，頁六。

其言過，悅其順己，則君子小人固不可辨矣。[六]

伏以理國化人，在於獎一善，使天下之為善者勸；罰一惡，使天下之為惡者懲。是以爵人必於朝，刑人必於市，惟恐眾之不覩，事之不彰。君上行之無愧心，兆庶聽之無疑議，受賞當之無怍色，當刑居之無怨言。此聖王所以宣明典章，與天下公共者也。獎而不言其善，斯謂曲貸；罰而不書其惡，斯謂中傷。曲貸則授受不明，而恩倖之門啟；中傷則枉直莫辨，而讒間之道行。[七]

臣聞立國之本，在乎得眾；得眾之要，在乎見情。故仲尼以謂人情者，聖王之田，言理道所由生也。[八]

有天下而子百姓者，以天下之欲為欲，以百姓之心為心。固當遂其所懷，去其所畏，給其所求，使家家自寧，人人自遂。家苟寧矣，國亦固矣；人苟遂矣，君亦泰焉。是則好生以及物者，乃自生之方；施安以及物者，乃自安之術。[九]

在整齊鏗鏘的韻律中，添加一些散句，使文章產生波折變化，而達到舒卷自如的地步，這就是巧妙的手法。

六　同註一，卷三，〈奉天請數對群臣兼許令論事狀〉，頁二八。
七　同註一，卷八，〈謝密旨因論所宣事狀〉，頁七六。
八　同註一，卷二，〈奉天論前所答奏未施行狀〉，頁一六。
九　同註一，卷六，〈收河中後請罷兵狀〉，頁六二。

宣公之文，以意為主，不拘泥於文辭，而坦率懇切，最易打動人心，在當時曾發揮極佳的政治作用。例如用「不念率德，誠莫追於既往；永言思咎，期有復於將來」，「長於深宮之中，暗於經國之務；積習易溺，居安忘危」，「天譴於上而朕不悟，人怨於下而朕不知」。等句子表達了帝王反省自責的態度，而能使久受壓抑、心懷不滿的臣民心生感激，歸心於朝廷。宣公的奏議直言敢諫，文風曉暢明白，雖是駢體，卻避免駢文堆砌詞藻，大量使用典故的毛病，而保留其鋪陳排比的特色，充滿了雄辯的氣勢，表現在論說事理時，則剴切詳明，實為駢文體裁的革新作法。例如：

> 臣聞：作法於涼，其弊猶貪；作法於貪，弊將安救？示人以義，其患猶私；示人以私，患必難彌。故聖人之立教也，賤貨而尊讓，遠利而尚廉。天子不問有無，諸侯不言多少；百乘之室，不畜聚斂之臣。夫豈皆能忘其欲賄之心哉？誠懼賄之生人心而開禍端，傷風教而亂邦家耳。是以務鳩斂而厚其帑櫝之積者，匹夫之富也；務散發而收其兆庶之心者，天子之富也。天子所作，與天同方。生之長之，而不恃其為；成之收之，而不私其有。付物以道，混然忘情；取之不為貪，散之不為費。以言乎體則博大，以言乎術 則精微。亦何必撓廢公方，崇聚私貨；降至尊而代有司之守，辱萬乘以效匹夫

一〇 陸贄：《陸宣公全集》（台北，河洛出版社，一九七八年）卷一，〈奉天改元大赦制〉，頁一。

之藏。虧法失人，誘姦聚怨，以斯制事，豈不過哉！[一一]

本文從正反兩面闡述了天子立教治國的原則，深具正本清源的意義，難怪德宗皇帝看了以後，立即採納這個建議。由此可以證明，宣公文與質並重的主張。近人錢基博說：「陸贄崛起中唐，模楷一代，仍駢文之體，而不用典，不雕藻，辭欲其清，筆欲其暢，跌宕昭彰，意無不達，盡泯排比堆垛之迹焉。」[一二]湯承業也說：「陸贄爲德宗作詔誥，至武夫悍卒皆感泣，就是因爲其文真摯誠篤，雖承駢儷的俗體，然而反覆曲暢，不見排偶之跡，其形式雖爲『文』，其內容卻是『質』」。[一三]二人的正面評論，更肯定了宣公文質並重的說法。

三、駢文可經世說

一般人以爲駢文在於重視辭藻華麗、對偶工整、鋪陳細密的形式美，所以不能充分發揮義理，不足以當論說應用文章。如孫梅說：

奏疏一類，下係民瘼，上關政本，必反覆以伸其說，切磋以究其端，論冀見從，多浮

一一　同註一〇，《陸宣公奏議》卷四，〈奉天請罷瓊林大盈二庫狀〉，頁二四—二五。

一二　錢基博：《中國文學史》上冊（北京，中華書局，一九九三年）第四編，〈近古文學上〉，頁三四一。

一三　湯承業：《李德裕研究》（台北，嘉新水泥文化基金會叢書，研究論文第二六七種，一九七三年）第十二章，頁五六六。

靡而失實，理惟共曉，拘聲律而難明，此任沈所以棲毫，徐庾因之避席者也。[一四]

他認爲奏疏不宜用駢文書寫，表面看來言之成理，其實只是一偏之見。因爲駢文論說時，可以利用辭藻大肆引申譬喻，藉收鞭辟入裏之效。其次，藉鋪陳交待事情的來龍去脈，未曾不是替論說立下基礎的好方法。何況，如果駢散合用，更可以達到巧妙靈活運思之功，效果當然相當可觀了。

劉麟生說：「大抵宣公駢文，切於實用，明白曉暢，純任自然，一掃用典浮夸之惡習，其氣勢之盛，與散文相埒，駢文原爲美文，至此而駢文可爲應用文之真相，始大白於世，宣公亦人傑矣哉！」[一五]駢文本屬美文，在宣公筆下變成自然明暢，切合實用的文章。聶石樵說：「綜觀陸贄之駢文，不同於前人之作者，在於不隸事用典、少敷藻雕飾、明白流暢，純任自然地表敘人情事理，體現了中唐時期駢文之流變。」[一六]將駢文解放爲平易自然的應用文，令人不覺得有對偶的限制，這是宣公文章的特色，難怪後代有很多人要模仿他了。張仁青也說：「駢文至陸宣公，可謂極變化之能事。前乎此者，多吟詠哀思，搖蕩性靈之作，自宣公移以入奏議詔書之後，駢文之應用範圍，隨之擴大，不但可以抒情，可以敍事，亦可以議論。故駢文

一四　孫梅：《四六叢話》（台北，世界書局，一九六二年）卷十三，〈章疏六〉，頁二三九。
一五　劉麟生：《中國駢文史》（台北，臺灣商務印書館中國文化史叢書，一九六七年）第七章，〈陸贄〉，頁九一。
一六　聶石樵：《唐代文學史》（北京，師範大學出版社，二〇〇二年）第三節，〈中唐時期〉，頁四一八。

之形式雖未嘗變，而駢文之性質與內容均已改觀。」[一七] 駢文到了宣公手上，形式雖然依舊，但性質和內容已經產生變化了。底下列舉若干實例，以概見宣公運用駢文經世之一斑。

臣聞國家之立也，本大而末小，是以能固。又聞理天下者，若身之使臂，臂之使指，則小大適稱而不悖焉。身所以能使臂者，身大於臂故也；臂所以能使指者，臂大於指故也。王畿者，四方之本也；京邑者，又王畿之本也。其勢當令京邑如身，王畿如臂，四方如指，故用則不悖，處則不危，斯乃居重馭輕，天子之大權也。[一八]

夫幾者，事之微也。以聖人之德，天子之尊，且猶慎事之微，乃至一日萬慮，豈不以居上接下，懼失其情歟？書曰：「人心惟危，道心惟微。」微則萬幾之慮，不得不精也；危則覆舟之戒，不得不畏也。[一九]

陛下嗣位之初，務遵理道，敦行約儉，斥遠貪饕，雖內庫舊藏，未歸太府，而諸方曲獻，不入禁闈，清風肅然，海內丕變。……近以寇逆亂常，鑾輿外幸，既屬憂危之運，宜增儆勵之誠。臣昨奉使軍營，出由行殿，忽覩右廊之下，牓列二庫之名，懼然若驚，不識所以。……記曰財散則民聚，財聚則民散，非其殷鑒與？眾怒難任，終泄其患，豈

一七 同註二，頁五一二。
一八 同註一，卷一，〈論關中事宜狀〉，頁一。
一九 同註八。

> 徒人散而已，亦將慮有締姦鼓亂，干紀而強取者焉。[二〇]
>
> 孔子曰：「遠人不服，則修文德以來之，既來之則安之。」此其證也。如惑昧於懷柔，務在攻取，不懲教化之未至，不疵誠感之未孚，惟峻威是臨，惟忿心是肆。視人如禽獸，而暴之原野；輕人如草芥，而勦之銛鋒；叛者不賓，則命致討；討者不克，則將議刑。是使負釁者，懼必死之誅；奉辭者，慮無功之責。編甿以困於杼軸而思變，士卒以憚於死喪而念歸。萬情相攻，亂豈有定？[二一]
>
> 臣聞王者之道，坦然著明，奉三無私以勞天下，平平蕩蕩，無偏無側。所謂三無私者，如天之無私覆也，如地之無私載也，如日月之無私照也。其或有過，如日月之有蝕焉，過也人皆見之，更也人皆仰之。日月不疾於蔽虧，人君不吝於過失。虧而能復，無損於明；過而能改，不累於德。[二二]

立國之道，本大末小，因此鞏固，以身、臂、指作巧妙譬喻，道理說得十分透徹。其次，「見幾」、「慎微」乃考慮所有事情必備的要素，謀國者能不警惕嗎？再者，論德宗即位之初，崇尚節儉，但是爲德不卒，中途改節，應切記「財聚民散」的道理，免生不測之災，言詞懇切，深中人心。接著，繼續論說爲人君者，要以虛懷大度處世，息事安人，如此必得人心；反之，

二〇　同註一，卷四，〈奉天請罷瓊林大盈二庫狀〉，頁三一一—三一二。

二一　同註九。

二二　同註七。

則徒滋事端而已。可謂讜言正論了。最後，論人君改過之道，正大光明，語意通透，為不刊之論。

宣公駢文開啓了經世致用的風氣，一掃用典浮夸的惡習，與纖麗綺靡的歪風，另闢蹊徑，暢論國計民生等議題，形成了駢文前所未有的嶄新格局。

四、修辭以立誠說

易經「修辭立其誠」的說法，一直影響著後世。因為文章代表人的心聲，若不能秉持誠信原則，勢必無法感動人心，觸發共鳴，徒然流為形式美而已。宣公立論，句句從肺腑中流出，以淺近樸實的語言，用真摯愷切的態度，詳盡周密地論理，因此能打動人心，發揮高度的宣傳和激勵作用，可謂充分實踐修辭立誠的工夫了。清儒王夫之認為：宣公所有上奏德宗皇帝的文書，「推之使遠，引之使近。達之以其情，導之以其緒；曲折以盡其波瀾，而徑捷以御之坦道。擴其所憂，暢其所鬱；排宕之以盡其變，翕合之以歸於一。合乎往古之經，而於今允協；究極於中藏之密，而於事皆徵。」[二三]所以能匡正君心，撥亂反正，使唐室再度獲得安定。現在將「修辭立誠」的例子列舉如下：

二三　王夫之：《讀通鑑論》（台北，廣文書局，一九七一年）卷二十四，頁一三—一四。

宣之以言，言必顧心，心必副事。三者符合，不相越踰。本於至誠，乃可求感。事或未致，則如勿言。一虧其誠，終莫之信。[二四]

臣聞人之所助在乎信，信之所立由乎誠。守誠於中，然後俾衆無惑；存信於己，可以教人不欺。一不誠，則心莫之保；一不信，則言莫之行。故聖人重焉，以為食可去，而信不可失也。傳曰：「誠者，物之終始，不誠無物。」物者，事也；言不誠，則無復有事矣。匹夫不誠，無復有事；況王者賴人之誠以自固，而可不誠於人乎！[二五]

故諫者多，其納諫也，以補過為心，以求過為急，以能改其過為善，以得聞其過為明。故諫者多，表我之能好；諫者直，表我之能賢；諫者之狂誣，明我之能恕；諫者之漏泄，彰我之能從。有一于斯，皆為盛德。是則人君之與諫者，交相益之道也。[二六]

臣竊以領覽萬機，必先虛其心；鏡鑑群情，必先誠其意。蓋以心不虛則物或見阻，意不誠則人皆可疑。阻於物者，物亦阻焉；疑於人者，人亦疑焉。萬物阻之，兆人疑之，將欲感人心致於和平，盡物理使無紕繆，是猶卻行而求及前人也，無乃愈疏乎？[二七]

夫君天下者，必以天下之心為心，而不私其心；以天下之耳目為耳目，而不私其耳目。

二四　同註一，卷三，〈奉天論赦書事條狀〉，頁二二三。
二五　同註六，頁二五。
二六　同註六，頁二九。
二七　同註一，卷五，〈又答論姜公輔狀〉，頁四二。

故能通天下之志，盡天下之情。夫以天下之心為心，則我之好惡，乃天下之好惡也。是以惡者無繆，好者不邪，安在私託腹心，以售其側媚也。以天下之耳目為耳目，則天下之聰明，皆我之聰明也，是以明無不鑒，聰無不聞，安在偏寄耳目，以招其蔽惑也。[二八]

「言必顧心，心必副事」，言、心、事三者一致，也就是至誠的表現。其次，誠信爲一個人立身處世的根本，何況身爲一國之君，更不可拋棄誠信的原則。接著，以君主納諫爲例，即用最坦率真誠的態度，去聞過、改過、求過、補過，而毫無掩飾之意。再者，論人君應虛心誠意待人，才可化解阻力，取信於人，感動人心，走上中正平和的坦途。最後，談到君主應開誠布公，且用開放的心靈去面對臣民，如此，就不會被蒙蔽、迷惑，而秉持公理原則去做事了。這些論點，在宣公筆下，娓娓道來，均能一語中的，毫無偏差，所謂修辭立其誠，就是這個意思。

五、用典增文氣說

德宗貞元以後，局勢益亂，社稷孤危，人心渙散，宣公以誠信悟君心，遂草詔遍告天下，雖然是驕兵悍將，莫不感激涕零，翕然景從。王室由危轉安，宣公修辭立誠之功不可沒。

二八　同註一，卷十二，〈論裴延齡姦蠹書一首〉，頁一一三。

駢文常用典，若不用典故，辭藻難以華麗，音調難以諧合，也不易形成偶儷之言。但是如果用典欠當，會弄巧成拙；反之，用典貼切，則文氣大增。劉勰說：「經典沉深，載籍浩瀚，實群言之奧區，才思之神皐也。」又說：「將贍才力，務在博見，狐腋非一皮能溫，雞蹠必數千而飽矣。是以綜學在博，取事貴約，校練務精，捃理須覈，眾美輻輳，表裡發揮。」[二九]能博觀約取，應用恰到好處，文章自然具有說服力與可讀性。鍾嶸則說：「至今吟詠性情，亦何貴於用事？思君如流水，既是既日。高臺多悲風，並惟所見。清晨發隴首，羌無故實。明月照積雪，詎出經史。觀古今勝語，多非補假，皆由直尋。」[三〇]這是指好作品未必用典，當然可以理解，因為用典過多，難免有餖飣堆砌之嫌，而喪失自然的本色。

過去，官場上往來的文書，大多喜歡引經據典，但免不了陳腔濫調，缺乏新意。宣公事多疑之主，且在國運艱難之際，然而無論任何複雜的事情，在他筆下，常能以古事古語作比擬，且相當貼切活潑，令人讀後印象深刻。現在舉例如下：

> 臣聞禍或生福，福亦生禍；喪者得之理，得者喪之端。故晉勝鄢陵，范燮祈死；吳克勁越，夫差啟殃。是知禍不可以屢徼幸，得不可以常覬覦。居福而慮禍，則其福可保；見得而忘喪，則其喪必臻。[三一]

二九　同註四，卷八，〈事類〉，頁一〇。

三〇　鍾嶸：《詩品》（台北，臺灣中華書局，一九八八年）卷中，頁一。

三一　同註九，頁六〇。

燕昭築金臺，天下稱其賢；殷紂作玉杯，百代傳其惡，蓋為人與為己殊也。周文之囿百里，時患其尚小；齊宣之囿四十里，時病其太大，蓋同利與專利異也。[三二]

自昔多虞，順時而動。古公避狄，兆永祚於岐下；高帝徙蜀，建雄圖於漢中。[三三]

王者之師，本於立德；兵家之法，方務出奇。德以信成，奇以詐勝；理有違反，將何適從？宋襄成列而敗軍，見嘉魯策；韓信決囊以摧敵，取貴漢朝。[三四]

宣公之文，援古證今，但是沒有隱奧深沉的弊病，而有昭然若揭的實際。他用典高妙，推陳出新，一掃駢文用典浮誇的惡習，所以能說理清晰，論事透闢，極具說服力和感染力。

六、說理務求曉暢

一般人認為駢文擅長敷陳，而短於議論。但是宣公既長於議論，又善於敷陳，所以常令讀者揮涕感動，由心中興起高度的認同感。年羹堯說：「有唐陸敬輿先生制誥奏議之文，義烈感人心，文章鏘金石，自宋臣蘇軾、范祖禹等元祐進呈以來，人知尊奉，板行不絕。迄於今日，已如日月經天，江河行地，豈猶有待於表章而宣布之者…夫先生之文，本非有子雲之艱

三二　同註二〇，頁三三一。

三三　同註一〇，卷四，〈改梁州為興元府升洋州為望州詔〉，頁一二三。

三四　同註一〇，卷六，〈策問識洞韜略堪任將帥科〉，頁三七。

深，退之之佶屈，正以其周盡事情，人人可曉，故足以興起來學，感發性情。」[三五]所謂「周盡事情，人人可曉」，就是說理曉暢，使人人能理解的意思。現在列舉實例如下：

> 所謂委任責成者，將立其事，先擇其人；既得其人，慎謀其始；既謀其死始，詳慮其終；終始之間，事必前定。有疑則勿果於用，既用則不復有疑。待終其謀，乃考其事。事愆于素者，革其弊而黜其人；事協于初者，賞其人而成其美。使受賞者無所與讓，見黜者莫得為辭。夫如是，苟無其才，孰敢當任；苟當其任，必得竭才。此古之聖王，委任責成，無為而理之道也。[三六]

> 其獎善也，求之若不及，用之懼不周。如梓人之任材，曲直當分；如滄海之歸水，洪涓必容。能小事則處之以小官，立大勞則報之以大利。不忌怨，不避親，不抉瑕，不求備，不以人廢舉，不以己格人。聞其才必試以事，能其事乃進以班，自無不用之才，亦無不實之舉，如此則獎善之道得矣。[三七]

> 其納諫也，以補過為心，以求過為急，以能改其過為善，以得聞其過為明。故諫者多，表我之能好；諫者直，示我之能賢；諫者之狂誣，明我之能恕；諫者之漏泄，彰我之能從。有一于斯，皆為盛德。是則人君之與諫者，交相益之道也。諫者有爵賞之利，

三五　同註一，序跋，〈附年刊陸宣公集敍〉，頁五。

三六　同註一，卷七，〈請許臺省長官舉薦屬吏狀〉，頁六七。

三七　同註六，頁二九。

君亦有理安之利；諫者有獻替之名，君亦得採納之名。然猶諫者有失中，而君無不美。惟恐讜言之不切，天下之不聞，如此納諫之德光矣。[三八]

夫理天下者，以義為本，以利為末；以人為本，以財為末；本盛則其末自舉，末大則其本必傾。自古及今，德義立而利用不豐，人庶安而財貨不給，因以喪邦失位者，未之有也。故曰：「不患寡而患不均，不患貧而患不安」，「有德必有人，有人必有土，有土必有財」，「百姓足，君孰與不足」，蓋謂此也。自古及今，德義不立，而利用克宣，人庶不安，而財貨可保，因以興邦固位者，亦未之有焉。[三九]

七、開四六文先河

不管論說任何事理，都能委婉曲折，而文詞曉暢，條理清晰，這就是宣公文章的特色。前引「明白曉暢，純任自然」[四〇]，「不隸事用典、少敷藻雕飾、明白流暢，純任自然地表敘人情事理」[四一]等評語，就是這個意思。

三八 同註六，頁二九—三〇。
三九 同註二八，頁一一四。
四〇 同註一五。
四一 同註一六。

駢文早在六朝，即以四六字句為基本的句式，而直接以四六文稱駢文的，則始於晚唐李商隱的樊南四六甲集。張仁青說：「義山少以古文鳴，及佐令狐楚幕，盡傳其學，遂一變而成駢文大家，並首以四六名集。」[四二]李商隱早年擅長於古文，後來當令狐楚的幕僚，傳承了他的駢文學，而成為駢文大家。義山的駢文雖稱六四，而駢散錯綜，極富情韻之美，[四三]其成就頗為可觀。瞿兌之說：「李商隱的文章，與他的詩一樣，以使事精博，色澤濃麗見長，所以無形中便像了兩個古人徐陵和庾信，他的詩像庾信，他的文便像徐陵。總之，無論什麼複雜的情事，難言的衷曲，一道他手裡，便拿古事古語來比擬得十分確切，十分活動，再加上一種顯動的筆法，疏宕的文氣，真叫讀的人覺得娓娓忘倦。徐陵一派如此，陸贄一派也如此，商隱尤其能融合他們兩家之長，一個善於敘事，一個善於說理，都被他兼收並蓄了。」[四四]這個評論極有見地。

四二　張仁青：《中國駢文發展史》下冊（台北，臺灣中華書局，一九七〇年）第七章，〈唐代駢散文盛衰消長之激盪時期〉，頁四九二。

四三　例如李商隱撰、徐樹穀箋、徐炯註：《李義山文集箋註》（臺灣商務印書館景印文淵閣四庫全書，集部二一，別集類），〈謝河東公和詩啓〉，頁一〇八二—三一九：「某前因暇日，出次西溪，既惜斜陽，聊裁短什。蓋以徘徊勝境，顧慕佳辰，為芳草以怨王孫，借美人以喻君子。」即景抒情，顯得流麗清新。又如，前書頁一〇八二—三八八，〈祭小姪女寄寄文〉：「爾生四年，方復本族，既復數月，奄然歸無。於鞠育而未深，結悲傷而何極！來也何故？去也何緣？念當稚戲之辰，孰測死生之位！」以平常文字，發抒骨肉至情，達到淒婉動人的地步，洵為成功之作。

四四　瞿兌之：《中國駢文概論》（台北：文馨出版社，一九七五年）頁四四。

劉麟生歸納宋人駢文的特色有五點：一曰散行氣勢，於駢句中見之；二曰用虛字以行氣；三曰用典而仍重氣勢；四曰用成語以行氣勢；五曰喜用長聯；六曰多用議論以使氣。[四五]其中受陸宣公駢文影響之處委實不少。吳曾祺說：「陸宣公之奏議，間於不駢不散之間，善以偶語寓單行者；實爲自闢畦町，而爲宋四六之濫觴。」[四六]此說頗爲可取，但是宋人駢文，喜用長聯和典故，則與宣公的作風大異其趣了。

至於宋人四六文的例子，列舉如下：

伏念臣以一介之妄庸，荷三朝之眷奬，因時竊位，嘗俾贊於萬機，積日累年，訖無稱於一善，徒緣朴戆，動觸機危，每煩君父之保全，不殞始終之名節。[四七]然而群材方茂，蒲柳未秋而早衰。眾駿並馳，駑駘中道而先乏。而況荷難勝之任用，竊逾分之寵榮。風波憂畏而慮已深，疾病侵凌而老亦至。……竊惟臣之事君，必本忠信，言不顧行，是為罔欺。而臣口誦於田閭，身坐貪於祿利，可謂至公之議，何施有靦之顏？每自省循，莫遑啟處。是敢罔避再三之煩黷，猶希萬一之矜從。[四八]臣聞聖人之行法也，如雷霆之震草木，威怒雖盛，而歸於欲其生。人主之罪人也，如

四五　同註一五，第八章，〈宋四六及其影響〉，頁九五—九八。

四六　吳曾祺：《涵芬樓文談》（台北，臺灣商務印書館人人文庫，一九七三年）〈屬對第三十八〉，頁六五。

四七　歐陽脩：《歐陽脩全集》（台北，華正書局，一九七五年）卷四，〈蔡州再乞致仕第一表〉，頁一〇〇—一〇一。

四八　同註四七，〈蔡州乞致仕第二表〉，頁一〇三。

父母之譴子孫，鞭撻雖嚴，而不忍致之死。[四九]

是以用舍〔捨〕行藏，仲尼獨許於顏子。存亡進退，周易不及於賢人。自非智足以周知，仁足以自愛，道足以忘物之得喪，志足以一氣之盛衰。則孰能見幾禍福之先，脫屣塵垢之外，常恐茲世不見其人。[五〇]

緬惟藝祖之開基，實自高穹之眷命。歷年二百，人不知兵。傳序九君，世無失德。雖舉族有北轅之釁，而敷天同左袒之心，乃眷賢王，越居近服，已徇群情之請，俾膺神器之歸，繇康邸之舊藩，嗣我朝之大統。漢家之厄十世，宜光武之中興。獻公之子九人，惟重耳之尚在。茲為天意，夫豈人謀？尚期中外之協心，共定安危之至計。[五一]

以上所列各家之作，可謂宋四六文的典範，其寓散行氣勢於駢文之中，可謂宣公的流風餘韻所影響，而成為駢文的別裁。清人紀昀說：「贄文多用駢句，盡當日之體裁，然真意篤摯，反覆曲暢，不復見排偶之跡。《新唐書》不收四六，獨錄贄文十餘篇。司馬光《資治通鑑》錄其疏至三十九篇，上下千年，所取無多於是者。經世之文，斯之謂矣。」[五二]由宋人著作大量收錄宣公的文章，就可以充分證明他是開啓宋代四六文的先驅了。

四九　蘇軾：《蘇東坡全集》（台北，河洛出版社，一九七五年）前集卷二十五，〈乞常州居住表〉，頁三二〇。

五〇　同註四九，卷二十七，〈賀歐陽少師致仕啓〉，頁三四〇。

五一　汪藻：《浮溪集》〔臺灣商務印書館景印文淵閣四庫全書，集部六七，別集類〕卷十三，〈皇〔隆祐〕太后告天下手書〉，頁一一二八—一一六。

五二　紀昀：《四庫全書簡明目錄》〔臺灣商務印書館景印文淵閣四庫全書，集部別集類〕卷十五，頁六—二六〇。

第六章　陸宣公之評價

陸宣公生當中唐多事之秋，事多疑之主（德宗），其得君專任時，知無不言，言無不盡，常以一絲不苟的態度，貫徹到底的決心，去深思熟慮所面臨的種種問題，然後圓滿地達成任務。當他失意時，也毫無怨言，勇於接受現實的環境，爲避謗言，閉門考校醫方，寫成〈陸氏集驗方〉，以利蒼生。加以識見過人，才思敏捷，道德文章足爲天下後世法，所以歷代來，凡讀宣公著作者，莫不欽仰讚歎，視其爲正人君子。現在摘錄歷來對他重要的評語，並略作勾勒，依時代順序臚列於後。

一、唐代

（一）權德輿說：

公之秉筆內署也，推古揚今，雄文藻思，敷之為文誥，伸之為典謨，俾驃狡向風，懦夫增氣。……覽公之奏，則知公之為臣也。其在相位也，推賢與能，舉直措枉，將幹璿衡而揭日月，清氛沴而平泰階。敷其道也，與伊、說爭衡；考其文也，與典謨接軫。……覽公之奏議，則知公之事君也。古人以士之遇也，其要有四焉，才、位、時、命也。……公才不謂不長，位不謂不達，逢時而不盡其道，非命歟？[一]

「推賢與能，舉直措枉」是賢相所必備的要素，宣公真可以當之無愧。權氏以才、位、時、命論宣公，肯定他的才幹，有機會登上相位，也能逢其時，卻不能盡情地發揮理想，而歸之於命。這「命」字其實就是儒家所說：非人力所及的客觀因素啊！

（二）韓愈說：

德宗幸奉天，贄隨行在，天下騷擾，遠近徵發，書詔一日數十下，皆出於贄。贄操筆持紙，成於須臾，不復起草。同職皆拱手嗟嘆，不能有所助。……故行在制誥始下，聞者雖武人悍卒，無不揮涕感激。議者咸以為德宗剋平寇難，旋復天位，不惟神武成功，爪牙宣力，蓋以文德廣被，腹心有助焉。[二]

韓氏推崇宣公才思敏捷，能用最誠摯的心草擬制誥，所以極具感人的力量，連那些武夫悍卒也都「揮涕感激」，向德宗輸誠。而平定這一場亂事的，雖然直接是靠將士用命，不過，宣公事前那些鼓舞人心士氣的貢獻，應該是不會磨滅的。

一　陸贄撰、郎曄注：《評註陸宣公集》（台北，臺灣中華書局，一九七七年）卷首，權德輿：〈陸宣公翰苑集序〉，頁一二。

二　同註一，卷首，韓愈：〈順宗實錄〉，頁一三。

二、五代

劉昫說：

史臣曰：近代論陸宣公，比漢之賈誼，而高邁之行，剛正之節，經國成務之要，激切仗義之心，初蒙天子重知，末塗淪躓，皆相類也。[三]

這裡從操守、氣節、事功、道義四方面讚許宣公，而且拿他和賈誼後先媲美，因爲二人都有崇高的理想，並能謹守一貫立場，不會輕易改變的緣故。但是，論文章對後世的影響，恐怕賈誼要略遜一籌了。

三、宋代

（一）歐陽脩說：

贊曰：德宗之不亡，顧不幸哉！在危難時聽贄謀，及已平，追仇盡言，怫然以讒倖逐猶棄梗。至延齡輩，則寵任磐桓，不移如山，昏佞之相濟也。世言贄白罷翰林，以為

三 劉昫等：《舊唐書》（台北，鼎文書局，正史全文標校讀本，一九七九年）卷一三九，頁一〇三七。

與吳通玄兄弟爭寵，竇參之死，贄漏其言，非也。夫君子小人不兩進，邪諂得君則正士危，何可訾耶？觀贄論諫數十百篇，譏陳時病，皆本仁義，可為後世法，炳炳如丹，帝所用纔十一。唐祚不競，惜哉！[四]

德宗身處禍難中，對宣公言聽計從，可謂信任備至。等到亂事平定，國家亟待大力整頓之際，卻任用邪佞之輩，導致錯失大好的中興契機。歐陽公歎息德宗態度前後不一，且缺乏知人之明，使宣公不能盡其才。這不只是宣公個人的遺憾，更是國家無可彌補的損失。

（二）蘇軾說：

唐宰相陸贄，才本王佐，學為帝師，論深切於事情，言不離於道德。智如子房而文則過，辯如賈誼而術不疏。上以格君心之非，下以通天下之志。……德宗以苛刻為能，而贄諫之以忠厚；德宗以猜疑為術，而贄勸之以推誠；德宗好用兵，而贄以消兵為先；德宗好聚財，而贄以散財為急。[五]

東坡先讚美宣公的才學、言論，再將他比擬爲漢代的張良、賈誼；後面則推崇他勸諫德宗應該忠厚、推誠、消兵、散財，這正是德宗所欠缺的修養。如果帝王能虛心接納，且一一改進，則大唐中興的機運並非不可能。

（三）蘇軾又說：

四　歐陽脩—等：《新唐書》（台北，鼎文書局，正史全文標校讀本，一九七九年）卷一五七，頁一三二七。

五　同註一，卷首，蘇軾：〈進呈唐陸贄集劄子〉，頁一四一五。

文人之盛，莫若近世，然私所敬慕者，獨宣公一人。家有公奏議善本，頃侍講讀，嘗繕寫進御，區區之忠，自謂庶幾於孟軻之敬王，且欲推此學天下，使家藏此方，人挾此藥，以待世之病者，豈非仁人君子之至情也哉？[六]

東坡認爲宣公的心術，頗爲接近孟子，有撥亂反正之志，所以嘉許他是「仁人君子」。不只帝王應該讀他的奏議，而且要推廣到全民閱讀，如此必定有益於世道人心。真是有心人的見解啊！

（四）郎曄說：

陸贄蘊經濟之略，值德宗當艱難之初，勢雖危疑，動必剴切，無片言不合於理，靡一事或失於機。策之熟，見之明，若燭照而數計。言之重，辭之複，冀陽長而陰消。惜乎枘鑿不侔，冰炭難入。方其多難，姑屈意以聽從；逮至小康，遽追仇而擯棄。[七]

郎氏認爲：宣公胸懷經世濟民的策略，識見過人，遇事思慮周詳，往往能洞燭機先；處事則從容不迫，切合情理。德宗身處艱難之中，用其策而能定難；等出現小康局面後，又棄置而不用，頗爲可惜。這個看法和前述歐陽脩的相類似。

（五）林逢予有詩云：

六　蘇軾：《蘇東坡全集》（台北，河洛出版社，一九七五年）後集卷十四，〈答虔倅俞括奉議書〉，頁六一九。
七　同註一，序跋，郎曄：〈經進唐陸宣公集表〉，頁六。

> 仁義百篇唐孟子，排奸勁節凜秋霜。人生一死固不免，死落忠州骨也香。[八]

林氏以「唐朝的孟子」來讚美宣公，而著眼點於他論事決策時，都離不開「仁義」二字，且氣節操守很值得後人效法的緣故。所以雖然流落病死在荒僻的忠州，但是他的精神已經可以不朽了。

（六）陸蒙老也有詩云：

> 當時倉卒荷鴻籌，清白堪封萬戶侯。陵谷已非家世遠，畫橋依舊水東流。[九]

陸氏認爲：宣公受命於危難之際，肩負重責大任，而能清白自持，建立功業，即使受封爲萬戶侯，也當之無愧。本詩論點純屬個人的意見，無可厚非，但是稍嫌浮光掠影，不夠紮實。當然，光憑一首絕句詩是很難面面俱到的。

（七）許棐有詩云：

> 一編奏議從頭讀，句句冰聯玉綴成。不是德宗嫌切直，自緣唐室未升平。諂魂盡逐殘星滅，義魄長隨霽月明。我亦愛君憂國者，歲時來一拜先生。[一〇]

許氏閱讀宣公奏議，感受到他憂國傷時的心情，句句出自肺腑，想要振衰起弊，再次開始大

八　同註一，卷首，林逢予：〈宣公墓詩〉，頁二二〇

九　同註八，陸蒙老：〈宣公橋詩〉。

一〇　轉載自嚴一萍：《陸宣公年譜》〔台北，藝文印書館，一九七五年八月〕頁二一六。許棐：《融春小綴》〈題陸宣公堂〉。

唐的生機。難怪會覺得宣公的「義魄長隨霽月明」，而有意向他看齊了。

（八）沉義有詩云：

關河萬里暗風塵，捧日雲霄有幾人。共說奸邪多負國，獨憐內相是忠臣。中興奏議生前草，遺妙丹青死後身。一寸葵誠何似者，清霜白日照秋旻。[一一]

（九）項良枋也有詩云：

孤城落日冷蕭蕭，丞相祠堂漫寂寥。內禁萬言青簡在，忠州千里赤心遙。秋風斷燕迷湖渚，夜月啼烏上麗譙。祇有忠魂應未散，傷心欲賦楚辭招。[一二]

上述二首詩的內容，都是在表彰宣公清高的人格，以及公忠體國的精神；他不惜任何代價和奸佞小人周旋，而目的只要對國家有利；他忠於國家，忠於人民，忠於理想，忠於職守，他一生奮鬥的點點滴滴，十分值得後人效法。

（十）《近思後錄》說：

陸宣公當擾攘之際，說其君未嘗用數〔術〕，觀其奏議，可見欲論天下事，當以此為法。[一三]

這裡肯定宣公論事客觀公正，從不為了權宜之計而犧牲大原則，所以大家應該效法他始終如

一一　同註一〇，頁二二七。沉義〈宣公祠詩〉。

一二　同註一〇，頁二二七。項良枋〈秋日謁陸忠宣公祠堂詩〉。

一三　佚名：《近思後錄》〔國家圖書館藏線裝書〕卷十。

一的精神。這種就事論事的客觀心態，也是現代人所應具備的素養。

（十一）楊萬里說：

陸宣公自謂不負於所學，其果不負於所學耶？曰：不負云者，公之謙辭云耳。學之真，故其名節不待守而全；守且不待也，又何負不負之足為公道哉？……天下有偽學而無真儒，以偽學而廢真儒則惑矣。……有真學則無負無不負矣。……下罪己之詔以回天下之心；……專西平之任以復天下之業；……救蕭復以扶天子。天子有不拔之疑，解之者公也。擊裴延齡以沮小人。天子有不測之威，犯之者公也。著醫書以易怨詩。天下有不堪之窮，安之者公也。解天子之疑難也，未若犯天子之威者難也；犯天子之威者難也，未若安天下之窮者難也；舉天下之至難而皆公之所至易。一四

此處以真學、真儒來肯定宣公；以輔佐德宗挽回天下人心，來讚美他的功業；以拯救蕭復扶持皇上，來稱讚他的識見；以揭露裴延齡的罪狀，打擊那一群小人的爲非作歹，來說明他能匡正政風；以編輯醫書嘉惠偏遠地區的民眾，來推崇他仁愛的胸懷。更難得的是，宣公能「解天子之疑難」、「犯天子之威」、「安天下之窮」，這些大家認爲最難的事，他卻輕易地做到了。

一四　楊萬里：《誠齋集》（臺灣商務印書館景印文淵閣四庫全書）集部一〇〇，卷九十一，〈陸贄不負所學論〉，頁一一六一—一二〇三。

四、明代

劉基說：

士有以一身任社稷之安危，一言迴天下之趨嚮。蓋其智足以論事機，其誠足以動人心，故能出入危邦，扶持庸主。寵之而不阿，違之而弗懲，知有國而不知有其身，若是真可謂大臣哉！孔子稱大臣以道事君，不可則止。其或先蒙君之知，而期盡心以報効，知禍而不避，知難而不止。若唐陸宣公者，其去就雖殊，而其揆一也。孔子曰：「篤信而好學，守死善道。」宣公以之。[一五]

劉氏推崇宣公的才智、真誠、輔弼之功、忘懷寵辱及公忠體國之心，從人品、學識、事功三方面來評論宣公，而能免於一偏之見，所以得窺其精神全貌。而且標榜他特立獨行的人格特質，那就是敢做敢當，有爲有守，從來就不是一個只考慮到自己政治前途那種目光如豆的人啊！

一五　劉基：《誠意伯文集》〔台北，臺灣商務印書館國學基本叢書，一九六七年〕卷之八，〈嘉興路重修陸宣公書院碑銘〉，頁二〇〇—二〇一。

五、清代

（一）王夫之說：

修辭而足以感人之誠者，古今不易得也。非敬輿其能與於斯哉！今取其上言於德宗者而熟繹之，推之使遠，引之使近，達之以其情，導之以其緒，曲折以盡其波瀾，而徑捷以御之坦道。擴其所憂，暢其所鬱，排宕之以盡其變，翕合之以歸於一，合乎往古之經，而於今允協；究極於中藏之密，而於事皆徵；其於辭也，無閒然矣。貞元以後，棼亂之宇宙，孤危之社稷，渙散之人心，彊悍之戾氣，消融蕩滌，而唐室為之再安，皆敬輿悟主之功也。[一六]

宣公以一介書生從政，當局勢危殆之際，勸德宗下詔罪己，並奮其如椽之筆撰擬詔書，以真誠感動武夫悍卒，使其歸心中樞，大唐之所以危而復安，宣公之功不可沒。所謂「修辭立誠」正是這個意思。其次，宣公文章雖出於一時之需而作，其中心思想卻不離政治原理，故極受後人重視。可見王氏對宣公持著相當敬佩的看法。

（二）蔡世鉞說：

一六　王夫之：《讀通鑑論》（台北，廣文書局，一九七一年）卷二十四，頁一三－一四。

上不負天子，下不負吾所學，乃所以為陸宣公也。吉甫罪有可貶則貶之，及相遇忠州，不銜前事，吉甫禮誠厚矣。宣公何慚焉？又何懼焉？陛下怒臣未已，姜公輔此奏，明云得之竇參，是以參已貶郴州，宣公何必必死之而後快哉？乃謂參死，贄有力焉。則時議之繆妄，不當採入傳。[一七]

關於李吉甫、竇參事件，詳參本書附錄〈陸宣公年譜〉，貞元十一年乙亥條下。其實，政壇原本難免有紛爭，而成敗是非也是短暫的事情，何必時時掛在心頭呢？況且吉甫是一個胸懷廣闊的人，而宣公也是一個道德自律很嚴的人，即使之前有些誤會，應該不難冰釋。至於竇參、裴延齡之輩，營私弄權，後世自有公論，自然不必多費唇舌了。

（三）程嘉謨說：

古人以士之遇也，其要有四焉，才、位、時、命也。……唯（宣）公才不謂不長，位不謂不高，逢時而不盡其道，非命歟？（按：上引權德輿序）裴氏之子，焉能使公不遇哉？說者又以房、魏、姚、宋逢時遇主，克致清平。陸君亦獲幸時君，而不能與房、魏爭列，蓋道未至也。應之曰：道雖在我，宏之在人。蜚蝗竟天，農稷不能善稼；奔車覆轍，丘軻亦廢規行。若使四君與公易時而相，則一否一臧，未可知也。而致君不

一七　蔡世鈸：《讀舊唐書隨筆》（台北，新文豐出版公司叢書集成新編一一四）頁五一〇。

及貞觀、開元者，蓋時不幸也，豈公不幸哉？以為其道未至，不亦誣乎？[18]

此處除了贊同權氏所謂「命」的觀點外，又反駁所謂「其道未至」之論。因帝王時代，即使高登相位，想一展平生抱負，能否實現，關鍵繫於國君信任之專、授權之實，當然還有其他客觀因素的存在。論者以房玄齡、魏徵、姚崇、宋璟逢時遇主，成就一番功業，垂名青史，而宣公「亦獲幸時君」，卻不能與房玄齡等並列。其實，以德宗和太宗、玄宗相提並論，本來就不恰當，且整個歷史環境也不盡相同，這種信口批評缺乏公正性，不值得反駁。

（四）江榕說：

（宣公）所著奏議各狀，愷切詳明，足稱金鑒，至今板行不絕，公誠天地之偉人哉！自古廟廊深邃之地，謀議不能盡傳，獨公奏議，千載如揭，萬世若新，……按公以道義之躬，發為經濟，下筆千言立就，坡老稱古今文不起草者，公一人而已。蓋公之文有體有用，一生事跡人品，觀其奏議各狀足矣。[19]

江氏認為：從宣公奏議裡，可以發現他秉持道義的胸懷，來經世濟民，文章洋洋灑灑，有體有用，而愷切詳明，能窺見他的人格，值得當作後人的楷模。這是就文章的角度來評論宣公的說法，也有相當的見地。

一八　程嘉謨編修：《歷代名賢確論》（台北，臺灣商務印書館景印欽定四庫全書本）卷八十四，頁六八七—七一一。

一九　同註一，卷首，江榕：〈陸宣公年譜輯略〉，頁一九—二〇。

（五）丁晏說：

公為相不滿三載，又為僉壬忌嫉，任用不專。其專任得君之時，反在倉皇戎馬之際，方其奉天出狩，言聽計從，一旦相失，帝為驚泣，任之如此其重也。及乎大難既夷，柄用未久，疑貳滋生，瀕於死地，棄之如此其輕也。然而任之則安，棄之則危，遇與不遇，唐之興衰係〔繫〕焉，於公何加損哉！[二〇]

丁氏替宣公抱屈之餘，也爲唐朝國勢的興衰作一個自己的論斷，而認定德宗用人不能始終信任不疑，則是整個關鍵所在。當然，丁氏對他佩服得五體投地，甚至替他完成詳細的年譜。筆者研究這個主題時，參考該年譜之處甚多，本來應該贊同這個看法。但是，光以宣公能否始終受德宗信任，來決定整個朝代的興衰，而忽略了其他客觀條件，恐怕太一廂情願了吧！

（六）曾國藩說：

陸敬輿事多疑之主，馭難馴之將，燭之以至明，將之以至誠，譬若馭駑馬，登峻坂，縱橫險阻，而不失其馳，何其神也！[二一]

曾氏這段評論文字，偏重奉天定難的事跡，詳情具見第二章第一節、第三節及附錄，茲不再贅。本段既然出自〈聖哲畫像記〉，難免帶有誇飾的語氣。

（七）王士禎有詩云：

二〇 陸贄：《陸宣公全集》（台北，河洛出版社，一九七八年），丁晏：〈陸宣公年譜序〉，頁一。

二一 曾國藩：《曾文正公全集》（台北，大東書局，一九七〇年）文集，〈聖哲畫像記〉，頁四四。

> 賈傅長沙謫，靈均澤畔吟。千秋同涕淚，萬里更登臨。劍北崎嶇日，山東父老心。陽城如可作，為我助霑襟。[二二二]

當宣公罷相之際，裴延齡又乘機中傷，朝廷內外恐懼，認爲他有不測之禍，所以沒有人敢力挺他。只有諫議大夫陽城、金吾將軍張萬福仗義直言，上疏痛論延齡奸佞，贄等無罪。後來陽城改調國子司業，即肇因於此。王氏用詩人易感的心靈，替宣公的遭遇喊冤，甚至將他比作屈原和賈誼，而遺憾他的才華無法再展現，只能埋身忠州屏風山，留待後世有心人來憑弔了。

（八）魏源說：

> 小事不糊塗之謂能，大事不糊塗之謂才。才臣疏節闊目，往往不可小知；能臣又近燭有餘，遠猷不足，可以佐承平，不可以勝大變。夫惟用才臣於廟堂之上，而能臣供其臂指，斯兩得之乎！臨大事，決大計，識足以應變，量足以鎮猝，氣足以懾眾，若張良、霍光、龐士元、謝安、陸贄、寇準、韓琦、李綱，其才臣歟！……[二二三]

魏氏以才氣、能力來評論歷史上的名臣，雖然比較主觀，但是也有相當見地。而這段文字所舉諸人，在歷史上都有一定的評價，「識足以應變，量足以鎮猝，氣足以懾眾」，正好可以說

二二二　王士禛撰、惠棟註：《漁洋山人精華錄訓纂》（台北，臺灣中華書局，一九八八年）卷七上，〈屏風山謁陸宣公墓〉，頁三〇。

二二三　魏源：《魏源集》（台北，鼎文書局，一九七八年）〈默觚下・治篇七〉頁五四。

明他們的共通點。對宣公來說，「才臣」應該可以當之無愧。

（九）張佩芳說：

及其為相，迺益殫所學，區大計，決大疑，以體國之忠，為不刊之論，洞察時變，折衷古今。雖當時不能盡用，迨其後皆可見諸施行，而有裨于治道，視夫以空文自見者，迥不侔矣。二四

張氏推崇宣公有真材實料，能博通古今，切於世用，而不是空以文章見長，和那些舞文弄墨的書生不能相提並論。這個見解頗爲可取。

（十）楊恩壽說：

陸宣公嘗謂：上不負天子，下不負所學。及觀其奏議，不為迂闊之論，不作憤激之談，不逞淵博之才，不蹈空疏之弊；指陳得失，洞澈古今。然後歎其言之非誇也。二五

楊氏從宣公奏議中，看出他論述事情時，以平常心就事論事，不唱高調、不尚空談，所以能鞭辟入裏，掌握要點。這可以說是善於讀書，而爲宣公千載以下的知音了。

六、民國

二四　陸贄著、張佩芳注：《翰苑集注》（台北，世界書局，一九八〇年）〈唐陸宣公翰苑集注自序〉，頁二。

二五　楊恩壽：《眼福編初集》〔台北，文史哲出版社〕卷一，〈唐陸宣公古詩真蹟卷跋〉，頁一一七。

（一）**許德鄰說：**

夫宣公功業經濟，方策所載，昭乎百世。……且公之所言，非若欲以文章撰述傳諸後世，炫其名也。以公處群寇飛揚，干戈擾奪，四海沸騰，乘輿播蕩之秋，而能以誠信規格君心。奉天草詔，天下歸仁，悍將驕兵，罔弗感激零涕，翕然景從，入人之深有如此，豈假文詞之功哉？子曰：「修辭立其誠。」又曰：「有德者必有言。」凡公之所言，與其所言之效，卒能覆強藩而延唐祚，成中興之業者。於戲！蓋在彼而不在此。[二六]

宣公文章，名滿天下，但他的本意並不是以此自滿，所以上疏時屢次用「誠信」感動君心，希望德宗走向正道；草詔時則以「誠信」感動驕兵悍將，使天下歸仁。許氏以「修辭立其誠」、「有德者必有言」來讚美宣公，堪稱十分得體。

（二）**沈卓然說：**

其制誥，聞者感格，踵美典謨；其奏議則剴切而質直，條達以明暢；公之謀猷經濟，於是乎可見。蓋自宋代，已為世所宗，故蘇軾進呈陸贄奏議劄子，以為「才本王佐，學為帝師」者，公實足以當之而無媿，是豈特輔弼之臣而已哉？[二七]

沈氏認爲宣公不只是輔弼之臣而已，他所擬的制誥足以感化導正人心，他的奏議體大思精，可以看出他經世濟民的才略，稱之爲「王佐」、「帝師」，真可以當之無愧了。

二六　同註一，序跋，許德鄰：〈彙刊評註陸宣公集序〉，頁二。
二七　同註二〇，沈卓然：〈重編陸宣公全集序〉，頁二。

（三）**周養初說：**

其文雖多出於一時匡救規切之語，而於古今來政治得失之故，無不深切著明，有足為萬世龜鑑者，故歷代寶重焉。[二八]

周氏認爲宣公文章雖屬匡救時局、規勸君主的一時之作，但是篇篇都合乎政治原理，可以留供後世借鏡，而且歷久彌新，值得大家參考。

（四）**費鞏說：**

宣公政事德行，議論端實，明體達用，竭忠藎以籌劃機宜，本仁義以譏陳時病。性行醇厚，學術純正。……惜以群邪沮謀，直道不勝，所抱負者甚鉅，而展布者有限。昏佞膠漆，正直不容，自古已然，於今為烈，豈獨宣公一人之遭際不幸已哉？此所以理世少而亂日多也。雖然，論人觀其學術規模之大小，不以事功成敗為高下，若宣公者，固可以不朽矣。[二九]

這裡先肯定宣公的政事德行，其次，再說因爲受讒邪所陷害，所以理想抱負未能充分施展，遂導致「理世少而亂日多」；與其說是宣公的遺憾，不如說是蒼生的不幸。後面，認爲評論他人的學術修養，不能光看他的事功成敗，因爲背後常存有許多客觀條件，並非可以一概而論，

二八　周養初選注：《陸贄文》（台北，臺灣商務印書館，一九七六年），序錄，頁二。

二九　費鞏：〈陸宣公之政治思想與政治人格〉（貴州遵義，國立浙江大學文學院發行，《浙江大學文學院集刊》第二集，一九四二年六月）頁四五五—四八三。

否則極易流於武斷偏狹。費氏這段話應該是閱讀歷史時有感而發的講法，同時也是研究歷史人物所不能忽略的基本態度。

(五)陳芳草說：

陸宣公生平做人作事，無不嚴守謹慎不苟的態度，貫徹負責到底的精神，…不論是有關國家的安危大計，抑或為普通的一般例行公事，只要一落到他手裡，無不小心翼翼，殫思竭慮，往往夜以繼日，務求徹底解決問題，圓滿達成任務。[三〇]

事無大小，一律認真看待，竭盡思慮，務求徹底解決問題，是宣公做人做事的準則。由此可見他不僅具備高瞻遠矚的眼光，而且思慮縝密，更有力行實踐、負責到底的毅力，雖然結果有成敗利鈍，後人難道忍心苛責嗎？陳氏「不以成敗論英雄」的史觀，正是所有善於閱讀歷史者共同的心聲。

(六)江菊松說：

陸贄〔敬輿〕的駢文，受古文之影響，明白曉暢，切於實用，縷析條分，真意篤摯，純任自然，一掃用典浮夸之習。其氣勢之盛，與散文相埒。駢文原為美文，陸宣公卻使之成為極切實用之應用文。[三一]

中唐以後，駢文因為受古文運動的影響，所以慢慢把崇尚唯美的風格轉變過來，而走向實用

三〇　陳芳草：〈陸宣公平議〉〔台北，現代學苑四卷十二期，一九六七年十二月十日〕頁四八五—四八八。
三一　江菊松：《宋四六文研究》〔台北，華正書局，一九七七年〕頁一三。

的道路。江氏認爲宣公就是這個趨勢下的代表人物。

（七）謝鴻軒說：

宣公奏議，多自漢人奏疏中得來。按漢代奏疏家，如董仲舒、晁錯、劉向、匡衡，皆湛深經術之士；故發為文章，立言既有本原，措辭亦復精粹，而態度沖和不迫，尤自具風格。三二

謝氏認爲宣公奏議得力於漢人奏疏，這個看法當然很正確。而宣公經術思想的精湛，誠如前面所述，故文章篇篇立論有根據，措辭精確，意義深刻，能自成一格。所以十分受後人仰慕。

（八）張仁青說：

中唐之世，以文章而成相業，以忠懇而導中興；上承燕許以散文之氣勢運偶句，下開晚唐趙宋四六文之先河。義理之精，足以比隆濂洛；氣勢之盛，亦堪方駕韓蘇。接軫典謨，垂範百世者，自陸贄而外，指難再屈矣。三三

張氏對宣公的文章可謂推崇備至，認爲他繼承了張說、蘇頲，用散文的氣勢去使用對偶句子，而開啓了晚唐、宋代四六文的先河，論義理、氣勢，都十分可觀，尤其是對後世的影響非常深遠。

三二　謝鴻軒：《駢文衡論》（台北，廣文書局）下編，通論，頁五九四。
三三　張仁青：《駢文學》（台北，文史哲出版社，一九八四年）第七章，〈駢林七子〉，頁五〇四。

第七章　結　論

處在積弊叢生的中唐時代，內則相權分奪、財政拮据、上下隔閡、貪污盛行、宦官掌軍，外則藩鎭驕橫、外患頻仍，再加上儒學勢微、士風敗壞等諸多因素的影響，遂導致許多人對時局感到灰心，或是遑遑不可終日，或者遁入山林，過著清閒的生活。陸宣公秉持書生的滿懷理想，透過環境之省察，學問之累積，處事之經驗，逐漸醞釀、形成了完整的思想體系。然後奮其如椽之筆，力諫君主遵循正道；以至誠感動武夫悍卒心向朝廷，屢建奇功，使國勢轉危爲安。可惜唐德宗徒有知人之明，卻不能始終用人不疑；在危難時聽從宣公之謀，等亂事平定了，卻又輕信小人的讒言，而疏離、罷黜了宣公。致宣公之才十不盡其一，徒然留給後人無限遺憾和嘆息。

爲了探究陸宣公的思想內涵，必須先全盤瞭解他的生平事跡，遂蒐集所有相關史料，選精擇要，纂成宣公傳略、世系及年表，〔詳細年譜則置於附錄〕因內容繁富，具見前文，茲不爲之撮要。至於宣公之思想內容，則可分爲：人生哲學、政治思想、財經思想、軍事思想、文學思想五個層面來探討。

首先，論宣公的人生哲學。因爲他懷著崇高理想，以關懷拯救蒼生、政局爲己任，而著眼於現實世界；所以論天人關係時，承認有天命，但是存而不論；故人事不修，不能怨懟天命，而肯定了「天命由人」之說。論人生至道的必經之路，則爲：仁義、誠信、無爲、有爲。論人生問題方面，則有：義利之辨、自然與人爲、理欲之辨等三項。上述這些觀念，有的發揮或折衷先哲之言，也有獨具慧眼之處，足資世人參考。

其次，論宣公的政治思想。他雖然著眼於實際政治，卻不侷限於現實政治層面，而寄託其崇高的理想。又因爲他強調名利和刑賞，所以有人認爲他的思想比較接近法家。其實，宣公是以人民爲政治的主體，和以君主爲主體的法家迥然有別；所以他的主張仍然偏向儒家。而且，強調刑賞之說，也不一定就是法家，因爲刑賞出於禮義，而由禮義開展向法治的，則是儒家的荀子，所以逕指宣公屬法家者，顯然並不正確。至於他的政治思想內容，則有：修明君德以造福蒼生；鞏固中樞以壓制藩鎮；重視輿論以瞭解民意；推誠納諫以收眾智爲智之功。在取才用人方面，避免人事七患，秉持公、誠、禮三原則；分層授權以拔擢真才；委任責成，任賢勿猜；才有短長，錄長補短；廣求精考，取吏三術。在刑賞之法則方面，主張循名責實，信賞必罰；爵賞勿濫，愛惜名器；刑以止惡，明恕爲貴；罰輕赦重，恩赦貶官。以上這些見解，均能針對當時政治的缺失，規劃出可行可久的策略，具有相當價值。

至於他的財經中心思想旨在養民。要點則有：勤勞生財，取用有節，富國裕民；論兩稅法弊端及釐革之方爲：賦稅求均平、徵稅求便民、授田（爲民制產）、增戶減稅、課稅以布帛爲額。至於議減鹽價，以裕民生；管理通貨，穩定物價；端正官箴，發展貿易。以上各項主張，都相當精闢。這些觀點不僅符合了當時社會的需要，有些見解甚至和近代財政學原理若合符節，非常難能可貴。

宣公雖係一介書生，然而平日好學深思，在談論兵法時，均由人情出發，論點亦切實可行。其要點爲：除暴安民，用兵之義；用兵六失，痛切檢討；強幹弱枝，以利節制；掌握敵情，出奇制勝；擇將得人，練兵得法；將專其謀，君勿遙制；移民屯墾，鞏固邊防；修養武德，積學勵行。上述軍事思想，都是來自他深切體認當時國家處境的結晶，雖然徵引古聖先哲之言，而有體有用，洋洋灑灑，頗爲可觀。

身處變亂的政局，宣公以至誠之心，理性的思考，陳述匡救時弊的良方，上格君心之非，下使武夫悍卒感泣奮發，其最有利的武器即是文學，甚至有人推許他以文章成相業。宣公的文學思想，其內容爲：鎔鑄經史子集、文與質並重說、駢文可經世說、修辭以立誠說、用典增文氣說、說理務求曉暢、開四六文先河等七項。他的文章廣受後代推崇，傳世不朽，甚至被奉爲制誥奏議類應用文的典範，具有劃時代的意義。

綜觀陸宣公一生，「性行醇厚，學術純正」（費翚語），內「蘊經濟之略」（郎曄語），故「說其君未嘗用數」（朱熹語）。而且「才本王佐，學爲帝師」（蘇軾語）；平生自許「上不負天子，下不負所學」（陸贄語），故能發揮「寵之而不阿，違之而弗懲，知有國而不知有其身。…知禍而不避，知難而不止」（劉基語）的大無畏精神。其識見能「洞察時變，折衷古今」（張佩芳語），所以「論諫數十百篇，譏陳時病，皆本仁義，可爲後世法」（歐陽脩語），故被推許爲「仁義百篇唐孟子」（林逢予語）。可惜德宗未能始終信任，致其「所抱負者甚鉅，而展布者有限」（費羣語）；至於朝廷「任之則安，棄之則危，遇與不遇，唐之興衰係焉。」（丁晏語）更賦予宣公不朽的歷史地位。

附錄　陸宣公年譜

我國自古以來，史籍體系繁多，其中紀傳、編年兩類尤為重要。因欲瞭解某人物一生行誼，透過傳記可以一氣呵成，其間雖有詳略，卻不難掌握其具體而微的影像；而在敘事之中，為了避免枝節蔓生，以致先後不分，本末混淆，所以編年式的記載也不可或缺。

陸宣公傳略既寫畢，底下將蒐集到的有關年譜資料參互校訂，並加按語，儘量求其切理、合情、符合史實，期能當作讀宣公文章、論述宣公為人行事或欲瞭解當時史實者的參考。所收主要資料、年譜計有《順宗實錄》十二種，依時代順序臚列如下：

唐　韓愈　順宗實錄（以下簡稱實錄）

唐　權德輿　陸宣公翰苑集序（以下簡稱權序）

唐　陸贄　陸宣公全集

後晉　劉昫等　舊唐書

宋　歐陽脩等　新唐書

宋　司馬光等　資治通鑑（以下簡稱通鑑）

清　江榕　陸宣公年譜輯略（以下簡稱江譜）

清　丁晏　陸宣公年譜（以下簡稱丁譜）

清　楊希閔　陸宣公年譜（以下簡稱楊譜）

清　耆英參訂、民國　周養初補正　陸宣公年譜輯略（以下簡稱周譜）

民國　嚴一萍　陸宣公年譜（以下簡稱嚴譜）

民國　謝武雄　陸宣公年譜（以下簡稱謝譜）

另外參考其他四種資料，列舉如下：

景印清康熙二十年刊本　大明一統志　嘉興府志

清　齊召南編、阮亨校　歷代帝王年表

清　吳榮光　歷代名人年譜（以下簡稱吳譜）

民國　姜亮夫　歷代人物年里碑傳綜表

【陸宣公年譜】

唐玄宗天寶十三年甲午（西元七五四年）五月三十日，公生。

江譜：誕生十一月初八日子時。

楊譜：五月三十日，公生。

嚴譜：五月三十日辰時生；或云十一月初八日子時誕生。

按：各本均作生於天寶十三年，惟月日有不同說法，姑存以備參考。

《舊唐書本傳》：陸贄，字敬輿，蘇州嘉興人。

《大明一統志・嘉興府志》：公諱贄，字敬輿，姓陸氏，唐吳郡嘉興人。曾祖諱敦信，高宗時拜左待極檢校左相，封嘉興子。祖諱齊望，代宗時爲秘書少監。

權序：公諱贄，字敬輿，吳郡縣人，溧陽令侃之子。…母韋氏。

天寶十四年乙未（西元七五五年），二歲。

按：丁譜在此年下有舊傳：「少孤，特立不群，頗勤儒學。」之語。而侃卒於何年，史無明文，故列於二歲之下。此乃強調其獨立行徑，且勤於儒學之事跡，若論其實並不合情理。

《新唐書本紀》：是年十一月甲子，安祿山發所部兵，及同羅、奚、契丹、室韋凡十五萬眾，號二十萬，反於范陽。

唐肅宗至德元年（天寶十五年）丙申（西元七五六年），三歲。

《新唐書本紀》：六月辛卯，蕃將火拔歸仁執哥舒翰，叛降於祿山，遂陷潼關。已亥，祿山陷京師。

通鑑卷二一九：七月甲子，肅宗即位於靈武，尊玄宗爲上皇天帝。赦天下，改元。

至德二年丁酉（西元七五七年），四歲。

《新唐書本紀》：是年正月乙卯，安慶緒弒其父祿山。九月癸卯復京師。十二月丙午，上皇天帝至自蜀郡。乙丑史思明降。

乾元元年戊戌（西元七五八年），五歲。

《新唐書本紀》：四月乙卯，史思明殺范陽節度副使烏承恩以反。

乾元二年己亥（西元七五九年），六歲。

《新唐書本紀》：三月壬申，史思明殺安慶緒。

上元元年庚子（西元七六〇年），七歲。

上元二年辛丑（西元七六一年），八歲。

《舊唐書本紀》：三月戊戌，史思明為其子朝義所殺。

寶應元年壬寅（西元七六二年），九歲。

《舊唐書本紀》：四月丁卯肅宗崩。……甲戌，特進奉節郡王适可天下兵馬元帥。……五月丙戌，奉節王适進封魯王。……九月丁丑朔，魯王适改封雍王。……十月辛酉，詔天下兵馬元帥雍王統河東朔方及諸道行營回紇等兵十餘萬討史朝義。……十一月丁酉，賊范陽尹李懷仙斬史朝義首來獻請降。

按：李适即後來的德宗。

唐代宗廣德元年癸卯（西元七六三年），十歲。

《舊唐書本紀》：七月壬子改元廣德。元帥雍王兼尚書令。

廣德二年甲辰（西元七六四年），十一歲。

《舊唐書本紀》：二月己巳朔，冊天下兵馬元帥尚書令雍王适爲皇太子。

永泰元年乙巳（西元七六五年），十二歲。

楊譜：閔案：少孤，史不定何年月，玩頗勤儒學語，最慧應在十二歲前後。丁譜列在二歲下，今酌錄於此。

永泰二年——大曆元年丙午（西元七六六年），十三歲。

《舊唐書本紀》：十一月甲子日長至，上御含元殿，下制大赦天下，改永泰二年爲大曆元年。

大曆二年丁未（西元七六七年），十四歲。

大曆三年戊申（西元七六八年），十五歲。

通鑑卷二二四：六月壬辰，幽州兵馬使朱希彩、經略副使昌平朱泚、泚弟滔共殺節度使李懷仙，希彩自稱留後。……十一月丁亥，以幽州留後朱希彩爲節度使。

大曆四年己酉（西元七六九年），十六歲。

《舊唐書本紀》：五月辛卯，以僕固懷恩女爲崇徽公主，嫁回紇可汗。

按：肅、代兩朝採取聯絡回紇以抗吐蕃的政策，此乃和親關係之運用。又如肅宗乾元元年（西元七五八年），曾以寧國公主與榮王之女嫁回紇英武威遠毗伽可汗，亦屬和親之例證。

大曆五年庚戌（西元七七〇年），十七歲。

大曆六年辛亥（西元七七一年），十八歲。

《舊唐書本傳》：（贄）年十八登進士第，以博學宏辭登科，授華州鄭縣尉。

權序：（贄）年十八登進士第，應博學宏辭科，授鄭縣尉。

實錄：（贄）年十八，進士及第，又以博學宏詞授鄭縣尉。

按：舊譜皆按照上述講法列於本年下，只有嚴譜引〈徐松登科記考〉、嚴耕望〈唐僕尙丞郎表輯考〉，證明宣公舉大曆八年進士爲可信。因所據資料太長，請查閱嚴譜九至十頁。筆者贊同此說。

大曆七年壬子（西元七七二年），十九歲。

《新唐書本紀》：秋七月，幽州盧龍將李懷瑗殺其節度使朱希彩，經略軍副使朱泚自稱留後。

通鑑卷二二四：十月辛未，以泚爲檢校左常侍幽州盧龍節度使。

大曆八年癸丑（西元七七三年），二十歲。禮部侍郎張謂知貢舉，公舉進士第六人，博學宏詞登科，授華州鄭縣尉。

《唐詩紀事》卷二十五：（張謂）大曆間爲禮部侍郎，典七年、八年、九年貢舉。另卷三十二：（陸贄）大曆八年試禁中春松……。

按：《全唐詩》卷二八八，有〈禁中春松〉詩「陰陰清禁裡，蒼蒼滿春松。雨露恩偏近，陽和色更（一作正）濃。高枝分曉日（一作月），虛吹（一作靈韻）雜宵鐘。香助鑪烟遠，形疑蓋影重。願符千載（一作歲）壽，不羨五株封。儻（一作長一作幸）得迴天眷，全勝老碧峯。」

《嘉興府志》卷之十八：錢起〈送陸贄第還蘇州詩〉：鄉路歸何早，雲間喜擅名。思親盧橘熟，帶雨客帆輕。夜火臨津驛，晨鐘隔浦城。華亭養仙羽，計日再飛鳴。

大曆九年甲寅（西元七七四年），二十一歲。

《舊唐書本紀》：九月庚子幽州節度使朱泚來朝。……十二月庚寅以中書舍人楊炎爲吏部侍郎。

按：各譜此年下並無特殊記事。只有嚴譜認爲公當由蘇州還鄭縣，一直到大曆十二年罷秩東歸省母，在該縣三年左右。但宣公罷秩實在大曆十一年，詳見下述。

大歷十年乙卯（西元七七五年），二十二歲。

通鑑卷二二五：正月乙巳，朱泚表請留闕下，以弟滔知幽州盧龍留後，許之。

《新唐書本紀》：正月戊申，田承嗣反。

《舊唐書本紀》：九月戊午，幽州節度使朱泚鎮奉天。

大曆十一年丙辰（西元七七六年），二十三歲。

《新唐書本紀》：正月庚寅朔，田承嗣降。……五月，汴宋都虞侯李靈耀反。十月丙午，田承嗣以兵援靈耀。……甲寅，靈耀伏誅。

《舊唐書本傳》：（贄）罷秩東歸省母，路由壽州，刺史張鎰有時名，贄往謁之。鎰初不甚知，留三日，再見與語，遂大稱賞，請結忘年之契。及辭，遺贄錢百萬曰：願備太夫人一日之膳。贄不納，惟受新茶一串而已。

《舊唐書・張鎰傳》：李靈耀反於汴州，鎰訓練鄉兵，嚴守御之備，詔書褒異，加侍御史、沿淮鎮守使。尋遷壽州刺史。

按：丁譜載宣公謁張鎰在大曆十一年，楊譜從之。嚴譜列在大曆十二年下。據上引資料看，嚴譜恐不確。

大曆十二年丁巳（西元七七七年），二十四歲。

《舊唐書本紀》：二月戊子，淄青節度使李正己之子納爲青州刺史，充淄青節度使留後。……夏四月壬午，……貶吏部侍郎楊炎爲道州司馬，元載黨也。

《新唐書本紀》：三月庚午，赦田承嗣。辛巳，元載有罪伏誅。

嚴譜：案公〈奉天論解蕭復狀〉曰：「蕭復往年曾任常州刺史，臣其時寄住常州，首尾兩年。」《舊唐書・蕭復傳》載：「復於大歷十四年自常州刺史爲潭州刺史。」則常州度歲之時，當在謁張鎰事後也。

大歷十三年戊午（西元七七八年），二十五歲。

《舊唐書本傳》：（贄）以書判拔萃，選授渭南縣主簿，遷監察御史。

《全唐詩》卷二七八《盧綸集》三：〈驛中望山戲贈渭南陸贄主簿詩〉：「官微多懼事多同，

拙性偏無主驛功。山在門前登不得，鬢毛衰盡路（一作落）塵中。」

大曆十四年己未（西元七七九年），二十六歲。仍任監察御史。

《新唐書本紀》：二月癸未，魏博節度使田承嗣卒，其兄子曰悅自稱留後。三月丁未，汴宋將李希烈逐其節度使李忠臣，自稱留後。五月辛酉，……詔皇太子監國。是夕，皇帝崩於紫宸內殿，年五十三。

通鑑卷二二五：（五月）癸亥德宗即位。以戶部侍郎判度支韓滉爲太常卿，以吏部尚書劉晏判度支。……八月甲辰，以道州司馬楊炎爲門下侍郎平章事。

江譜：德宗即位，以春宮時素聞公名，詔對翰林，即日爲學士，數問公計策。

陸贄〈奉天論前所答奏未施行狀〉：臣於往年，曾任御史，獲奉朝謁，僅欲半年。陛下嚴邃高居，未嘗降旨臨問。

按：江譜認爲宣公入翰林當學士在大曆十一年，楊譜從之。但據宣公狀所言，不應在本年，而宣公此時仍任監察御史較爲可信。

德宗建中元年庚申（西元七八〇年），二十七歲。

《舊唐書本傳》：德宗在東宮時，素知贄名，乃召爲翰林學士，轉祠部員外郎。贄性忠藎，感人主重知，思有以効報，故政或有缺，巨細必陳，由是顧待益厚。

《新唐書本傳》：德宗立，遣黜陟使庾何等十一人行天下。贄說使者，請以五術省風俗，八計聽吏治，三科登儁乂，四賦經財實，六德保罷瘵，五要簡官事。

《新唐書本紀》：二月丙申，初定兩稅法。

通鑑卷二二六：（二月）上用楊炎之言，託以奏事不實，己酉，貶劉晏為忠州刺史。……六月，術士桑道茂上言：「陛下不出數年，暫有離宮之厄。臣望奉天有天子氣，宜高大其城，以備非常。」辛丑，命京兆發丁夫數千，雜六軍之士，築奉天城。

《新唐書本紀》：七月己丑，殺忠州刺史劉晏。

建中二年辛酉（西元七八一年），二十八歲。

《新唐書本紀》：正月戊辰，成德軍節度使李寶臣卒，其子惟岳自稱留後。……魏博節度使田悅反。

《舊唐書本紀》：二月乙巳，以門下侍郎楊炎為中書侍郎同中書門下平章事。以御史大夫盧杞為門下侍郎同中書門下平章事。七月庚申，以中書侍郎平章事楊炎為左僕射。以前永平軍節度使張鎰為中書侍郎同中書門下平章事。壬午，以幽州隴右節度使中書令朱泚為太尉。八月壬子，淮寧節度使李希烈攻襄陽，誅梁崇義。九月壬戌，加李希烈同中書門下平章事。十月乙酉，尚書左僕射楊炎貶崖州司馬，尋賜死。

建中三年壬戌（西元七八二年），二十九歲。

《舊唐書本紀》：四月壬戌，朱滔、王武俊與田悅合從而叛。戊寅，以中書侍郎平章事張鎰兼鳳翔尹隴右節度使，以代朱泚。加泚實封五百戶，賜竇氏名園、涇水腴田及錦綵銀器，以安其意，時滔叛故也。十一月，朱滔、田悅、王武俊於魏縣軍壘各相推奬，僭稱王號。滔稱大冀王，武俊稱趙王，悅稱魏王。又勸李納稱齊王。…丁丑，李希烈自稱天下都元帥太尉建興王，與朱滔等四盜膠固爲逆。

建中四年癸亥（西元七八三年），三十歲。

《舊唐書本紀》：正月庚寅，李希烈陷汝州。…甲午，遣顏真卿宣慰李希烈軍。戊戌，以龍武大將軍哥舒曜爲東都畿汝節度使，率鳳翔、邠寧、涇原等軍東討希烈。二月乙卯，哥書曜收汝州。八月丁未，李希烈率眾三萬攻哥書曜於襄城。十二月壬戌，貶門下侍郎平章事盧杞爲新州司馬。貶行在都知兵馬使白志貞爲恩州司馬。戶部侍郎判度支趙贊爲播州司馬。

按：盧杞之貶，實因李懷光頓兵不進，屢次上表揭露杞等罪狀，而輿論也歸咎於杞等，德宗不得已只好順應輿情罷了。

周譜：是年八月，因兩河未平，又淮西李希烈寇襄城，德宗問公計將安出；公上〈論兩河及淮西利害狀〉。旋又上〈論關中事宜狀〉。十月，涇原兵往援襄城者過京師，擁朱泚反。公從幸奉天，上〈論敘遷幸之由狀〉。時天下騷擾，遠近徵發，書詔日數十下，皆出於公。公操筆輒成，無不曲近事情，中於機會，同職咸拱手嘆服。十一月，李懷光率師入援，敗朱泚於醴泉，泚遂解奉天圍，奔還長安。德宗問公當今切務，公上〈當今所切務狀〉。閱十日，又上〈論前所答奏未施行狀〉。尋又上〈請數對群臣兼許令論事狀〉。十二月乙丑，由祠部員外郎遷考功郎中，仍兼翰林學士。上書論赦書應引咎自責以感人心；遂草〈奉天改元大赦制〉。

江譜：十二月上〈赦書事條狀〉。草〈興元大赦詔〉，詔下，兵民感泣，諸叛藩皆自去僞號。時平賊者賴有李晟、渾瑊，馬燧等諸將，而居中調度，實惟公是賴。德宗克復天位，再續唐祚，公之力也。

《新唐書本紀》：十月，鳳翔後營將李楚琳殺其節度使張鎰，自稱留後。

《舊唐書本傳》：其年冬，議欲以新歲改元，而卜祝之流，皆以國家數鍾百六，凡事宜有變革，以應時數。上謂贄曰：「往年群臣請上尊號『聖神文武』四字；今緣寇難，諸事並宜改更，衆欲朕舊號之中更加兩字，其事何如？」…贄曰：「…崇其號無補於徽猷，損其名不傷其德美。…與其增美稱而失人心，不若黜舊號以祇天戒。…」德宗從之，但改興元年號而已。

興元元年甲子（西元七八四年），三十一歲。

通鑑卷二二九：正月癸酉朔，赦天下，改元。…赦下，四方人心大悅。及上還長安，李抱真入朝爲上言：「山東宣布赦書，士卒皆感泣，臣見人情如此，知賊不足平也。」…朱泚更國號曰漢，自稱漢元天皇，改元天皇。王武俊、田悅、李納見赦令，皆去王號，上表謝罪。惟李希烈恃兵強財富，…遂即皇帝位，國號大楚，改元武成。丙戌，上於行宮廡下貯諸道貢獻之物，牓曰瓊林大盈庫。陸贄以爲戰守之功，賞賚未行而遽私別庫，則士卒怨望，無復鬥志，上疏諫，…上即命去其牓。

按：贄上〈奉天請罷瓊林大盈二庫狀〉，舊傳列於建中四年末，新傳列於興元元年，通鑑列於興元元年正月條下。除了丁譜列於建中四年外，餘各譜均列於興元元年。實因舊傳、新傳皆未明白記載月份所致。而建中四年結束即改興元元年，此段記載，新、舊唐書均未詳加考證，通鑑逕列於興元元年正月丙戌，不知根據何種史料，並未明言，恐無法輕信。

《舊唐書本紀》：二月戊寅，李晟自咸陽移兵東渭橋，避懷光也。晟以懷光反狀已明，請上幸蜀。甲子，加李懷光太尉，仍賜鐵券，赦三死罪。懷光怒曰：「凡人臣反逆，乃賜鐵劵，今賜懷光，是反必矣！」乃投之於地。上命翰林學士陸贄曉諭之。……丁卯，車駕幸梁州。……李晟大集兵賦，以收復爲己任。李懷光患之，移兵涇陽，連朱泚，欲同滅晟。

《舊唐書本傳》：二月，（贄）從幸梁州，轉諫議大夫，依前充學士。先是，鳳翔衙將李楚琳乘涇師之亂，殺節度使張鎰，歸款朱泚；及奉天解圍，楚琳遣使貢奉，時方艱阻，不獲已，命爲鳳翔節度使。然德宗忿其弒逆，心不能容，纔至漢中，欲令渾瑊代爲節度。贄諫曰：……，上釋然開悟，乃善待楚琳使，優詔安慰其心。

公撰〈撫循李楚琳狀〉。

通鑑卷二三〇：三月庚寅，……上在道，民有獻瓜果者，上欲以散試官授之，訪於陸贄，贄上奏，以爲「爵位恆宜慎惜，不可輕用。起端雖微，流弊必大。獻瓜果者，止可賜以錢帛，不當酬以官。」上曰：「試官虛名，無損於事。」贄又上奏，其略曰：「自兵興以來，財富不足以供賜，而職官之賞興焉；……當今所病，方在爵輕，設法貴之，猶恐不重，若又自棄，將何勸人！」

公撰〈駕幸梁縣論進獻瓜果人擬官狀〉、〈又論進瓜果人擬官狀〉。

《舊唐書本紀》：四月壬寅，詔奉天隨從將士並賜號「元從功臣」。

公上〈論中官及朝官賜名定難功臣狀〉。

通鑑卷二三一：五月，朱泚使田希鑒厚以金帛賂之，吐蕃受之；……渾瑊又奏：「尙結贊屢遣人約刻日共取長安，既而不至；聞其眾今春大疫，近以引兵去。」上以李晟、渾瑊兵少，欲倚吐蕃以復京城，聞其去，甚憂之。以問陸贄。贄以爲吐蕃貪狡，有害無益，得其引去，實可欣賀。

公上〈賀吐蕃尙結贊抽軍迴歸狀〉。

宋郎曄《評注陸宣公集》：德宗復遣使謂贄曰：「卿言吐蕃甚善，然瑊、晟諸軍尙議規畫，令其進取，卿宜審細條疏以聞。」贄以爲賢君選將，委任責成，故能有功，不若假以便宜，待以殊賞，則將帥感悅，智勇得伸，乃上此奏。

公上〈興元奏請許渾瑊李晟等諸軍兵馬自取機便狀〉。

《舊唐書本紀》：六月癸卯，李晟上〈收京城露布〉，上覽之，涕下霑襟。涇州田希鑒斬姚令言，幽州軍士韓旻於彭源斬朱泚，並傳首至行在。

通鑑卷二三一：六月癸卯，上命陸贄草詔賜渾瑊，使訪求奉天所失裏頭內人。贄上奏……，上遂不降詔，竟遣中使求之。

公上〈論賜渾瑊詔書爲取散失內人等議狀〉。

《舊唐書本紀》：六月乙巳，遣吏部侍郎班宏入京宣諭。癸丑，詔以梁州爲興元府。戊午，車駕還京，發興元，是日大雨，及入斜谷，晴霽，從官將士歡然，以爲天助。

公撰〈收復京師遣使宣慰將吏百姓詔〉、〈改梁州爲興元府升洋州爲望州詔〉，上〈鑾駕將還宮闕論發日狀〉。

通鑑卷二三一：七月庚辰，詔遣給事中孔巢父齎先除懷光太子太保敕詣河中，宣慰朔方將士，悉復官爵如故。丁亥，孔巢父至河中，……宣詔未畢，衆殺巢父及中使啖守盈，懷光亦不之止，復治兵爲拒守之備。辛卯，赦天下。

公撰〈平朱泚後車駕還京大赦制〉。

《舊唐書本紀》：八月癸卯，加司徒中書令合川郡王李晟兼鳳翔尹，充鳳翔隴右節度等使、涇原四鎮北庭行營兵馬副元帥，改封西平郡王。九月己巳，王武俊加檢校司徒，李抱真檢校司空，並賜實封五百戶，賞破朱滔之功。

公撰〈李晟鳳翔隴西節度兼涇原副元帥制〉、〈授王武俊李抱真官封並招諭朱滔詔〉。

《新唐書．宰相表》：十月辛丑，李勉同中書門下平章事。

《舊唐書本紀》：閏十月庚午，詔招諭淮西將吏。十一月乙丑，宰相蕭復三上章乞罷免，許之。十二月辛卯，以諫議大夫陸贄爲中書舍人，依前翰林學士。

公撰〈招諭淮西將吏詔〉。

貞元元年乙丑（西元七八五年），三十二歲。

《新唐書本紀》：貞元元年正月丁酉朔，大赦，改元。罷榷稅。

公撰〈貞元改元大赦制〉、〈議減鹽價詔〉。

《舊唐書本紀》：正月壬戌，以吉州長史盧杞爲澧州別駕，尋卒。二月丙寅朔，遣工部尚書賈耽、侍郎劉太真分往東都、兩河宣慰。

公撰〈賑卹諸道將吏百姓等詔〉。

《新唐書本紀》：三月丁未，李希烈陷鄧州。四月壬午，渾瑊及李懷光戰于長春宮，敗之。六月己丑，幽州盧龍軍節度使朱滔卒，涿州刺史劉怦自稱留後。辛卯，劍南西川節度使張延賞爲中書侍郎同中書門下平章事。

公撰〈張延賞中書侍郎平章事制〉。

通鑑卷二三一：時連年旱蝗，度支資糧匱竭，言事者多請赦李懷光。李晟上言：「赦懷光有五不可……」又請發兵二萬，自備資糧，獨討懷光。秋，七月甲午朔，馬燧自行營入朝，奏稱：「懷光凶逆尤甚，赦之無以令天下，願更得一月糧，必爲陛下平之。」

公撰〈馬燧渾瑊招討河中制〉。

《舊唐書本紀》：七月丙午，以鎮海軍浙江東西道節度使韓滉檢校尚書左僕射同平章事江淮轉運使。八月甲戌，朔方大將牛名俊斬李懷光，傳首闕下。馬燧收復河中。九月乙巳，上御正殿，策賢良方正能直言極諫等三科舉人。十一月癸卯，上親祀昊天上帝於圓丘。時河中渾瑊…等大將侍祠。郊壇畢，還宮，御丹鳳樓，大赦天下。

公撰〈韓滉檢校左僕射平章事制〉。上〈收河中後請罷兵狀〉。撰〈誅李懷光後原宥河中將吏並招諭淮西詔〉、〈策問賢良方正直言極諫科〉、〈策問博通墳典達於教化科〉、〈策問識洞韜略堪任將帥科〉、〈告謝昊天上帝冊文〉、〈告謝玄宗廟文〉、〈告謝肅宗廟文〉、〈告謝代宗廟文〉、〈冬至大禮大赦制〉。

貞元二年丙寅（西元七八六年），三十三歲。

《舊唐書本紀》：正月丙申，詔以民饑，御膳之費減半，宮人共糧米都一千五百石，飛龍馬減半科。壬寅，以散騎常侍劉滋、給事中崔造、中書舍人齊映並守本官、同中書門下平章事。門下侍郎平章事盧翰爲太子賓客。二月癸卯，山南樊澤奏破李希烈將杜文朝之眾五千，擒文朝以獻。三月壬寅，滑洲李澄奏破希烈之眾於鄭州。

公撰〈優卹畿內百姓並除十縣令詔〉、〈劉滋崔造齊映平章事制〉、〈盧翰太子賓客制〉、〈安撫淮西歸順將士百姓敕〉、〈不許諸軍侵擾敕〉。

通鑑卷二三二：希烈兵勢日蹙，會有疾，夏四月丙寅，大將陳仙奇使醫陳山甫毒殺之；因以兵悉誅其兄弟妻子，舉眾來降。甲申，以仙奇爲淮西節度使。七月，淮西兵馬使吳少誠殺陳仙奇，自爲留後。

公撰〈誅李希烈後原宥淮西將士並授陳仙奇節度詔〉、〈平淮西後宴賞諸軍將士放歸本道詔〉。

《舊唐書本紀》：七月己酉，以虔王諒爲申、光、隨、蔡節度大使，以淮西兵馬使爲蔡州刺史，知節度留後。九月乙巳，吐蕃寇好時，京師戒嚴。李晟部將王佖擊吐蕃於汧陽城，敗其中軍。……十月，李晟破吐蕃摧沙堡。十一月甲午，冊淑妃王氏爲皇后。十二月丁巳，以韓滉兼度支諸道鹽鐵轉運使。……庚申，以給事中同平章事崔造爲右庶子。

公撰〈虔王申光隨蔡等州節度使制〉、〈重原宥淮西將士詔〉、〈冊淑妃王氏爲皇后文〉、〈韓滉度支鹽鐵轉運使制〉、〈崔造右庶子制〉。

貞元三年丁卯（西元七八七年），三十四歲。

《舊唐書本紀》：正月壬寅，以左僕射張延賞同中書門下平章事。……壬子，以兵部侍郎柳渾同中書門下平章事。……六月丙戌，以檢校司徒侍中馬燧爲司徒兼侍中，以贊吐蕃之盟失策而罷兵柄也。以陝虢觀察使李泌爲中書侍郎平章事。

權序：公既職內署，母韋氏尚在吳中，上遣中使迎至京師，道路置驛，文士榮之。

《舊唐書本傳》：時贄母韋氏在江東，上遣中使迎至京師，搢紳榮之。俄丁母憂，東歸洛陽，寓居嵩山豐樂寺。

按：江譜在貞元元年下說：「此下六年，內二年在憂服之中，餘則俱無一言，不解何故？且與鄴侯（李泌）同時，彼此皆不相聞問，不相薦揚，深可怪也。」細考其實，李泌身事肅、代二朝，至德宗時爲中書侍郎平章事，乃三朝元老，德高望重。贄爲後進，雖未必推尊有加，當不會爭寵至此，貽笑後世，有何可怪呢？

《舊唐書本紀》：七月壬申，張延賞卒。……八月戊戌，貶前門下侍郎同平章事蕭復爲太子左庶子，饒州安置。

《舊唐書．回紇傳》：回紇可汗首領墨啜達干多覽、將軍合闕達干等來貢方物，且請和親。

《舊唐書本紀》：九月癸亥，許以盛安公主降之。

《舊唐書本傳》：公丁母憂，……藩鎮賻贈及別陳餉遺，一無所取。與韋皋布衣時相善，唯西川致遺，奏而受之。公父初葬蘇州，至是欲合葬，德宗遣中使護其柩車至洛，其禮遇如此。

按：江譜以爲丁韋太夫人憂在貞元五年，餘各譜均列在三年下。丁譜以公免喪後除官在貞元六年初，故丁母憂應爲三年。且舊唐書德宗本紀、陸贄傳所載，與此相符，故丁譜推論應該成立。

貞元四年戊辰（西元七八八年），三十五歲。丁憂，居洛陽。

《舊唐書本紀》：檢校左庶子蕭復卒於饒州。……六月，徵夏縣處士先除著作郎陽城爲諫議大夫。

貞元五年己巳（西元七八九年），三十六歲。

通鑑卷二三三：中書侍郎同平章事李泌屢乞更命相。上欲用戶部侍郎班宏，泌言宏雖清強而性多凝滯，乃薦竇參通敏，可兼度支鹽鐵；董晉方正，可處門下。上以爲不可。……泌疾甚，復薦二人。二月庚子，以董晉爲門下侍郎，竇參爲中書侍郎兼度支轉運使，並同平章事。以班宏爲尚書，依前度支轉運副使。

《舊唐書本紀》：二月甲辰，中書侍郎同平章事李泌卒。

《舊唐書．董晉傳》：〔晉〕遷門下侍郎同平章事，時政事決在竇參，晉但奉詔書，領然諾而已。

貞元六年庚午（西元七九〇年），三十七歲。

《舊唐書本紀》：二月丙戌，以中書舍人陸贄權兵部侍郎。

《舊唐書本傳》：（贄）免喪，權知兵部侍郎，依前充學士。申謝日，贄伏地而泣，德宗爲之改容敘慰。恩遇既隆，中外屬意爲輔弼。而宰相竇參素忌贄，贄亦短參之所爲，言參黷貨，由是與參不平。

按：江譜、周譜以爲贄免喪，權知兵部侍郎在貞元七年，餘各譜均作六年。據嚴耕望〈唐僕尙丞郎表考證〉，應在貞元六年。茲採其說。

貞元七年辛未（西元七九一年），三十八歲。

《舊唐書本傳》：七年，罷學士，贄拜兵部侍郎，知貢舉。時崔元翰、梁肅文藝冠時，贄輸心於肅，肅與元翰推薦藝實之士，生第之日，雖眾望不愜，然一歲選士，纔十四五，數年之內，居臺首清近者十餘人。

《新唐書・歐陽詹傳》：〔詹〕舉進士，與韓愈、李觀、李絳、崔群、王涯、馮宿、庾承宣聯第，皆天下選，時稱「龍虎榜」。

韓愈〈與祠部陸員外書〉：往者陸相公司貢士，考文章甚詳，愈時亦幸在得中，其後一二所與及第者，皆赫然有聲。原其所以，亦由梁補闕肅、王郎中礎佐之；梁舉八人，無所失者，其餘則王皆與謀焉。陸相之考文章甚詳也，待梁與王如此不疑也，梁與王舉人如此之當也，至今以爲美談。

權序：翰林學士吳通玄每切中傷，陰結延齡，互言公短。

《新唐書・吳通玄傳》：（與弟通微）見贄驟擢，頗媢恨。贄自侍勁正，屢短通玄於帝，欲斥遠之，即建言：「承平時工藝書畫之亢，皆待詔翰林而無學士；至德以來，命集賢學士入禁中書草詔……今四方無事，制書職分，宜歸中書舍人，請罷學士。」德宗不許。玄怨日結，謀奪其內職。會贄權知兵部侍郎，主貢舉，乃命爲真。貞元七年，通玄拜諫議大夫，自以久次，當得中書舍人，大怨望。贄與竇參交惡，參從子申、從舅嗣號號王則之……共危贄。……則之飛謗云：「贄試進士，受賄謝。」帝惡誣構，罷參宰相，逐則之昭州司馬，通玄泉州司馬。……贄遂相矣。

按：吳通玄兄弟與竇參勾結，誣陷宣公，後反被貶逐。楊譜、丁譜、周譜均列於貞元七年下，謝譜從之；嚴譜則繫於貞元八年下。

而通鑑、舊紀、舊傳均列於貞元八年。考其原因，舊傳言之最詳：「通玄兄弟俱在翰林，亦承德宗寵遇，文章才器不迨贄，而能交結權倖，共短贄於上前。」故《新唐書・吳通玄傳》前段所載與本段要旨相同，但舊傳並未定年月，而新傳又將「贄與竇參交惡…」至「罷參宰相」置於「貞元七年，通玄拜諫議大夫」之後，故導致楊譜等誤列於貞元七年之下，實則「罷參宰相」以下爲貞元八年四月事，詳見舊紀、通鑑。

貞元八年壬申（西元七九二年），三十九歲。

《舊唐書本紀》：八年四月乙未，貶中書侍郎平章事竇參爲郴州別駕。竇申景州司戶，尋杖殺申，諸竇皆貶。

《新唐書本紀》：八年四月丁亥，殺左諫議大夫知制誥吳通玄。乙未：尚書左丞趙憬、兵部侍郎陸贄爲中書侍郎同中書門下平章事。

《全唐文》卷四八〇《呂頌集》有〈賀陸相公拜相啓〉。卷五一〇《陸長源集》有〈上宰相書〉。

《舊唐書本傳》：贄久爲邪黨所擠，困而得位，意在不負恩獎，悉心報國，以天下事爲己任。

《新唐書本傳》：及（贄）輔政，不敢自顧重，事有可否必言之，所言皆剴拂帝短，懇到深切。或規其太過者，對曰：「吾上不負天子，下不負所學，皇它卹乎？」

《舊唐書・李吉甫傳》：駕部員外郎（李吉甫），宰相李泌、竇參推重其才，接遇頗厚。及陸贄爲相，出爲明州員外長史。

實錄：八年春，（贄）遷中書侍郎平章事，始令吏部每年集選人。舊事：吏部每年集人，其後遂三年一置選，選人猥至，文書多不了，尋勘，吏因得大爲姦巧。選士一蹉跌，或至十年不得官，而官之闕者，或累歲無人。贄令吏部分內外官員爲三分，計闕集人以爲常，其弊十去七八，天下稱之。

《新唐書本傳》：帝（德宗）始任楊炎、盧杞，引樹私黨，排忠良，天下怨疾。貞元後，懲艾其失，雖置宰相，至除用庶官，反覆參詰乃得下。及贄秉政，始請臺閣長官得自薦其屬，有不職，坐舉者。帝初許之，或言諸司所引皆親黨，招賄遺，無實才，帝復詔宰相自擇。

公上〈請許臺省長官自薦屬吏狀〉。

通鑑卷二三四：六月，嶺南節度使奏：「近日海舶珍異，多就安南市易，欲遣判官就安南收市，乞命中使一人與俱。」上欲從之。陸贄上言…。七月甲寅朔，戶部尚書判度支班宏薨。陸贄請以前湖南觀察使李巽權判度支，上許之。既而復欲用司農少卿裴延齡，贄上言…，上不從。己未，以延齡判度支事。河南、北、江、淮、荆、襄、陳、許等四十餘州大水，溺死者二萬餘人，陸贄請遣使賑撫。八月，遣中書舍人京兆奚陟等宣撫諸道水災。陸贄上言，以邊儲不贍，由措置失當，蓄斂乖宜。九月，詔西北邊貴糴以實倉儲，邊備浸充。十一月，右庶子姜公輔久不遷官，詣陸贄求遷。贄密語之曰：「聞竇相屢奏擬，上不允，有怒公之言。」公輔懼，請爲道士。上問其故，公輔不敢泄贄語，以聞參言爲對。上怒參歸怨於君；己巳，貶公輔爲泉州別駕，又遣中使責參。

公上〈論嶺南請於安南置市舶中使狀〉、〈論宣令除裴延齡度支使狀〉、〈請遣使臣宣輔諸道遭水州縣狀〉、〈請減京東水運收腳價於緣邊州鎮儲蓄軍糧事宜狀〉。

按：宣公與竇參雖有嫌隙，當參被貶爲郴州別駕後，因姜公輔事而被史官誣爲公報私仇，此誠不通之論。詳見通鑑卷二三四胡三省註。

《舊唐書本紀》：十二月丁未，以給事中李巽爲潭州刺史湖南觀察使。

貞元九年癸酉（西元七九三年），四十歲。

丁譜：故事，宰相秉筆決事，每人十日一易，至是，賈耽、趙憬、陸贄、盧邁同平章事，百寮有所關白，更相讓而不言。始詔定旬日秉筆，後詔每日更筆。

通鑑卷二三四：上使人諭陸贄，以「要重之事，勿對趙憬陳論，當密封手疏以聞。」…五月甲辰，以中書侍郎趙憬爲門下侍郎同平章事。……憬疑陸贄恃恩，欲專大政，排己置之門下，多稱疾不豫事，由是與贄有隙。初竇參惡左司郎中李巽，出爲常州刺史。及參貶郴州，巽爲湖南觀察使。汴州節度使劉士寧遺參絹五十匹，巽奏參交結藩鎮。上大怒，欲殺參，陸贄以爲參罪不至於死，上乃止。三月，更貶參驩州司馬，…參未至驩州，竟賜死於路。…陸贄上奏論備邊六失，以爲：措置乖方，課責虧度，財匱於兵眾，力分於將多，怨生於不均，機失於遙制。

公上〈謝密旨因論所宣事狀〉、〈商量處置竇參事體狀〉、〈奏議竇參等官狀〉、〈請不簿錄竇參莊宅狀〉、〈論緣邊守備事宜狀〉。

《舊唐書本紀》：六月甲寅，以司農少卿裴延齡爲戶部侍郎判度支。

通鑑卷二三四：七月，（裴）延齡徒置別庫，虛張名數以惑上。上信之，以爲能富國而寵之，於實無所增也。……左補闕權德輿上奏，以爲：「延齡取常賦支用未盡者充羨餘以爲己功。…何不遣信臣覆視，究其本末，明行賞罰。……上不從。

《新唐書本紀》：八月庚戌，李晟卒。…十二月丙辰，宣武軍將李萬榮逐其節度使劉士寧，自稱留後。

通鑑卷二三四：上聞萬榮逐士寧，使問陸贄，贄上奏，以爲今軍州已定，宜且遣朝臣宣勞，徐察事情，冀免差失。…上復使謂贄：「若更淹遲，恐於事非便。今議除一親王充節度使，且令萬榮知留後，其制即從內出。」贄復上奏。

公上〈議汴州逐劉士寧事狀〉、〈請不與李萬榮汴州節度使狀〉。

《舊唐書本紀》：十二月壬戌，以通王諶爲宣武軍節度使，以宣武軍節度副使李萬榮爲汴州刺史宣武軍節度汴宋等州觀察留後。

貞元十年甲戌（西元七九四年），四十一歲。

通鑑卷二三四：夏四月庚午，宣武軍亂，留後李萬榮討平之。…五月庚子，徙（劉）士寧於郴州。…陸贄上言：「郊禮赦下已近半年，而竄謫者尚未霑恩。」乃爲三狀擬進。…上性猜忌，不委任臣下，官無大小，必自選而用之，宰相進擬，少所稱可；及群臣一有譴責，往往終身不復收用；好以辯給取人，不得敦實之士；艱於進用，群材滯淹。

贄上奏諫。

公上〈論左降官準赦合量移劄子〉、〈再奏量移官狀〉、〈三進量移官狀〉、〈論朝官闕員及刺史等改轉倫序狀〉。

按：江譜把〈改轉倫序狀〉列於貞元八年之下。

《新唐書》卷五二〈食貨二〉：貞元四年，詔天下兩稅審等第高下，三年一定戶。自初定兩稅，貨重錢輕，乃計錢而輸綾絹。既而物價愈下，所納愈多，…雖賦不增舊，而民愈困矣。度支以稅物頒諸司，皆增本價為虛估給之，而繆以濫惡督州縣剝價，謂之折納。復有「進奉」、「宣索」之名，改科役曰「召雇」，率配曰「和市」，以巧避微文，比大曆之數再倍。又癘疫水旱，戶口減耗，…一室空而四鄰亦盡。戶版不緝，無浮游之禁，州縣行小惠以傾誘鄰境，新收者優假之，唯安居不遷之民賦役日重。帝以問宰相陸贄，贄上疏請釐革其甚害者，大略有六。

公上〈均節賦稅恤百姓六條〉。

《舊唐書本紀》：六月壬寅朔，昭義軍節度使李抱真卒。

通鑑卷二三五：六月，御史中丞穆贊按度支吏贓罪，裴延齡欲出之，贊不從；延齡譖之，貶饒州別駕，朝士畏延齡側目。

《舊唐書本紀》：貞元九年築鹽州城。

公上〈論邊城儲備米粟等狀〉。

按：因前一年版築五原（即鹽城），大興師旅，故上此狀。

通鑑卷二三五：延齡每奏對，恣爲詭譎，皆衆所不敢言，亦未嘗聞者，延齡處之不疑。上亦頗知其誕妄，但以其好詆毀人，冀聞外事，故親厚之。群臣畏延齡有寵，莫敢言。惟鹽鐵轉運使張滂、京兆尹李充、司農卿李銛，以職事相關，時證其妄。而陸贄獨以身當之，日陳其不可用。十一月壬申，贄上書極陳延齡奸詐，數其罪惡。……書奏，上不悅，待延齡益厚。十二月，陸贄以上知待之厚，事有不可，常力爭之。……裴延齡日短贄於上。趙憬之入相也，贄實引之，既而有憾於贄，密以贄所譏彈延齡事告延齡，故延齡益得以爲計，上由是信延齡而不直贄。贄與憬約至上前極論延齡奸邪，上怒形於色，憬默而無言。壬戌，贄罷爲太子賓客。

公上〈論裴延齡姦蠹書〉。

貞元十一年乙亥（西元七九五年），四十二歲。

司馬光《稽古錄》：上自陸贄罷相後，事無大小，皆自決之，宰相奉行文書而已。然所詢謀倚信者，皆纖邪之人，裴延齡及京兆尹李實、翰林學士韋執誼等，毀譽任情，賞罰亦紊焉。又令中官掌宮市，強買人物，京師苦之。

通鑑卷二三五：陸贄既罷相，裴延齡因譖京兆尹李充、衛尉卿張滂、前司農卿李銛黨於贄。會旱，延齡奏言：「贄等失勢怨望，言於衆曰：『天下旱，百姓且流亡，度支多欠諸軍芻糧，軍中人馬無所食，其事奈何？』以動搖眾心，其意非止欲中傷臣而已。」後數日，上獵苑中，適有神策軍士訴云：「度支不給馬芻。」上意延齡言爲信，遽還宮。夏四月壬戌，貶贄爲忠州別駕，充爲涪州長史，滂爲汀州長史，銛爲邵州長史。……初，陽城自處士徵爲諫議大夫，……及陸贄等坐貶，上怒未解，中外惴恐，以爲罪且不測，無敢救者。城聞而起曰：「不可令天子信用奸臣，殺無罪人。」即帥拾遺王仲舒……等守延英門，上疏論延齡奸佞，贄等無罪。太子爲之營救，上意乃解，令宰相諭遣之。……時朝夕相延齡，陽城曰：「脫以延齡爲相，城當取白麻壞之，慟哭於庭。」秋七月丙寅朔，陽城改國子司業，坐言延齡故也。

《舊唐書本傳》：初，贄秉政，貶駕部員外郎李吉甫爲明州長史，量移忠州刺史。贄在忠州，與吉甫相遇，昆弟、門人咸爲贄憂，而吉甫忻然厚禮，都不銜前事，以宰相禮事之，猶恐其未信不安，日與贄相狎，若平生交契者。贄初猶慚懼，後乃深交。

《新唐書．李吉甫傳》：吉甫，……貞元初，爲太常博士，……李泌、竇參器其才，厚遇之。陸贄疑有黨，出爲明州長史。贄之貶忠州，宰相欲害之，起吉甫爲忠州刺史，使甘心焉。既至，置怨，與結懽，人益重其量，坐是不徙者六歲。

按：吉甫被貶，若據舊傳說法，顯然指贄有過失；但新書吉甫傳稱贄疑其黨參，是以出爲明州長史。今考其詳情，實因竇參在朝勾結誣陷宣公，宣公爲反擊故有此舉。（蓋未能明辨竇參與吉甫之實際關係，又不瞭解吉甫之爲人。）然宣公亦非落穽下石之輩，觀其後來爲竇參求情之事，即可知悉。前引舊傳、新書吉甫傳，贊揚吉甫豁達大度，不計前嫌之風，固屬前賢足資景仰效法者，亦可見裴延齡輩卑鄙，無所不用其極之醜態，兩相對照，君子、小人之行徑不難明矣。

《新唐書本紀》：八月辛亥，馬燧卒。

貞元十二年丙子（西元七九六年），四十三歲。

權序：公在南賓（忠州），閉門卻掃，郡人稀識其面，復避謗不著書，惟考校醫方，撰集驗方五十卷行於世。

《舊唐書本紀》：三月乙巳，以戶部侍郎裴延齡爲戶部尚書。七月乙未，以董晉檢校左僕射同中書門下平章事。八月丙戌，門下侍郎平章事趙憬卒。九月丙午，戶部尚書判度支裴延齡卒。

貞元十三年丁丑（西元七九七年），四十四歲。在忠州。

貞元十四年戊寅（西元七九八年），四十五歲。在忠州。

通鑑卷二三五：九月，太學生薛約師事司業陽城，坐言事，徙連州；城送之郊外。上以城黨罪人，己巳，左遷城道州刺史。

貞元十五年己卯（西元七九九年），四十六歲。在忠州。

《舊唐書本紀》：二月丁丑，檢校左僕射平章事董晉卒。……十二月庚午朔，渾瑊卒。

貞元十六年庚辰（西元八〇〇年），四十七歲。在忠州。

貞元十七年辛巳（西元八〇一年），四十八歲。在忠州。

《舊唐書本紀》：六月丁巳，王武俊卒。

貞元十八年壬午（西元八〇二年），四十九歲。在忠州。

貞元十九年癸未（西元八〇三年），五十歲。在忠州。

貞元二十年甲申（西元八〇四年），五十一歲。在忠州。

貞元二十一年——順宗永貞元年乙酉（西元八〇五年），五十二歲。

《舊唐書本紀》：正月癸巳，上崩於會寧殿，享壽六十四。……丙申，發喪，群臣縞素。皇太子即位。（即順宗皇帝）

《舊唐書本傳》：順宗即位，與陽城、鄭餘慶同詔徵還；詔未至而贄卒，時年五十二。贈兵部尚書，諡曰宣。

江譜：公葬忠州屏風山（又名翠屏山）玉虛觀南，今屬四川重慶府。祠祀在忠州治南。又嘉興府北，府學西南，有司時致祭。

按：據〈易游嘉興網站二〇〇六．〇一．二四〉記載：陸氏後裔繁衍嘉湖一帶甚眾，嘉興城內舊時有陸宣公祠，多歷代石刻，惜毀「文革」中。東門外原有宣公書院，清代已不存；東門外原有石橋名宣公橋，為人所熟知，近年整治河道時拆掉，其附近尚有宣公路；郊區新豐鎮附近舊時有陸贄墓（按陸贄卒後葬於忠州，此墓或係衣冠冢），今亦不存。舊志記載城郊古時尚有陸宣公讀書台、鶴渚、放鶴處等古蹟。

參考書目、期刊：

甲、

陸宣公全集　陸贄著　臺灣商務印書館　景印文淵閣四庫全書本
陸宣公全集　陸贄著　河洛出版公司
陸宣公文集　陸贄著　西南書局
陸宣公奏議　陸贄著　臺灣商務印書館　萬有文庫本
翰苑集注　陸贄著、張佩芳注　世界書局
評註陸宣公集　郎曄注　臺灣中華書局
陸宣公奏議讀本　陸贄著　廣文書局
陸贄文　陸贄著、周養初選注　臺灣商務印書館　人人文庫本
欽定全唐文　董誥等編　經緯書局
唐陸宣公年譜　楊希閔編著　臺灣商務印書館　景印四朝先賢六家年譜本、十五家叢書本

陸宣公年譜　嚴一萍著　藝文印書館

乙、

十三經注疏　新文豐出版社
四庫全書簡明目錄　紀昀編　臺灣商務印書館　景印文淵閣四庫全書本
國語注　韋昭注　臺灣中華書局
戰國策高注　高誘注　世界書局
史記會注考證　瀧川龜太郎注　宏業書局
漢書（正史全文標校讀本）　班固撰　鼎文書局
後漢書（正史全文標校讀本）　范曄撰　鼎文書局
晉書（正史全文標校讀本）　房玄齡等撰　鼎文書局
北史（正史全文標校讀本）　李延壽等撰　鼎文書局
奉天錄　趙元一著　新文豐出版公司　叢書集成新編 114
舊唐書（正史全文標校讀本）　劉昫等撰　鼎文書局
新唐書（正史全文標校讀本）　歐陽脩等撰　鼎文書局
貞觀政要　吳兢著　北大書局
資治通鑑　司馬光等撰　明倫書局

唐鑑　范祖禹編　臺灣商務印書館　人人文庫

唐會要　王　溥著　臺灣中華書局

唐律疏議　長孫無忌著　臺灣商務印書館　人人文庫

讀舊唐書隨筆　蔡世鈸著　臺灣商務印書館　叢書集成初編

唐史論斷　孫　甫著　臺灣商務印書館　叢書集成初編

避暑錄話　葉夢得著　河北教育出版社

續唐詩話　沈　炳著　鼎文書局

容齋五筆　洪　邁著　上海古籍出版社

通鑑紀事本末　袁　樞著　臺灣商務印書館　國學基本叢書四百種

韓昌黎文集校注　馬其昶注　河洛出版社

歐陽脩全集　歐陽脩著　華正書局

蘇東坡全集　蘇　軾著　河洛出版社

近思錄　朱　熹編　臺灣商務印書館　人人文庫

近思後錄　佚　名編　國家圖書館藏線裝書

誠意伯文集　劉　基著　臺灣商務印書館　國學基本叢書

日知錄　顧炎武著　唯一書業中心

讀通鑑論　王夫之著　臺灣中華書局

二十二史劄記　趙　翼著　樂天書局
十七史商榷　王鳴盛著　樂天書局
讀書雜志　王念孫著　洪氏出版社
讀史筆記　吳　烜著　廣文書局
歷代帝王年表　齊召南編、阮亨校　臺灣商務印書館　萬有文庫薈要本
歷代名人年譜　吳榮光編　臺灣商務印書館　國學基本叢書本
大明一統志　嘉興府志　景印康熙二十年刊本　國家圖書館藏線裝書
歷代人物年里碑傳綜表　姜亮夫編　華世出版社
中國歷史研究法　梁啓超著　臺灣商務印書館　人人文庫本
國史研究六篇　梁啓超著　臺灣中華書局
國史大綱　錢　穆著　臺灣商務印書館
中國歷史研究法　錢　穆著　三民書局
歷史與時代　錢　穆著　仙人掌出版社
中國文化史　柳詒徵著　正中書局
史學方法大綱　陸懋德著　華世出版社
史學方法論　杜維運著　華世出版社
金明館叢稿　陳寅恪著　里仁書局

隋唐五代史　呂思勉著　九思出版社
隋唐五代史　黎　傑著　九思出版社
隋唐五代史　傅樂成著　華岡出版社
隋唐五代史　王仲犖著　漢京文化事業公司
隋唐五代史　藍文徵著　臺灣商務印書館
唐史　章　群著　中華文化事業公司
隋唐史　王壽南著　三民書局
中國古代改革史論　顧奎相、陳　涴著　遼寧大學出版社
隋唐五代史論集　韓國磐著　北京新華書店
唐史研究論集　任育才著　鼎文書局
唐代人物與政治　王壽南著　文津出版社
唐代藩鎮與中央關係之研究　王壽南著　嘉新水泥獎助出版
唐代夷狄邊患史略　侯林柏著　臺灣商務印書館
第二屆唐代學術會議論文集（下冊）．　文津出版社
唐代史事考釋　黃永年著　聯經出版公司
二十世紀唐研究　胡戟等主編　北京中國社會科學出版社
唐代藩鎮之亂　余衍福著　聯經出版公司

牛李黨考實　湯承業著　書垣出版社
李德裕研究　湯承業著　嘉新水泥基金會叢書　研究論文第二六七種
中國歷代人物論集　中研院中美人文社會科學合作委員會編譯　正中書局

丙、

老子注　王　弼撰　世界書局
四書集注　朱　熹撰　世界書局
墨子閒詁　孫詒讓撰　世界書局
莊子集釋　郭慶藩集釋　世界書局
荀子集解　王先謙集解　藝文印書館
韓非子集解　王先慎集解　藝文印書館
淮南子注　高　誘注　世界書局
尚書今註今譯　屈萬里註譯　臺灣商務印書館
詩經今註今譯　馬持盈註譯　臺灣商務印書館
中庸探微　陳兆榮著　正中書局
老子今注今譯及評介　陳鼓應註譯　臺灣商務印書館

莊子今注今譯　陳鼓應註譯　臺灣商務印書館
老莊哲學　吳　康著　臺灣商務印書館
老莊研究　陸永品著　中州古籍出版社
哲學概論　吳康、周世輔合著　國立編譯館
哲學概論　溫公頤編譯　臺灣商務印書館
中國哲學原論（原性篇）　唐君毅著　香港新亞研究所印行
中國文化之精神價值　唐君毅著　正中書局
中國思想史論集續編　徐復觀著　時報文化出版公司
中國哲學概論　余雄（周予同）著　源成出版社
中國哲學史　臧廣恩著　臺灣商務印書館
中國哲學史稿（上）　孫叔平著　上海人民出版社
中國哲學史（三上）　勞思光著　三民書局
中國哲學思想批判　韋政通著　水牛出版社
中國的智慧　韋政通著　牧童出版社
中國思想史　蔡懋堂譯　臺灣學生書局
歷史哲學　牟宗三著　香港人生出版社
中國人性論史　徐復觀著　臺灣商務印書館

中國哲學史概論　渡邊秀芳著　臺灣商務印書館
法家哲學體系指歸　黃公偉著　臺灣商務印書館
中國哲學思想論集（兩漢—唐篇）　牟宗三等著　牧童出版社
哲學論集　張其昀等著　中國文化大學出版部　中華學術與現代文化叢書第一冊
中國古代學術思想史論　蔡尚思著　廣東人民出版社
先秦諸子學　嵇　哲著　洪氏出版社
中國哲學發展史　吳　怡著　三民書局
中國哲學史—先秦卷　歐崇敬著　洪葉文化公司
人生之體驗　唐君毅著　臺灣學生書局
生命哲學　羅　光著　臺灣學生書局
人生哲學　張永儁等著　滙華出版公司
人生哲學　鄔昆如著　五南出版社
人生哲學　謝扶雅編著　正中書局
人生哲學導論　楊紹南著　臺灣商務印書館

丁、

先秦政治思想史　梁啓超著　臺灣中華書局
隋唐制度淵源略論稿　陳寅恪著　樂天書局
唐代政治史述論稿　陳寅恪著　樂天書局
晉唐政治思想　王雲五著　臺灣商務印書館
唐代政治制度研究　陳炳天著　臺灣商務印書館　人人文庫本
唐代政教史　劉伯驥著　臺灣中華書局
唐代政治史論集　王壽南著　臺灣商務印書館
唐代政制史　楊樹藩著　正中書局
政治哲學　五來欣造著、李毓田譯　上海商務印書館　社會科學小叢書
中國政治思想史綱　謝扶雅著　正中書局
中國政治理想　劉麟生著　臺灣商務印書館
中國政治哲學概論　陳啓天著　華國出版社
中國歷代政治理論　杜奎英等著　臺灣商務印書館
中國民本思想之史底發展　金耀基著　嘉新水泥獎助出版
政道與治道　牟宗三著　臺灣學生書局
中國歷代政治得失　錢　穆著　東大圖書公司
中國政治思想史　蕭公權著　文化大學出版部

學術與政治之間　徐復觀著　臺灣學生書局
中國政治思想史　薩孟武著　三民書局
中國法治思想　薩孟武著　彥博出版社
中國政治思想史　陳安仁著　臺灣商務印書館
中國政治思想史　楊幼炯著　臺灣商務印書館
中國政治制度史　曾繁康著　華岡出版社
政治與人格　朱堅章主譯　王黎明、朱宏源、蘇ㄙ禾合譯
幼獅文化事業公司

戊、

唐代經濟史　陶希聖等著　臺灣商務印書館　人人文庫本
唐代財政史　鞠清遠著　食貨出版社
中國歷代財經思想與政策　林伏濤著　中國建設出版社
中國社會經濟史　森谷克己著　臺灣商務印書館
中國經濟思想史　劉紹甫著　中央圖書供應社
中國經濟思想史　周金聲著　環宇出版社
中國經濟史　馬持盈著　臺灣商務印書館

中國古代經濟思想及制度　田崎仁義著、王學文譯　臺灣商務印書館　人人文庫本
中國經濟發展史　錢公博著　文景出版社
中國上古經濟思想史　唐慶增著　古亭書屋
中國田賦史　陳登原著　臺灣商務印書館
中國稅制史　吳兆莘著　臺灣商務印書館
中國歷代賦稅思想及其制度　鄧海波著　正中書局
中國八代理財家　不著撰人　大林出版社
中國古代經濟史稿第二卷（魏晉南北朝隋唐部分）
李劍農著　胡北武漢大學出版社
中國經濟史研究　全漢昇著　稻鄉出版社
中國經濟思想史述要　趙　靖著　北京大學出版社
經濟思想史　威廉史考特著　三民書局

己、

十一家注孫子　孫武著、曹操等注　華聯出版社
吳子　吳　起著　臺灣中華書局
司馬法　司馬穰苴著　臺灣中華書局

六韜　舊題呂望撰　臺灣商務印書館　景印文淵閣四庫全書本
黃石公三略　舊題黃石公撰　臺灣商務印書館　景印文淵閣四庫全書本
尉繚子　尉　繚撰　臺灣商務印書館　景印文淵閣四庫全書本
孫臏兵法　孫　臏撰　上海古籍出版社　景印續修四庫全書本
諸葛武侯心書　諸葛亮撰　上海古籍出版社　景印續修四庫全書本
唐太宗李衛公兵法問對（貞觀政要附）　北大書局
太白陰經　李　筌撰　臺灣商務印書館　景印文淵閣四庫全書本
中國古代兵學思想　黃浩然著　黃埔出版社
孫子兵法之綜合研究　李浴日著　復文出版社

庚、

文心雕龍注　劉勰著、黃叔琳注　臺灣開明書店
詩品　鍾　嶸著　臺灣中華書局
楚辭補註　洪興祖註　藝文印書館
增補六臣註文選　蕭統編、李善等注　華正書局
四六叢話　孫　梅著　世界書局
駢體文鈔　李兆洛編　世界書局

四六金鍼　陳維崧著　臺灣商務印書館
中國韻文裡頭所表現的情感　梁啓超著　臺灣中華書局
中國文學發達史　劉大杰著　臺灣中華書局
中國文學發展史　林文庚著　清流出版社
中國文學史　李曰剛著　白雲書屋
中國文學史大綱　楊蔭深著　臺灣商務印書館
中國文學史論　華仲麐著　臺灣開明書店
中國文學史　葉慶炳著　廣文書局
中國古代文學史　馬積高、黃鈞主編　萬卷樓圖書公司
隋唐文學批評史　羅根澤著　臺灣商務印書館　人人文庫本
唐代文學史（下）　吳庚舜、董乃斌主編　北京人民文學出版社
中國文學論集　徐復觀著　臺灣學生書局
駢文概論　金秬香著　臺灣商務印書館
駢文通義　錢基博著　上海大華書局
駢文與散文　蔣伯潛著　世界書局
駢文淺說　佚名編撰　廣文書局
駢文衡論（下編）通論　謝鴻軒著　廣文書局

中國駢文概論　瞿兌之著　文馨出版社
中國駢文史　劉麟生著　臺灣商務印書館
中國韻文史　龍木勛著　樂天出版社
中國美學史　劉綱紀、李澤厚主編　谷風出版社
中國美學思想史　敏　澤著　山東齊魯書社
中國駢文發展史　張仁青著　台灣中華書局
宋四六文研究　江菊松著　華正書局
駢文學　張仁青著　文史哲出版社

辛、

陸宣公學記　劉昭仁著　學海出版社
陸宣公之言論及其文學　謝武雄著　嘉新水泥獎助出版
陸宣公之政事與文學　陳松雄著　文史哲出版社
唐代陸贄之政治思想與事功　甯雲霞著　文化大學史研所碩士論文
李唐、回紇、吐蕃三邊關係之探討　林冠群著　政治大學邊研所碩士論文

壬、

唐陸贄的政治見解　黃雪邨著　文星雜誌六卷五期　一九六〇、〇九、〇一
陸宣公平議　陳芳草著　現代學苑四卷十二期　一九六七、一二、一〇
陸贄的經濟思想　黃君默著　中國經濟五卷七期　一九三六
陸贄之經濟思想　唐慶增著　財政評論四卷四期
唐代租庸調法研究　鄧廣銘著　歷史研究五十四卷四期
陸贄之思想　吳鑑泉著　港大中文會刊六〇期
陸宣公之政治思想與政治人格　費　鞏著　浙大文學院集刊第二期　一九四二、〇六
陸宣公之財政學說　陳燦著　東方雜誌二十三卷十六期
陸宣公的事功及其政治思想　王壽南著　幼獅月刊四十七卷五期　一九七八、〇五、〇一
從陸宣公翰苑集看唐德宗時代的政治　王壽南著　中研院國際漢學會議論文集
歷史考古組　一九八一、一〇、一〇
陸宣公如是說　費海璣著　暢流五十五卷二期　一九七七、〇三、〇一
唐德宗的危機處理　王吉林著　第三屆唐代文化學術研討會論文集　一九九七、〇六
中國的治道—讀陸宣公傳集書後　徐復觀著　民主評論四卷五期　一九五二、〇三、〇五
唐代租稅論　黃君默著　食貨月刊四卷十二期　一九三六、一一、一六
兩稅法成立之由來　李明著　大陸雜誌二十一卷三期　一九六〇、〇八、一五
唐地方軍權之擴張　章群著　學術季刊四卷二期

唐代人口的流轉　黃穀仙著　食貨月刊二卷七期　一九三五、〇九、〇一
唐代文化約論　嚴耕望著　大陸雜誌四卷八期　一九五二、〇四、三〇
唐律中的中國法律思想和制度　徐道鄰著　大陸雜誌五卷一期　一九五二、〇七、一五
唐代的文官考課制度　黃清連著　中研院史語所集刊五十五本第一分　一九八四、〇三
唐代考試制度及其對後世之影響　侯紹文著　中國人事行政月刊第四卷第三期
中國政治思想中之政原論　蕭公權著　清華學報九期三卷　一九三四、〇七
從唐初政制論中國文人政治之形成　牟潤孫著　民主評論第十一卷第四期　一九六〇、〇二、二〇
政治家的氣度和磨鍊　徐道鄰著　大陸雜誌特刊第一輯　一九五二、〇七
上下皆不從，社會亂矣！　林信和著　自立晚報社會論壇　一九八七、〇九、一六
高級人才的培養與任用　繆全吉著　聯合報特刊第二、三版　一九八七、一〇、三一